21世纪网络与新媒体专业系列教材

新媒体数据分析及应用

张合斌◎主编　　张雯雯　刘丹◎副主编

清华大学出版社

北京

内 容 简 介

本书集新媒体数据素养养成与技能提升于一体，构建完善的新媒体数据分析及应用知识体系。全书共八章，内容包括新媒体数据分析概述、新媒体数据的采集、新媒体数据的处理、新媒体数据的分析、新媒体数据的可视化呈现、新媒体数据报告的撰写、新媒体数据分析的基础应用、新媒体数据分析的高级应用。本书具有以下特点：注重基础理论介绍，强化实践技能培养；知识体系科学完善，结构逻辑衔接顺畅，内容表达生动活泼；案例资源新颖、丰富，配备了与课程教学同步的 PPT 及慕课资源等；结合新文科建设的规范融入了一流专业与一流课程建设中倡导的学科交叉融合的要义，多层面设计了课程思政环节，全方位地支持教师教学与学生学习。

本书既可作为高等院校网络与新媒体、新闻学、广告学、传播学等专业的教材，也可作为政府部门、各类媒体、新媒体机构等用于内容生产及数据分析技能培训的参考用书。

图书在版编目（CIP）数据

新媒体数据分析及应用/张合斌主编. —北京：清华大学出版社，2023.5（2025.1 重印）
21 世纪网络与新媒体专业系列教材
ISBN 978-7-302-63500-0

Ⅰ.①新… Ⅱ.①张… Ⅲ.①数据处理－应用－传播媒介－教材 Ⅳ.①G206.2-39

中国国家版本馆 CIP 数据核字（2023）第 083310 号

责任编辑：邓　婷
封面设计：刘　超
版式设计：文森时代
责任校对：马军令
责任印制：杨　艳

出版发行：清华大学出版社
　　　　　网　　址：https://www.tup.com.cn，https://www.wqxuetang.com
　　　　　地　　址：北京清华大学学研大厦 A 座　　　　邮　　编：100084
　　　　　社 总 机：010-83470000　　　　　　　　　　邮　　购：010-62786544
　　　　　投稿与读者服务：010-62776969，c-service@tup.tsinghua.edu.cn
　　　　　质量反馈：010-62772015，zhiliang@tup.tsinghua.edu.cn
印 装 者：三河市东方印刷有限公司
经　　销：全国新华书店
开　　本：185mm×260mm　　　印　　张：18.5　　　字　　数：459 千字
版　　次：2023 年 5 月第 1 版　　　印　　次：2025 年 1 月第 4 次印刷
定　　价：69.80 元

产品编号：086183-01

前言 :::: · Preface / / / / /

人类信息传播事业进入 20 世纪以后发展突飞猛进，电磁波的应用使人类摆脱了远距离传播的困境，借此媒介形式得以丰富，广播带着声音跨越大洋，电视把各种鲜活的场景带到人们眼前，在一远一近的信息传播与呈现中，媒体极大地改善了人类的认知，全球的信息交往进入新时期。自 20 世纪 60 年代末互联网的前身阿帕网（ARPAnet）诞生以来，互联网伴随人类已经五十余年，互联网的出现带来继广播电视之后媒介形态的最大变化。依托互联网形成的新媒体，托马斯·费里德曼所言的地球村成为一种可能，无论达官显贵还是凡夫俗子，均可以便捷地通过因特网进行全球范围内的信息传播，马歇尔·麦克卢汉的观点——媒介即信息也已经成为现实。

当前，无论全球还是中国，巨大的互联网用户基数产生海量的新媒体数据，这些数据是当前全球新媒体事业赖以存在继而发展的重要基础。互联网机构与用户生产并传播数据，数据繁荣并便利了互联网机构与用户，形成了人类发展史上的信息奇观。

数据无言，但自有价值的光辉，人类从新媒体大数据的丛林中汲取思想、提炼精髓，将让未来的新媒体事业的发展受益匪浅。对新媒体大数据进行不同层次、不同角度的分析，在人类传播规律探究、国家网络及信息化安全、全球及区域社会综合治理、商业精准营销、新媒体精准运营、群体事件网络动员、突发重大公共事件、重大网络舆情研判等方面将会产生巨大的价值。

时至 2022 年，我国新闻传播教育刚刚走过第一个百年，在历史的深厚积淀与四十余年不断改革的基础上迈进发展行稳致远的新时代。教育部公布的《普通高等学校本科专业目录（2020 年版）》显示：会展与时尚传播专业获批入选新闻传播学类本科专业目录。至此，新闻传播学类本科专业达到 10 个，分别为新闻学、传播学、广播电视学、广告学、编辑出版学、网络与新媒体、数字出版、时尚传播、国际新闻与传播、会展。当前，全国有新闻传播学科教学点约 1492 个，其中网络与新媒体专业本科点约 335 个，新闻传播学科学硕专硕点约 225 个，各类新媒体机构与各级政府、各类企业新媒体从业人员多不胜数，所有人员均需要了解并掌握新媒体数据分析与应用的基本理论和技能。

本书在培养新媒体专业人才社会责任意识和职业道德意识的基础上，注重新媒体数据理论与实践的结合、新媒体数据专业知识与技术应用能力的结合。主要内容涵盖新媒体数据分析概述、新媒体数据的采集、新媒体数据的处理、新媒体数据的分析、新媒体数据的可视化呈现、新媒体数据报告的撰写、新媒体数据分析的基础应用、新媒体数据分析的高级应用等。

本书为新闻传播学科网络与新媒体专业应用型本科教材，主要面向省属本科院校和独立学院，理论丰富，内容实用，知识体系完整，内容表达灵活，方便教学。本书主要面向高校新闻传播学科本硕学生的教学，尤其是网络与新媒体专业大二或大三的本科生，新闻与传播专硕和新闻传播学硕研一学生，兼顾满足各类媒体及互联网公司从事新媒体内容生产及数据分析的工作人员，各级政府、各类企业新媒体传播管理与营销人员实际工作之需要。

本书的策划、设计与编写提纲、审定等工作由张合斌副教授（河南工业大学网络与新媒体系主任）、张雯雯博士（河南工业大学）、王奎总经理（清博大数据华北区总经理、河南区总经理）、石永春总经理（新浪蜜度大数据信息技术有限公司华北区）、陈祖强总经理（豫情大数据有限公司）、丁苗编辑（财新传媒）共同完成。编写组织、前言、后记由张合斌副教授完成，第一章由张合斌副教授撰写，第二章和第三章由张雯雯博士撰写，第四章由袁越讲师（山西传媒学院）撰写，第五章由刘乐格讲师（河南工业大学）撰写，第六章由苑丽娟博士（周口师范学院）撰写，第七章由刘丹副教授（河南财经政法大学）撰写，第八章由鄢睿副教授（山西传媒学院网络与新媒体教研室主任）撰写。张合斌副教授和张雯雯博士共同确定了本书的编写提纲并完成本书的统稿工作。参与编写本书的人员都是在新媒体机构专门从事新媒体数据分析的职业新媒体人或在高校长期从事新媒体教学研究的教师，有着丰富的新媒体实践经验。

本书是探路之作，在编写过程中，编者借鉴了国内外新媒体数据方面的学者或机构近几年出版或登载的相关成果，在此一一表示衷心感谢。

由于时间仓促，水平有限，书中不足之处在所难免，敬请读者批评指正。

张合斌

2022 年 12 月

目录 :::: Contents / / / / /

第一章

新媒体数据分析概述

引言

自 20 世纪 60 年代末互联网的前身阿帕网（ARPAnet）诞生以来，互联网伴随人类已经五十余年。随着全球互联网用户的不断增加，依托 Internet 形成的世界范围内的新媒体体系正在不断地扩大，由此带来的以亿计的受众数量，时时刻刻都在形成各种类型的新媒体数据，其数据规模是人类历史上前所未有的。对于这些新媒体数据我们要给予重视，从中挖掘价值并善加运用，以促进人类信息传播事业的长足发展。本章在勾勒新媒体数据现状的基础上阐述新媒体数据分析的意义，并就新媒体数据类别与来源进行说明，简要介绍新媒体数据分析基本步骤，对常见的新媒体数据分析工具及国内外新媒体数据机构进行介绍。

根据互联网世界统计（Internet World Stats）网站数据，截至 2022 年 1 月底全球约有网民 52.51 亿，普及率约为 66.2%。而在中国，2022 年 2 月 25 日，中国互联网络信息中心（CNNIC）发布的第 49 次《中国互联网络发展状况统计报告》显示，截至 2021 年 12 月底，我国网民规模达 10.32 亿，手机网民规模达 10.29 亿，互联网普及率达 73%。如今，网络就像水和空气一样，与我们密不可分——截至 2021 年 12 月，在网民中，即时通信、网络视频、短视频用户使用率分别为 97.5%、94.5% 和 90.5%，用户规模分别达 10.07 亿、9.75 亿和 9.34 亿。在线办公、在线医疗用户规模分别 4.69 亿和 2.98 亿，同比增长分别为 35.7% 和 38.7%，成为用户规模增长最快的两类；网上外卖、网约车的用户规模增长率紧随其后，同比增长分别为 29.9% 和 23.9%，用户规模分别达 5.44 亿和 4.53 亿……庞大的网民与丰富的应用构成了中国蓬勃发展的新媒体市场。无论国外还是国内，巨大的互联网用户基数产生了海量的新媒体数据，这些数据是当前全球新媒体事业赖以存在和发展的重要基础，互联网机构与用户生产并传播数据，数据繁荣并便利互联网机构与用户，形成了人类发展史上的信息奇观。数据无言，但自有价值的光辉，人类从新媒体大数据的丛林中汲取思想、提炼精髓，将让未来的新媒体事业的发展受益匪浅。

第一节　新媒体发展现状

1969 年，互联网前身——阿帕网诞生。1983 年，Internet 产生，Windows、IE 浏览器、资讯网站等随之出现。1990 年后，计算机、网络技术、通信技术升级，数字化浪潮席卷全球。2000 年后，互联网受众规模、资讯、应用、服务骤增，新媒体深度渗透到社会各个领域。

虽然当前大部分人每天都在使用互联网、应用新媒体，但是尚没有全世界公认的权威机构对全球的新媒体的现状进行统计，更谈不上对新媒体产业、受众、市场、数据进行系统的、有针对性的调查与分析。自从互联网作为新的信息传播形式正式登上人类媒介传播的舞台，人们对新媒体的调查研究就开始了，最早对互联网受众的调查可以被视为最早的新媒体数据的统计，这要从 1996 年美国 Jupiter Media 公司算起。Jupiter Media 是美国最早也是全球最早从事互联网用户访问率（ratings）研究测量的公司，1996 年 1 月，该公司发布了第 1 份美国互联网使用情况报告。进入 21 世纪后，Jupiter Media 不再引领互联网调查机构，而是转身进入其他领域。但人们对互联网发展状况的统计、对新媒体数据的挖掘才刚刚开始，如互联网世界统计（https://www.internetworldstats.com/）、国际电信联盟（ITU）、AC 尼尔森、Jupiter Media、NetValue、Alexa、GfK（http://www.gfk.com/）、IDC（https://www.idc.com/）、玛丽·米克尔（Mary Meeker）的互联网趋势报告、皮尤报告（Pew Research Center）等，足以让我们在同一时段从多个角度对全球新媒体的全貌有所了解。

1987 年，中国发出第一封 E-mail，迈进了互联网大门。2000 年至 2005 年四大门户网站崛起，2005 年至 2012 年博客社交媒体社区视频社交电商矩阵形成，2012 年至 2017 年 BATJ（百度、阿里巴巴、腾讯、京东）崛起，2018 年后互联网进入"下半场"，TMD（今日头条、美团、滴滴）成为新媒体行业冉冉升起的新巨头。2020 年，中国互联网发展已三十余年。国内进行互联网及新媒体受众和产业调查的机构主要有中国互联网络信息中心（CNNIC）、艾瑞咨询集团（iResearch）、易观国际、中文互联网数据研究资讯中心网（199IT）等。中国互联网络信息中心（China Internet Network Information Center，CNNIC）是经国家主管部门批准，于 1997 年 6 月 3 日组建的互联网信息管理和服务机构。从 1998 年起，中国互联网络信息中心于每年 1 月和 7 月左右发布《中国互联网络发展状况统计报告》。统计报告发布后，受到各个方面的重视，被国内外广泛引用。

一、全球新媒体发展现状

由于全球新媒体市场尚没有权威的数据统计与分析，根据学界、业界通常使用的数据来源，可把互联网世界统计网站的数据作为公认的可信数据进行使用。根据互联网世界统计网站数据，截至 2022 年 1 月底全球约有网民 52.51 亿，普及率约为 66.2%，其中亚洲网民约为 27.9 亿、非洲网民约为 6.01 亿，如表 1-1 所示。

表 1-1　截至 2022 年 1 月 31 日全球各大洲网民总数及普及率

世界地区	人口（2022 年估计）	世界人口占比/%	互联网用户 2021 年 12 月 31 日	渗透率/%	2000—2022 年增长/%	互联网世界占比/%
非洲	1 394 588 547	17.60	601 327 461	43.10	13220	11.50
亚洲	4 350 826 899	54.80	2 790 150 527	64.10	2341	53.10
欧洲	841 319 704	10.60	743 602 636	88.40	608	14.20
拉丁美洲/加勒比	663 520 324	8.40	533 171 730	80.40	2851	10.10
北美	372 555 585	4.70	347 916 694	93.40	222	6.60
中东	268 302 801	3.40	205 019 130	76.40	6141	3.90
大洋洲/澳大利亚	43 602 955	0.50	30 549 185	70.10	301	0.60
世界总数	7 934 716 815	100.00	5 251 737 363	66.20	1355	100.00

注：（1）互联网使用情况和世界人口统计估计时间为 2022 年 1 月 31 日。（2）人口数字基于联合国人口司的数据。（3）互联网使用信息来自 Nielsen Online、国际电信联盟、GfK、当地 ICT（信息与通信技术）监管机构和其他可靠来源发布的数据。

在互联网新媒体的发源地美国，Facebook、YouTube、Twitter 等成为全球新媒体重要平台，其影响力远超早期的网站类新媒体产品，受到世界各国网民和政府的广泛关注。马克·扎克伯格等在 2004 年 2 月创建 Facebook，截至 2021 年 3 月底 Facebook 用户达 28.03 亿，渗透率约为 35.6%，全球用户每月共享的信息量约为 300 亿条，70%用户为美国以外的用户。Google 母公司 Alphabet 控股的 YouTube 每月登录用户超 20 亿，覆盖全球 91 个地区，95%的用户为海外互联网用户，用户每日视频观看时长超 10 亿小时，有 80 种语言版本的视频内容。英国、美国、日本、印度等一些重要的市场都已成为品牌通过新媒体平台触达目标受众的重要渠道。以美国为例，仅 YouTube 移动端，可触达人群比任何美国电视网还多。创建于 2006 年的 Twitter 通过广播式的即时信息流掀起微博客革命，Twitter 在 2010 年全年发送信息多达 250 亿条，用户约为 6 亿，截至 2020 年第一季度，Twitter 的可货币化日活跃用户达 1.66 亿，成为名副其实的全球新媒体。同时，在全球最贫穷的 48 个国家，90%的人口尚未接入互联网，在全球大约 7100 种语言中，仅 10 种主要语言被互联网广泛使用。

二、中国新媒体发展现状

在中国，互联网新媒体市场数据统计与分析机构较多，其中，CNNIC 统计分析的结果权威性最高，被引用最多。2022 年 2 月 25 日，CNNIC 发布的第 49 次《中国互联网络发展状况统计报告》显示，截至 2021 年 12 月，我国域名总数达 3593 万个，IPv6 地址数量达 63 052 块，移动通信网络 IPv6 流量占比已经达到 35.15%，建成并开通 5G 基站数达 142.5 万个，全年新增 5G 基站数达 65.4 万个。新闻网门户网站，微博、微信、新闻 App，新兴的移动媒体、自媒体等与庞大的网民结合，构成了中国蓬勃发展的新媒体市场，产生了数以亿计的新媒体数据。

其实，第 47 次《中国互联网络发展状况统计报告》已经显示我国互联网行业在 2020 年抗击新型冠状病毒肺炎（以下简称新冠肺炎）疫情和疫情常态化防控等方面发挥了积极作用，为我国成为全球唯一实现经济正增长的主要经济体、国内生产总值（GDP）首度突破百万亿元、圆满完成脱贫攻坚任务做出了重要贡献。

"健康码"助 9 亿人畅通出行，互联网为抗"疫"赋能赋智。2020 年，面对突如其来的新冠肺炎疫情，互联网显示出强大力量，对打赢疫情防控阻击战起到关键作用。疫情期间，全国一体化政务服务平台推出"防疫健康码"，累计申领近 9 亿人，使用次数超过 400 亿人次，支撑全国绝大部分地区实现"一码通行"，大数据在疫情防控和复工复产中作用凸显。同时，各大在线教育平台面向学生群体推出各类免费直播课程，方便学生居家学习，用户规模迅速增长。受疫情影响，网民对在线医疗的需求量不断增长，进一步推动了我国医疗行业的数字化转型。互联网将在促进经济复苏、保障社会运行、推动国际抗疫合作等方面进一步发挥重要作用。

网络扶贫成效显著。截至 2021 年 12 月，我国农村网民规模已达 2.84 亿，农村地区互联网普及率为 57.6%。近年来，网络扶贫行动向纵深发展取得实质性进展，并带动边远贫困地区非网民加速转化。老年群体加速融入网络社会。得益于互联网应用适老化改造行动持续推进，老年群体连网、上网、用网的需求活力进一步激发。截至 2021 年 12 月，我国 60 岁及以上老年网民规模达 1.19 亿，互联网普及率达 43.2%。老年群体与其他年龄群体共享信息化发展成果，能独立完成出示健康码/行程卡、购买生活用品和查找信息等网络活动的老年网民比例已分别达 69.7%、52.1%和 46.2%。

数字政府建设加速推进。大数据、云计算、移动互联网、物联网、人工智能等新技术不断应用到政府治理过程，全国政府数字化转型工作稳步开展，政务服务平台、监督平台和全国信用体系已经形成。数字政府建设成为实现政务数字化转型、驱动经济社会高质量创新发展、推进国家治理体系和治理能力现代化的关键抓手。浙江"最多跑一次"改革、江苏"不见面审批（服务）"改革、上海"一网通办"改革等发展模式，有效解决了群众和企业办事难、办事慢、办事烦等问题，驱动互联网政务服务由点到面、由浅及深加快发展。

一体化政务服务能力显著提升成为我国现阶段数字政府建设的典型特征。我国各省市积极探索，通过构建普惠均等、便民高效、智能精准的政务服务"一张网"，以"我为群众办实事"为初心，聚焦网上办事的堵点难点和"急难愁盼"问题，着力在提升服务水平和服务效能上下功夫，努力书写便民利企的民生答卷。全国一体化政务服务平台实名用户超过 10 亿人，其中国家政务服务平台注册用户超过 4 亿人，总使用量达 368.2 亿人次，为地方部门提供身份认证核验服务 29 亿余次，群众满意度、获得感不断提升。

在国内新媒体发展中，除了国家党政相关部门及各级机构类官方媒体主管、主办的新闻网站、政务新媒体平台、互联网公共服务平台等之外，以商业机构为主开设的商业门户网站和社交类新媒体平台同样具有广泛的吸引力和社会影响力。当前，在商业机构开设的新媒体平台中，最具影响力的有新浪微博、腾讯微信、今日头条、哔哩哔哩（即 B 站）、快手、小红书等，其无论是受众数量还是市场占有率，抑或是社会影响力，均为当前国内商业机构的新媒体产品之翘楚。

2009 年 8 月，新浪推出"新浪微博"。2011 年 10 月，中国微博用户总数达到 2.498 亿，居世界第一。截至 2016 年第一季度末，新浪微博月活跃用户达到 2.61 亿，日活跃用户达到 1.2 亿。截至 2017 年第一季度末，新浪微博月活跃用户达 3.4 亿，已超过 Twitter，成为全球用户规模最大的独立社交媒体公司。2018 年 6 月，新浪微博月活跃用户为 4.31 亿；2019 年 6 月，新浪微博月活跃用户数增至 4.86 亿；2021 年第二季度，新浪微博月活跃用户数达到 5.66 亿；2022 年 9 月，新浪微博月活跃用户数为 5.84 亿。

腾讯公司于 2011 年年初推出微信。2012 年 4 月，微信国际化，面向欧美推出 4.0 英文版 WeChat，之后支持多种语言。2013 年 1 月 15 日，用户数突破 3 亿，成为全球下载量和用户量最多的通信软件，影响力遍及海峡两岸及港澳、东南亚、欧美、拉非等地区，覆盖200 多个国家，支持 20 多种语言。2014 年 1 月，微信用户数达到 5 亿左右。2014 年 7 月活跃用户约为 4 亿。2016 年 6 月，微信活跃用户已达到 5.49 亿。2017 年 6 月，微信用户达到 9.63 亿。2018 年 6 月，微信活跃用户达到 10.58 亿，同期 Whats App 活跃用户为 15 亿，Facebook Messenger 活跃用户达 13 亿。2019 年 3 月，微信活跃用户已达到 11.12 亿；2021 年第一季度，微信及 WeChat 的合并月活跃用户达 12.41 亿；2022 年第 3 季度，微信及 Wechat 的合并月活跃用户为 13.09 亿。

今日头条于 2012 年 3 月创建，2012 年 8 月发布第一个版本，它凭借算法推荐从网易、腾讯等传统商业门户网站的资讯战中脱颖而出，3 个月注册用户从 0 增加到 1000 万。目前，其新媒体产品有面向国内市场的头条号、抖音、火山小视频、西瓜视频等和面向国际市场的 Musical.ly、TikTok 等。除角力国内新媒体市场外，今日头条不断拓展全球新媒体市场，一边是不断推出头条产品海外版，包括今日头条海外版 TopBuzz、TopBuzz Video，火山小视频海外版 Hypstar 和抖音短视频海外版 Tik Tok 等；一边是不断收购其他国家的新媒体应用，2016 年 10 月投资印度最大内容聚合平台 Dailyhunt，2016 年年底控股印尼新闻推荐阅读平台 BaBe，2017 年 2 月全资收购美国短视频应用 Flipagram，2017 年 11 月收购全球移动新闻服务运营商 News Republic、音乐视频分享和互动社交应用 Musical.ly，到 2017 年年底，今日头条在日本、印度、东南亚、巴西和北美都取得了不错的进展，多款产品长时间占据当地 App Store/Google Play 总榜前三。据 QuestMobile 公布的 TOP 榜单，截至 2022 年6 月，头条 App 月活用户 3.44 亿，是唯一一款进入 TOP20 的新闻资讯类 App。

哔哩哔哩（即 bilibili）是中国年轻世代高度聚集的文化社区和视频网站，该网站于 2009年 6 月 26 日创建，被网民们亲切地称为"B 站"，哔哩哔哩拥有动画、番剧、国创、音乐、舞蹈、游戏、知识、生活、娱乐、鬼畜、时尚、放映厅等 15 个内容分区，生活、娱乐、游戏、动漫、科技是 B 站主要的内容品类，并开设直播、游戏中心、周边等业务板块。B 站早期是一个 ACG（动画、漫画、游戏）内容创作与分享的视频网站。经过十多年的发展，围绕用户、创作者和内容，构建了一个源源不断产生优质内容的生态系统，B 站已经涵盖七千多个兴趣圈层的多元文化社区，曾获得 QuestMobile 研究院评选的"Z 世代偏爱 App"和"Z 世代偏爱泛娱乐 App"两项榜单第一名并入选"BrandZ"报告 2019 最具价值中国品牌 100 强。截至 2020 年第二季度，B 站月均活跃用户达 1.72 亿，移动端月活用户达 1.53亿；18 至 35 岁用户占比达 78%。截至 2020 年第三季度，B 站月均活跃用户已达到 1.97 亿，并在 8 月首次突破了 2 亿。

快手是北京快手科技有限公司旗下的产品。快手的前身叫"GIF 快手"，诞生于 2011 年 3 月，最初是一款用来制作、分享 GIF 图片的手机应用。2012 年 11 月，快手从纯粹的工具应用转型为短视频社区，成为用户记录和分享生产、生活的平台。随着智能手机、平板电脑的普及和移动流量资费的下降，快手在 2015 年以后迎来较大的发展。根据 Quest Mobile 发布的《2022 中国移动互联网报告》的统计，2022 年，快手月活跃用户达 3.9 亿。快手于 2023 年 2 月 22 日召开的"2023·增量效应"磁力大会上披露，截止到 2022 年第三季度，快手平均日活跃用户突破 3.63 亿。

小红书于 2013 年 6 月在上海创立。小红书的用户可以通过短视频、图文等形式记录生活点滴，分享生活方式，并基于兴趣形成互动。2015 年 6 月，小红书用户达到 1500 万；2018 年 10 月，用户突破 1.5 亿。截至 2019 年 7 月，小红书的用户数已超过 3 亿。2019 年 11 月，小红书宣布推出创作者 123 计划，推出品牌合作平台、好物推荐平台和互动直播平台，从创作者中心、活动和产品三方面帮助创作者。2022 年 12 月 22 日，在小红书与中国社会科学院社会学研究所、DT 研究院联合发布"2023 年度生活趋势"报告中披露，小红书月活跃用户达到了 2 亿。

第二节　新媒体数据分析的意义

新媒体数据分析为各级各类机构提供了纷繁多样的信息分析和信息洞察的可能性。新媒体数据分析可使数据产生价值、促进运营、改善和产生新的机会，使新媒体能够在各个领域提供潜在的收益，从用户的个性化方案，到降低风险、内部运营分析，以及营销传播优化，等等，新媒体数据中隐含的价值能使机构在应用新媒体时所产生的价值发挥到最大。因此，新媒体数据分析对于商业网站新媒体、新兴自媒体、新闻网站、政务新媒体等均有重大意义。对于应用最为广泛的商业新媒体与自媒体，以及大型企业的新媒体营销传播部门来说，其意义在于商业营销及品牌传播的视角，主要有以下七个方面。

（1）了解运营质量。商业新媒体、政务新媒体、新兴自媒体的新媒体数据分析的第一大意义是了解运营质量。新媒体运营的日常工作包括内容更新、微信公众号推广、微博发布、今日头条推送、朋友圈推送、视频推广、直播分享、粉丝维护、社群运营、微店运营、线上线下活动策划与组织等。这些工作是否有价值、是否能够有效实现传播与营销目标，需要通过数据来了解与判断。对于新媒体运营质量数据，商业新媒体、政务新媒体、新兴自媒体等不同的平台关注点不同。目前，大部分新媒体平台关注的运营数据包括网站流量数据、微信公众号粉丝数据、微博阅读数据、今日头条内容数据、活动转发与评论数据等。

（2）研判运营方向。新媒体数据分析的第二大意义是研判运营方向。现阶段，百度、腾讯、阿里、今日头条等大型互联网公司已经开放了大量的数据，运营者可以直接登录相关网站进行查看。分析用户数据有助于判断新媒体内容、活动、推广是否要和网络热点结合。常见的新媒体相关大数据包括百度指数、新浪微博指数、微信指数、头条指数等。

（3）控制运营成本。新媒体数据分析的第三大意义是控制运营成本。新媒体传播与营销一方面需要关注影响力扩展、销售额的增长及品牌价值的提升，另一方面也需要时刻关注运营成本，尤其是传播成本。目前国内网民上亿，如果机构的新媒体信息投放没有精准的方向，则极有可能使信息传播效果被浪费。因此，新媒体团队需要分析用户的分布城市、购买或阅读时间、常用 App、惯用访问终端等数据，每次信息投放前要综合近期的投放情况进行调整与优化，以控制成本。要通过完善的用户画像体系实现千人千面的运营，结合兴趣标签、用户使用路径、用户画像等维度进行分析，使每个用户看到的内容都不相同。用户画像系统的建立不能单纯依靠自身产品的用户分析，可以借助第三方数据服务商的数据能力，打破数据壁垒，充实用户画像的维度。此外，对于大型企业来说，能够抽取特征数据进行自主建模，但对于中小型企业而言，集成第三方数据服务是较多的选择，如个推的用户画像 SDK，可以提供年龄段、性别、爱好等数百种标签，帮助 App 构建全方位立体的用户模型。App 基于对用户画像的理解，可对不同类型、不同场景的用户推荐不同的内容和服务，实现千人千面的运营模式。

（4）评估营销传播方案。新媒体数据分析的第四大意义是评估营销传播方案。营销传播方案只是新媒体团队根据以往经验制定的工作规划，但在制定一段时间后，需要通过数据进行评估。一方面，分析最终完成数据，可以反推方案中目标的可行性；另一方面，分析过程数据，可以及时发现方案制定后在执行过程中遇到的问题，作为下次营销传播方案制订的参考。评估营销传播方案常用到的数据包括目标达成率、最终销售额、过程异常数据、失误率等。从整体营销目的来看，企业新媒体营销目的可以分为两大类：提升销量和宣传品牌。首先，为了提升销量，新媒体团队需要通过互联网渠道对企业产品进行推广，引导网民在线下单，或者引导网民在线预约后进行线下消费，从而提升企业的销售业绩。其次，为了宣传品牌，新媒体团队需要借助网民的传播力量，让更多人通过互联网接触企业信息、了解企业品牌、对企业产品进行评价。其中，宣传品牌这一营销目的又可以继续细分，包括提升品牌美誉度、提升品牌知名度和提升品牌忠诚度。因此，新媒体营销的目的可以细分为四个类别，包括提升销量、提升品牌美誉度、提升品牌知名度、提升品牌忠诚度。不同的营销目的需要挖掘与分析的数据不同，因此需要根据不同的营销目的进行不同的营销数据组合设计，以便于后续的数据分析与总结。企业新媒体销售通常来自不同的销售平台，包括淘宝店、天猫店、京东店、微店、独立网站等。因此，为了借助数据分析评估销售计划或分析销售结果，必须围绕用户购买或消费的行为进行逐层分析，需要分析的数据包括页面浏览量、用户访问时长、用户浏览页面数、店铺/网站转化率等。

（5）提升机构品牌美誉度。机构品牌在互联网的美誉度指的是网上有粉丝或顾客对企业进行友好的评价，好评越多或评价内容质量越高，则美誉度越高。因此，为了利用数据分析企业美誉度的提升效果，需要围绕口碑来展开，应该分析的数据包括百度口碑、大众点评星级、网店评价等。由于一部分美誉度数据无法直接统计，需要运营者进行人工分析，以确保数据的准确性。

（6）提升机构品牌知名度。在网上，机构品牌的知名度与名气相关，关注企业公众号的人越多、阅读相关信息的人越多，企业的知名度就越高。因此，在借助数据分析、评估企业知名度提升效果时，需要进行挖掘与分析的数据包括微博粉丝数、微信用户数、今日头条粉丝数、喜马拉雅订阅数等。

（7）提升机构品牌忠诚度。每个网民都会关注大量的微信公众号、微博账号、头条号、抖音号等，但未必会对每个账号都忠诚，因此，粉丝数或订阅数只能作为品牌知名度的考量因素，而用户对品牌做出的响应，才能真正体现其对企业品牌的忠诚度。为了评估用户对品牌的忠诚度，可以统计并分析的数据包括二次购买的顾客数、主动转发的粉丝数、老客户访问比例、主动打赏的粉丝数、留言频次高的用户数等。

对新闻网站和政务新媒体的新媒体数据分析的意义主要从新媒体平台的公共传播效果提升视角进行探究。对于新闻网站来说，作为社会主要公共传播平台，其新媒体数据分析的意义在于，借助数据分析了解新闻内容生产及互联网传播的基本效果，了解新闻受众对本新闻网站的阅读和使用行为，了解本网站网络广告的投放效果，并且更进一步从微观角度了解新闻网站作为国家宣传部门的主要执行机构，在主流声音的宣传与传播方面的基本效果。对政务新媒体而言，作为党政机构主要媒体辅助支撑平台，其新媒体数据分析的意义在于了解其在新媒体场域中的内容生产与传播效果，查看其是否达到服务机构职能转变，是否成为电子政务与主流声音传播的有效渠道等，同时也可以通过一段时间的内容生产与传播策略数据分析，进行传播观念与策略的提升，等等。

第三节　　新媒体数据类别与来源

在新媒体运营的工作中每个平台都会产生大量的数据，但因为平台不同，数据展示形式也不一样，因此统计方式和分析方式也会有一定的差别，所以要想快速了解新媒体数据分析方法，就必须先了解和掌握常见的新媒体数据类别，这样在日后的工作中才可以有针对性地收集相关类别的数据并进行分析。

新媒体数据一般包括三种展现形式，分别是数值型、图文型、关系流图型。数值型数据主要由数字组成，可以很直观地通过数字进行对应的统计和分析，可以很好地总结并评估运营的效果。常见的数值型数据包括我们常说的粉丝量、阅读量、评论量、转发量、网店的销售数据、网站的浏览数据等，以及各种线上线下活动的参与统计数据。图文型数据是由数字和图片组合而成的。图文型数据一般是指网站栏目分类、账号粉丝分类、消费者反馈、各种平台矩阵分布等。对于图文型数据，我们了解它的目的并非是制定考核指标的量化结果，而是这类数据可以帮助我们找到正确的运营方向。关系流图型一般是移动端新媒体平台的数据类型，平台对数据以 H5 或微视频的形式，采用多维的数据关系及数据流图的形式，进行数据呈现与展示。

目前国内新媒体平台有很多，一般来说有新闻网站与商业网站、微信公众号、微博、今日头条、西瓜视频、火山小视频、大鱼号、搜狐号、网易号、特定主题 App 等。因此，我们要根据不同新媒体平台的特性了解不同的数据来源。

（1）新闻网站或商业网站数据。这一类数据来源可以通过网站后台导出查阅，也可以自行在网站后台添加代码，借助第三方自行记录数据。该类数据一般是 PV、UV、IP 等。PV（page view）即页面浏览量，通常是衡量一个网络新闻频道或网站甚至一条网络新闻的主要指标。监测网站 PV 的变化趋势并分析其变化原因是很多站长定期要做的工作。page view 中的 page 一般是指普通的 html 网页，也包含 php、jsp 等动态产生的 html 内容。来自浏览器的一次 html 内容请求会被看作一个 PV，逐渐累积成为 PV 总数。UV（unique visitor）是指通过互联网访问、浏览这个网页的自然人。通常，我们可以用两个数值标准来统计访问某网站的访客，即独立访客数和访问次数。独立访客数和访问次数是两个不同的概念。独立访客数相当于带身份证参观展览会的访问人数，每一个出示身份证参观展览的人，无论出入几次，都只计作一次独立访问。这里所说的"身份证"，在网络上就是访客的 IP 地址或 cookie。通俗讲就是"带身份证参观展览会的访问人数"。用户每打开一个网站页面就被记录 1 次。用户多次打开同一页面，浏览量值累加。所以，访问次数是访客实际浏览过的网页数的总和，而不是某网站中的网页数的总和。IP 是指独立用户/独立访客，指访问某个站点或点击某条新闻的不同 IP 地址的人数。独立 IP 只记录第一次进入网站的具有独立 IP 的访问者。独立 IP 访问者提供了一定时间内不同访客数量的统计指标，而没有反映出网站的全面活动。

（2）微信朋友圈数据。这一类数据来源多是通过个人统计或清博大数据等工具预估出来的，该类数据一般是"朋友圈+社群"运营的结果，具体的数据来源主要有好友增长数（吸粉加好友）、朋友圈发布信息的点赞评论数以及通过朋友圈购买产品的销售数等。

（3）微信公众号数据。微信公众号数据本身自有统计平台，运营者可以很直观地了解当天的运营情况，包括新增关注数、取消关注数、单篇文章阅读量、全部图文阅读量，甚至还可以选择时间阶段进行统计，如最近 30 天的数据统计。

（4）新浪微博数据。无论是个人还是企业都可以在微博后台查看详细的微博运营数据，微博常见的数据有阅读数、浏览量、视频播放量、粉丝来源以及粉丝新增及取关数等。

（5）今日头条数据。打开头条指数的新版界面，从巨量算数（https://trendinsight.oceanengine.com/arithmetic-index）可以看出分别有算数指数、算数榜单、行业指南、创作指南、洞察报告等。算数指数有关键词和话题两类，分别从抖音或头条指数、相关或关联分析、人群画像三个方面进行具体呈现。算数榜单呈现不同类型的品牌在抖音生态下的品牌声量，品牌指数主要由内容、传播、搜索三个部分组成。行业指南展示各个行业在头条体系中的创意趋势、平台热点趋势，助力内容创作与运营投放。创作指南则更细致地展示各垂直领域的内容的创意、生产、消费的情况。洞察报告则重点展示部分经深度分析的报告。

（6）百度指数数据。百度指数（Baidu index）是以百度海量网民行为数据为基础的数据分析平台，是当前互联网乃至整个数据时代最重要的统计分析平台之一，自发布之日便成为众多企业营销决策的重要依据。百度指数能够告诉用户某个关键词在百度的搜索规模有多大、一段时间内的涨跌态势以及相关的新闻舆论变化，关注这些词的网民是什么样的、分布在哪里、同时还搜了哪些相关的词，从而帮助用户优化数字营销活动方案。百度指数的主要功能模块有：基于单个词的趋势研究（包含整体趋势、PC 趋势和移动趋势）、需求图谱、舆情管家、人群画像；基于行业的整体趋势、地域分布、人群属性、搜索时间特征。

（7）西瓜指数数据。可以对微博和微信公众号进行统计分析，分别从广告价值指数、周期内公众号发文次数、发文篇数、总阅读数、平均阅读数、平均在看数、平均留言数等方面进行数据展示。

随着新媒体机构的指数矩阵形成，百度、微信、微博、头条、西瓜、清博等新媒体指数将会组成新媒体数据的主要来源，分别从用户主动搜索量、用户在社交媒体的讨论量、用户点击新闻量三个角度，成为所有新媒体平台传播营销及品牌推广的重要衡量标准。除了以上七类数据来源，还有很多新媒体平台自身具备后台统计功能，运营者可以很直观地看到运营状况，根据运营现状及时调整运营策略。

以上是对某一类新媒体平台借助自身或第三方平台进行的数据索取，一般来说数据比较容易获取，但也有研究机构有对于海外新媒体或基于特定主题的非单一新媒体平台的数据获取的需求，在这种情况下就需要借助网络爬虫（web crawler）工具与 Python 程序语言等进行新媒体数据采集。同时，国外新媒体平台的数据也有和国内类似的情况，有开放数据也有不开放数据，开放数据可自动获取，对于不开放数据同样需要借助上述的程序语言进行采集。

第四节　新媒体数据分析与应用基本流程

新媒体行业每天都有大量数据产生，任何一个新媒体机构所在的平台在一段时间之后也会产生大量的数据，如 PV、粉丝数、阅读量、下载量等。对这些数据进行采集、处理、分析、呈现、形成报告、进行各层面应用等恰当化的数据分析与应用，会最大化地激发数据的价值，促进机构新媒体运营效率及营销传播效率的提高。

一般来说，在进行新媒体平台数据分析应用之前一定要设定目的，即数据分析是为了什么。商业网站新媒体、新兴自媒体、新闻网站、政务新媒体设立的初衷各不相同。商业网站新媒体重视营销自我内容生产传播的广度与停留时间，新兴自媒体重视内容被平台选拔推广与变现，新闻网站重视内容生产的公共传播效果，政务新媒体重视数据对新媒体政务功能的体现，淘宝网店重视浏览量与购买量之间的促进度，个人自媒体平台重视内容生产与粉丝成长的互动关系，直播带货类自媒体重视实时信息传播效果与商品销售额提高的直接对应关系。企业在选择新媒体营销传播平台时更多考虑平台对企业品牌的传播与产品销售的提高。另外，即使是同一新媒体机构或平台，在不同时期对新媒体运营的需求也大不相同，因此，要根据本次新媒体数据分析的目的，结合需求对相应平台的新媒体数据进行分析与应用。在实际中，新媒体数据分析与应用的过程一般包括新媒体数据采集、新媒体数据处理、新媒体数据分析、新媒体数据呈现、新媒体数据报告撰写、新媒体数据分析基础应用与高级应用等环节。

新媒体数据的采集是指在掌握新媒体数据采集的指导方法、新媒体数据采集的基本原理的基础上对不同类型新媒体平台的数据采集方法和途径的实践。新媒体数据采集环节要根据数据分析应用的目的制订采集计划，根据目标新媒体平台的数据开源与否，采用恰当的采集方法，或直接导出文档，或通过网络爬虫抓取，对指定的数据进行符合要求的采集，最后采集的数据要以数字、图文、数据流图等系列表格文档的形式呈现出来。

新媒体数据的处理是指在掌握新媒体数据处理的基本原理、通用的新媒体数据处理方法的基础上，对不同类型新媒体平台的数据进行处理。新媒体数据处理环节要在目的的框架下，在采集到的数据的基础上，对数据进行清理，剔除无效数据，合并相关数据，组合形成新的数据表格，使新媒体数据产生有序化的结果，为数据分析做好基础性工作。

新媒体数据的分析是指在掌握新媒体数据分析的基本方法、熟悉常用的新媒体数据分析工具的基础上，对不同类型新媒体平台的数据分析进行的框架构建及实施，同时避免常见的新媒体数据分析误区。新媒体数据分析环节要在数据处理基础上进行，基于目的的需求设计分析框架，综合运用多种数据分析方法，对所采集处理的数据进行多维度、多层面的分析，使数据的价值初步显现出来。

新媒体数据的呈现是指在掌握新媒体数据呈现的基本原理与常见的新媒体数据呈现形式的基础上，进行不同类型新媒体数据的可视化处理。新媒体数据的呈现具体来说要对数据分析的结果进行视觉化转化，进行各种可视化图表的选择、设计和应用，对不同类型数据进行可视化处理，具体包括数据属性、视觉通道、图表选择、图表设计、可视化方法等的规定及设计工作，为新媒体数据报告的撰写打下基础。

新媒体数据报告的撰写是指进行日常新媒体数据报告的撰写、专项新媒体数据报告的撰写、行业新媒体数据报告的撰写等。在新媒体数据分析与应用工作中，新媒体数据报告的撰写是一个关键的步骤，要将分析过程与可视化结果写成一份通俗易懂的报告，对许多人来说，是新媒体数据分析工作的终点。新媒体数据报告作为调查报告的内容，有和调查报告相似的部分，同时也有其独特之处。要理解新媒体数据报告的分类和撰写要求，做到报告逻辑清晰。首先，要了解报告给谁看，受众是谁决定了报告的深度和广度；其次，要清楚报告要达到的预期目的，报告一定要逻辑清晰、有理有据；最后，要让思路清晰，在最大程度上反映出数据分析的结论及价值。

新媒体数据分析的基础应用是指数据报告的初步应用，主要工作是根据新媒体数据分析结论和报告对内容生产者的传播行为进行进一步分析与优化，对内容热度与传播链条进行分析与优化，对用户画像与群体聚类进行分析与优化。该部分反映出新媒体数据分析的一般层面的实践价值，是新媒体数据应用最为基础的环节。

新媒体数据分析的高级应用是指分析结论与报告在各类媒体传播、各种商业营销中的应用，以及在各级行政机构社会管理中的应用等。该部分反映出新媒体数据分析的深层次的实践价值，某一方面、某一主题或某一时段的新媒体数据对特定主题传播趋向或特定行为动向的综合分析与研判，是新媒体数据分析应用未来最为广阔的领地。

在实际应用中，由于平台属性与目的等诸多不同，新媒体数据分析与应用的具体角度与深度也大不相同。新闻网站、商业网站、自媒体平台、政务新媒体等同属于新媒体，但各自使用新媒体的初衷不同、对新媒体的定位不同、应用新媒体的需求不同，日常运营组成及对运营的效果要求也各不相同。因此，在不同的新媒体平台或新媒体机构，在基本流程基础上可以结合平台的特点及机构的具体需求进行有针对性的分析应用。

第五节　国内外主要新媒体数据分析机构

一、国外新媒体数据分析机构

国外的新媒体数据分析机构较多，根据平台特性可以分为多种类别，有对全球互联网数据整体进行汇总分析的，有对某一类网站进行数据分析的，有对传统网站的、对移动端App 的，还有对纯粹的平台内容访问行为的数据分析，以及基于商业新媒体营销或品牌传播需要的多角度耦合分析。总体而言，在全球知名度较高的新媒体数据分析平台有互联网世界统计、StatCounter Global Stats、Alexa、谷歌趋势（Google Trends）、App Annie 等。

（一）互联网世界统计

互联网世界统计（Internet World Stats，IWS）是一个国际性的互联网数据统计网站，其网址为 http://www.internetworldstats.com/stats.htm。互联网世界统计为全世界 233 个国家和地区提供世界互联网使用、人口统计、旅游统计和互联网市场调研等数据。互联网世界统计网站是由 Enrique de Argaez 于 2002 年 3 月 25 日创建的，Enrique de Argaez 是该网站的编辑、网络管理员和所有者。互联网世界统计是国际互联网市场调研、互联网统计资料、世界互联网普及率、世界人口统计、电信信息报告和脸谱统计等有用的信息来源。互联网世界统计网站在各个网页的底部有活动链接，并在网页的左侧栏目里配有内容目录，使得网站的导航系统明晰，实用性也很强。此外，该网站还附有各种有用的链接，如世界旅游和住宿信息、电信国家报告、国家统计源、本地目录、人口数据、市场调研信息等。如果用户想了解网站的内容以及冲浪提示，可以访问网站导航页面。互联网世界统计网站是一个有用的互联网市场调研工具，分为几大不同的版块，每一个版块都提供了具体且详细的市场调研信息。此外，该网站上有弹出式网站搜索目录和网址导航目录，可以帮助用户快速找到自己需要的主题，如亚洲互联网使用情况。

（二）StatCounter Global Stats

StatCounter Global Stats 是由 StatCounter 免费提供的在线访客统计工具，主要提供全球范围内的网站排名，用户可查看全球范围内 2019 年 2 月—2020 年 2 月世界各个国家和地区的浏览器市场份额，各个浏览器份额排名在浏览器份额图标最上方。

（三）Alexa

Alexa 是 Amazon 公司的一个子公司，成立于 1996 年，是一家专门发布网站世界排名的网站。用户可以使用 Alexa 查询网站浏览率统计和世界排名，Alexa 给出多达几十亿的网址链接，并为每一个网站进行了排名。目前，Alexa 是拥有大量网址链接，排名信息发布最详尽的网站。Alexa 的网站世界排名主要分为两种：综合排名和分类排名。综合排名也叫绝对排名，即一个特定的网站在所有网站中的名次，Alexa 每三个月公布一次新的网站综合排名。此排名的依据是用户链接数（users reach）和页面浏览数（page views）三个月累积的几何平均值。

分类排名，一是按主题分类，如新闻、娱乐、购物等，Alexa 给出某个特定网站在同一类网站中的名次；二是按语言分类，共分 20 种语言，如英文网站、中文网站[Chinese (simpl) 和 Chinese (trad)] 等，Alexa 会给出特定站点在所有此类语言网站中的名次。另外还有星级排名，Alexa 会根据网民对网站的评论，在综合排名信息中，用"星"给网站评一个等级，最高为"5 星"，其中文网站为 http://www.alexa.cn/。

（四）谷歌趋势

谷歌趋势（Google Trends）是谷歌公司的公共网络设施，基于谷歌搜索显示世界各地区的一个特定搜索项的搜索量。2012 年 9 月 27 日，谷歌将谷歌趋势合并进谷歌搜索。作为谷歌旗下一款基于搜索数据推出的分析工具，谷歌趋势通过分析谷歌搜索引擎每天数十亿的搜索数据，告诉用户某一关键词或者话题各个时期在谷歌搜索引擎中展示的频率及相关统计数据。用户可以通过这些搜索数据了解市场情况、受众信息以及未来的营销方向等相关信息。

用户输入搜索字词或主题，按 Enter 键，即可得到相关信息，包括随着时间推移的变化顺序、区域搜索热度（可以根据地区或者城市进行细分）、相关查询（可以通过"搜索量上升"或者"热门"进行排序）等。谷歌趋势可对互联网热点数据做分析报告，每个报告右侧显示 3 种用户使用数据的方式：以 CSV 格式下载数据；以图表的形式嵌入数据（提供嵌入和预览桌面、移动屏幕的 JavaScript 代码）；在 Google+、LinkedIn、Facebook、Twitter、Tumblr 等社交平台上分享图表。

关键词研究和热门话题研究是 Google Trends 的两大主要功能。关键词研究功能可以起到以下作用：了解关键词在不同国家、不同城市、不同时间的表现状况；了解关键词、产品的主要市场；了解与关键词相关的主题，进一步了解受众特征；对比不同关键词在相同国家、相同时间的表现状况；利用特定搜索获得更多见解。以 glass bottle 产品为例，进入 Google Trends，输入关键词进行搜索。可以看到全球以及各个国家 2004 年以来该词的搜索热度表现。同时，还可以看到按照区域显示的搜索热度，43 个国家和地区中新西兰、英国、澳大利亚、美国和新加坡搜索热度最高，这也是产品进行营销推广需要重点考虑的市场。

当然，还可以将市场从国家具体到城市，如在新西兰，威灵顿、怀卡托、坎特伯雷、奥克兰等城市对于 glass bottle 的搜索频率就比较高。接着可以分析人们都在搜索 glass bottle 的哪些信息，谈论什么样的话题。这里可以看到热门的搜索主题，也可以看到目前正在上升的搜索主题，可以发现人们搜索比较多的词汇有 bottle、glass bottles、glass water bottle 等，讨论较多的主题有瓶子、玻璃瓶、水、葡萄酒等。由此，用户可以对比自己的网站和产品，看是否与这些搜索和主题相符。通过相关搜索和主题，我们也能看到 glass bottle 的受众对什么感兴趣。有的时候同一款产品有很多种叫法，在这里也可以对比分析出来，哪一个词人们最喜欢搜索，比如 glass bottle 和 glass container，我们可以看到相对于 glass container，人们更喜欢使用 glass bottle，同时也可以看到这两个词在不同国家的表现情况以及相关的搜索情况。

特定搜索功能通过界面可以看到，除了默认的谷歌网页搜索，谷歌还提供了几种特定的搜索选项：图片搜索、新闻搜索、谷歌购物、YouTube 搜索。不同的搜索方式会产生不同的搜索数据，如果我们需要获取图片、新闻、谷歌搜索以及视频创建、优化等方面的建议，则可直接采用这几种搜索选项。

热门话题是谷歌趋势的另一个重要功能。通过产品热门话题搜索，商家可以了解客户需求，定制相关网站营销内容，确定季节性营销趋势，在正确的时间创建推广内容。

（五）App Annie

App Annie 是全球领先的移动市场数据供应商，受到超过 100 万用户的信赖。在这个 App 改变商业模式的时代，App Annie 是唯一一个支持整个 App 生命周期的数据平台，它可以为商业公司提供值得信赖的 App 数据与具有执行性的见解，帮助使用者在全球移动经济中取得成功。作为业界第一个将应用程序数据与全面的市场数据、数据科学以及深厚的数据基础和引人入胜的数据体验集成在一起的应用程序数据平台，用户可以在 App Annie 上立即访问该机构所有的最新技术创新和数据集，在合适的时间与合适的人员共享合适的数据，准确把握主要机遇，最关键的是制定一个在商业中制胜的战略。

App Annie 是面向移动端的内容分析与应用平台，这个开创性的平台着力于发掘可行的见解和应用程序策略的基础，这些策略同时也在创造着非凡的成就，并在竞争中保持着持久优势。App Annie 订阅主要面向团队和企业的 App 开发与维护工作，而针对独立开发人员，则提供了 App Annie Connect 和 App Annie Intelligence 免费功能以及大量免费资源，包括洞察报告、App Annie Academy、网络研讨会和各种活动。

App Annie Intelligence 全方位把握 App 的整个生命周期，通过数据驱动的关键词策略，以更低的成本推动付费和自然下载量；充分了解竞争对手的应用商店优化策略，通过付费搜索广告提高 App 的可见性，确保用户在应用商店中的优势；通过监控竞争对手的广告活动，改善用户的移动广告策略；根据各广告平台、国家/地区和类别的网络份额和广告主份额，深入研究顶级广告创意；通过识别各个地区的最佳广告平台优化广告支出；根据各个国家/地区和类别的单次安装成本和转化率平均值，做出明智的广告活动决策。

App Annie Connect 让 App 数据化零为整一触即达，可在同一个视图中追踪每一款 App 的表现。借助四十余个可选来源，App Annie Connect 将来自用户的所有 App 和发行商账户（即使有数千个账户也没有问题）的表现数据整合到一个综合平台，而无须整合 API 或 SDK。App Annie Connect 以需要的方式获得数据。用户可以灵活、便捷地访问数据（借助网页、电子邮件、App、CSV 或 API 自动收集并提供数据），让团队随时了解相关动态并且保障数据安全，确保团队能够访问所需的全部数据，而不必共享敏感的登录凭据。

国外的新媒体数据分析机构除了以上主要五个，还有银行或商业机构自主开发的数据，这些数据部分对外开放，可便利索取。例如，世界银行网站 https://data.worldbank.org.cn/，其提供了六大主题领域的数据：贫困与不平等、人、环境、经济、国家和市场，以及全球链接。每个主题页面都简要地介绍或提供了可得数据的类型、专题指标清单以及关于广泛使用的方法和当前数据难题的信息，网站的所有数据都可以免费使用，当然也有一些最低限度的限制，用户可自行查阅。还有 http://www.gfk.com/，http://www.itu.int/，http://www.nielsen.com/us/en.html，https://www.idc.com/，以及玛丽·米克尔的互联网趋势报告等均可提供新媒体方面的数据。

二、国内新媒体分析机构

2022 年互联网来到中国三十余年，国内的新媒体产业纷繁复杂，其数据分析机构较多，除 CNNIC 作为官方的互联网新媒体统计分析机构之外，各类互联网企业创建的分析机构也林林总总，根据平台特性可以分为多种类别，有总体统计分析类、互联网商业营销类、指数类、对移动端新媒体进行监测分析的第三方机构等。总体而言，国内新媒体业界与学界使用较多的新媒体数据分析平台有如下五类十二个：较早的商业营销类的有艾瑞咨询等，当前使用较多的指数类的有百度指数、头条指数、微信指数、阿里指数等，综合分析类的有 199IT 中文互联网数据研究咨询中心、清博大数据等，新兴抖音直播电商数据分析类的有飞瓜数据、头榜数据、知瓜数据等，互联网舆情数据分析类的有新浪微热点、新浪舆情通等。

（一）艾瑞咨询

艾瑞网是艾瑞咨询（iResearch）精心打造的国内首家新经济门户站点，基于多年深入互联网及电信相关领域研究成果，融合众多行业资源，为业内人士提供丰富的产业资讯、数据、报告、专家观点、行业数据库等服务，多方位透析行业发展模式及市场趋势，呈现产业发展的真实路径，进而推动行业高速、稳定发展。艾瑞咨询是一家专注于网络媒体、电子商务、网络游戏、无线增值等新经济领域，深入研究和了解消费者行为，并为网络行业及传统行业客户提供市场调查研究和战略咨询服务的专业市场调研机构。艾瑞咨询秉承专业、严谨、客观的工作作风，努力发展成为网络经济时代中国最优秀的专业市场调研公司。

作为国内最早进行网民行为研究和网络广告监测的市场研究机构，艾瑞咨询集团通过自主开发，建立并拥有一定规模的数据库，通过多种指标研究帮助行业建立评估和衡量的标准。其中，网民行为研究涵盖家庭办公用户、网吧用户以及无线手机用户等各种应用平台；广告投放监测涵盖网络品牌广告、无线品牌广告、搜索关键词广告等多种媒体类型和多种广告形式；此外基于市场需求，艾瑞建立了针对网络媒体和无线媒体流量审计、网络广告和无线广告投放效果认证，推动行业健康持续发展。为帮助各个行业客户更加深入有效地使用各种数据应用服务，更好地利用数据解决企业在营销、运营、产品、竞争环境等诸多层面的决策支持，艾瑞咨询集团在对客户需求和大量网络监测数据产品的深度挖掘的基础上，还提供各种网络评估数据工具和分析报告，不仅包括媒介方案评估工具、营销活动评估工具、品牌效果评估工具等针对网络营销行业的数据应用服务，还包括针对行业用户细分和忠诚度评估的分析工具，以及针对电子商务、网络游戏等领域的分析工具。

（二）百度指数

百度指数（https://index.baidu.com/）是以百度海量网民行为数据为基础的数据分享平台，是当前互联网乃至整个数据时代最重要的统计分析平台之一，自发布之日便成为众多企业营销决策的重要依据。百度指数能够告诉用户：某个关键词在百度的搜索规模有多大，一段时间内的涨跌态势以及相关的新闻舆论变化，关注这些词的网民是什么样的、分布在哪里、同时还搜索了哪些相关的词。通过这些数据，百度指数可以帮助用户优化数字营销活动方案。百度指数主要是用来反映关键词在过去 30 天内的网络曝光率及用户关注度。它能形象地反映该关键词每天的变化趋势。指数是网站提供的以网页搜索和新闻搜索为基础的免费海量数据分析服务，用以反映不同关键词在过去一段时间里的"用户关注度"和"媒体关注度"。用户可以通过所搜索关键词的指数来发现、共享和挖掘互联网上最有价值的信息和资讯，直接、客观地反映社会热点、网民的兴趣和需求。

以关键词"考研"为例，通过在搜索栏输入"考研"二字，将会得到关于"趋势研究""需求图谱"以及"人群画像"的分析结果。其中，"趋势研究"主要涉及搜索指数（即互联网用户对关键词搜索关注程度及持续变化情况）、资讯指数（即新闻资讯在互联网上对特定关键词的关注和报道程度及持续变化）和媒体指数概览（即关键词所选时间段的总体资讯关注表现）这些趋势图。例如，从 2020 年前两个月的三项指数结果可以看出，"考研"二字的搜索频率在 2020 年 2 月 20 日，也就是大部分地区公布考研初试成绩当日达到了最高峰。

搜索关键词"考研"后可得到的"需求图谱"结果栏主要涉及需求图谱（即从用户在搜索该词前后的搜索行为的变化中表现出来的相关检索词需求）和相关热度词（即通过用户搜索行为，细分搜索中心词的相关需求中，最热门词及上升最快词）这两项主要内容。用户通过拉动图谱下方的时间轴即可获得相应时间内其他搜索者最需要的信息，以及与之相关的其他关联词。

最后，"人群画像"结果栏会提供"考研"这一关键词搜索者的地区分布图、人群属性（即关注该关键词的用户的性别、年龄分布）和兴趣分布图（即基于百度搜索用户行为数据以及画像库，刻画所选范围中关注该主题词的人群分布情况以及相对全网平均表现的强弱程度）。可见，百度指数能够对搜索这一关键词的用户形成一个较为全面且整体的特征分析，能够为个人乃至相关企业提供一个详细的趋势分析，引导其做出一个科学准确的趋势判断。

（三）头条指数

头条指数是今日头条算数中心推出的一款数据产品。作为内容生产、传播、营销、舆情监控的重要工具，头条指数致力于用数据服务个人和机构，提供丰富及时的数据维度。基于今日头条大数据分析，头条指数能够反映出用户在智能分发下的阅读及互动行为。用户可以通过使用头条指数捕捉用户的兴趣和关注点，监测社会舆情，为精准营销、舆情应对乃至学术研究提供重要的数据参考。基于今日头条海量激活用户的海量行为数据及文章数据，通过数据挖掘和数据分析，捕捉即时热点，预测可能的热点，为个人或企业提供热点事件的数据分析，并产出个人或企业所需的数据、可视化图表、报告等，提供一站式服务和具有参考价值的数据。用户可以通过搜索关键词来定位和观测某个事件。当查询不到所搜索的关键词时，可根据系统提示修改搜索关键词或将其拆分成相近的关键词之后进行组合使用。

热度指数反映的是某个关键词受用户关注的程度。将关键词的阅读量、评论量、转发量、收藏量等加权求和，以小时级计算出各关键词的热度值，绘制成趋势图。

关联分析是用户在阅读含有某关键词的文章时，以与该关键词有关联的其他关键词同时被阅读的频次为基础计算出的词与词之间的相关性。头条指数将及时跟进当天最热门的事件，并进行小时级别的数据实时更新。用户可筛选时间区间和地域范围，更有效地洞悉和观察热门事件，辅助个人或企业了解热点的最新动态。头条数据报告为今日头条算数中心根据热点事件特别制作的数据报告，供个人或企业下载及使用。用户能根据自身需要，按照报告的领域、来源、标签、关键词进行检索，精准找到感兴趣的相关报告，甚至进行人群画像。

（四）微信指数

微信指数是微信于 2017 年 3 月 23 日推出的基于微信大数据的移动端指数。现阶段微信指数作为内嵌于微信当中的小程序形式存在，便于微信用户了解关键词搜索热度，帮助企业更好地掌握实时搜索舆情状况。但由于其入口较深且微信官方没有做太多推广，所以知道它的用户并不多。目前，有以下两种方法查看所搜索关键词的指数信息。

一是使用"微信指数"小程序，在微信的搜索框中搜索"微信指数"，然后在小程序的分类下，选择"微信指数"小程序；二是直接在微信搜索框搜索"关键字 + 微信指数"，或"微信指数+关键词"，了解特定关键词的指数详情。此外，在"微信指数"小程序中，用户还可以添加不同的关键词，对比每个关键词的热度曲线。

微信指数的适用人群为微信这一社交媒体 App 的所有使用用户，在不涉及隐私的前提下，挖掘用户搜索和浏览行为的数据，抓取微信公众账号文章及微信搜索中的热词，发现、反映微信用户的热点、兴趣和需求，并记录每天的变化趋势。长期以来，搜索引擎平台中的关键词指数查询、主流社交平台的热词榜等因为有明确的量化标准，一直是企业管理者、品牌传播人、媒体、公关人，以及行业研究员等人群掌握潮流趋势、了解社会舆论导向等热点的必备参考。而微信指数的推出，可以为这些用户群体带去多一维度的选择。因此，微信指数的功能及意义主要集中在：微信指数整合了微信上的搜索和浏览行为数据，基于对海量数据的分析，可以呈现关键词动态指数变化情况，方便看到某个词语在一段时间内的热度趋势和最新指数动态。微信指数可以提供社会舆情的监测，能实时了解互联网用户当前最为关注的社会问题、热点事件、舆论焦点等，方便政府、企业对舆情进行研究，从而形成有效的舆情应对方案。微信指数提供的关键词的热度变化可以间接反映用户的兴趣点及变化情况，如日常消费、娱乐、出行等，从而对品牌企业的精准营销和投放形成决策依据，也能对品牌投放效果形成有效监测、跟踪和反馈。

（五）阿里指数

阿里指数是了解电子商务平台市场动向的数据分析平台，2012 年 11 月 26 日阿里指数正式上线，其分析结果主要是根据阿里巴巴网站每日运营的基本数据，包括每天网站浏览量、每天浏览的人次、每天新增供求产品数、新增公司数和产品数 5 项指标统计计算得出的。因为阿里业务调整，2020 年 8 月底阿里指数下线，之后阿里指数的店铺和人群数据可以在完成店铺开设以后，通过后台的方式进入生意参谋网站进行查看，其网址为http://sycm.taobao.com/portal/。

阿里指数是为淘宝卖家提供淘宝数据分析的一款重要的工具。其作用就是让卖家可以更加详细地了解市场行情，把握市场机遇，并能及时调整店铺的运营方向，降低店铺的经营风险。总之就是用数据说话，为店铺节约成本，并让店铺能更好地赚钱。

阿里指数的主要功能有三个方面。其一，行业总体分析与趋势判断。行业大盘：主要包括市场行情、热门行业。以某个行业为视角进行分析。市场行情：市场的综合趋势——价格、采购、供应的趋势。用户可以通过对淘宝采购、阿里采购以及供应指数的对比的变化的观察，分析市场的走向并且预测接下来的市场行情，做好相应的准备。热门行业分析：在这个板块中，阿里指数会做出对各种热门细分子行业的分析，并对各个子行业做出排序。此外，还会做出数据解读。其二，产品的属性与采购量分析。热门基础与营销属性：针对商品本身所固有的基本属性做出属性划分和营销排名，用于表明该行业中这一热门产品受欢迎的属性行情。例如女鞋行业，通过属性细分可以发现，圆头女鞋采购指数和供应指数都是最高的，但是通过计算比例，发现采购率最大的还是新款女鞋，所以新款女鞋的需求量最大，同时竞争力也是最大的，因此必须把产品优化到前面，才有机会展示和成交。采购者素描画像：主要供用户查看搜索、购买自己产品的客户群体，从而确定自己的目标人群。同时，还可以用来对比行业客单价，从而分析自己的商品单价情况，如果过低则应该思考怎样提高客单价。阿里上主要以批发为主，如果客单价过低，说明大部分客户只是拿样，并没有成批拿货，这时就要仔细分析客户拿样却不下单的原因，从而进行优化改正，提高店铺销量。其三，阿里排行榜，即涉及商品交易的产品排行，分为交易排行和流量排行，其中，交易排行是指在一定时间内销售的情况，通过分析交易指数可以发现哪款产品更加容易成交，以及店铺内哪款产品更有爆款的潜质，打造爆款通常是一种快速、有效的方法，阿里上不乏一款爆款撑起一个店铺的实例，所以一定不要忽视这种方法。而公司排行和企业官网排行主要考察店铺供货情况和实力，店铺内产品销量上升了，店铺综合实力自然也会上升，所以做好基础是必要的。除阿里指数，还可以从阿里数据（http://dt.alibaba.com/alizs.htm）获取最新行业可视化数据。

（六）中文互联网数据研究咨询中心

中文互联网数据研究咨询中心（199IT）作为大数据分享平台，在数据提供方面主要是以门户网站的形式聚集大数据报告，其自身定位为用数据解读 TMT（telecommunication，media，technology）行业。199IT 提供的内容主要是有关 TMT 各个行业的解读，包括电信、科技以及媒体类，覆盖面广泛。199IT 网站属于内容聚集型平台。首先，199IT 没有自己生产与原创的内容，199IT 所提供的报告由其他大数据平台发布，作为数据报告的"搬运工"，搬运的内容不仅有国内专业性的解读，也有国外数据的专业化解读，采用"搬运"的模式一方面是因为"原创"内容属于收费项目，另一方面 199IT 网站的广泛受众也是其原因之一。其次，199IT 平台对其他数据平台的专业解读报告通过贴标签和专题分类的形式将最新发布的互联网数据平台报告收集并整理到网站当中，在报告内容中表明数据与报告来源，同时数据解读内容及时更新。199IT 通过在数据解读报告下方附上微信公众号的二维码，让用户通过扫码关注微信公众号就可以获取最新的发布内容，从而实现了用户操作的便捷性以及获取内容的及时性。

199IT 报告对于新媒体行业意义重大。

（1）其涉及范围广泛。199IT 数据解读内容当中，新媒体行业的解读包括社交行业中的网络交友、即时通信、微博、SNS、图片分享、问答类网，以及新媒体营销中的移动营销、搜索营销、整合营销、品牌网络广告营销等。

（2）专业性强。199IT 数据报告中虽然大多数为转载的数据解读报告，但其以标签化的形式，在被授权转载的前提下集合需要付费或使用代理才能享用的原创内容，对于新媒体行业具有指导性意义。一方面，经过授权转载后的付费数据内容可以使更多的人免费享有；另一方面，专业性的行业解读对新媒体行业的走向与趋势的预测具有指导作用。

（3）社群交流，资源共享。199IT 除提供专业性的新媒体行业数据解读，还以付费方式加入新媒体行业的社群，从而获取更多的有关新媒体行业的相关资料。在社群内，可以接收最新的新媒体行业数据以及最新的解读报告，同时新媒体从业人员以社群的方式相互连接在一起，从而构成一个内部资源相互共享、行业数据共同解读的共同体。

（七）清博大数据

清博大数据（https://www.gsdata.cn/）是基于网络公开数据的产业、融媒体和舆论大数据人工智能服务商，新媒体大数据评价体系和影响力标准的研究制定者，舆论分析报告和软件供应商，融媒体平台解决方案提供商，一站式行业大数据解决方案服务商。清博大数据为众多政务机构、新闻媒体、品牌企业、互联网公司提供大数据服务，客户涵盖万达集团、海尔集团、阿里巴巴、腾讯、百度、新浪、字节跳动（今日头条、抖音、西瓜视频、火山小视频）等。清博大数据提供清博指数、清博舆情、清博管家、清博广告、清博开放平台、行业大数据、可视化大屏七项数据产品服务；公开提供关于微信、微博、头条号、抖音、快手等视频新媒体应用的排行榜单。

清博指数主要提供微博、微信公众号、头条号、抖音、快手、腾讯视频等移动应用或新媒体平台榜单。其推出的相关指数以时间为指数标准，可以通过选择日榜、周榜、月榜来查看当日、当周与当月的有关微信榜单的指数；也可以根据具体的日期选择进行查看。同时，除了以时间为标准进行分类，对于微信公众号的指数的判定也可以根据所发布内容的形式以及类别进行分类，根据内容的形式可以分为文章与视频，所提供的数据内容分别为排名、公众号、发文数、总阅读数、头条阅读、平均阅读、总在看数、WCI（微信传播指数，从整体传播力、篇均传播力、头条传播力、峰值传播力四个维度进行评价）。清博指数推出的相关指数还可以以地域为标准，微信公众号榜单指数标准的划分可以通过选择不同的地区，进行公众号榜单统计发布。

（八）飞瓜数据

飞瓜数据（https://www.feigua.cn/）是西瓜文化传播有限公司旗下产品，是一款提供全网抖音、快手潜质爆款素材、各类排行榜、视频流量监控，以及多号矩阵管理等功能，可以让用户在 1 分钟内掌握抖音、快手运营现状，迅速获取抖音、快手运营数据的专业平台。抖音特有的算法会给创作者的账号打上相关的内容标签，可以让算法系统更精准地将视频推荐给感兴趣的人。如果用户想知道自己账号的标签，可以通过飞瓜数据查询，飞瓜数据会根据账号的视频内容，自动识别相关的账号标签和内容标签。

作为一个短视频热门视频、商品及账号的数据分析平台，飞瓜数据着力于利用大数据追踪短视频流量趋势，提供热门视频、音乐、爆款商品及优质账号，助力账号内容定位、粉丝增长、粉丝画像优化及流量变现。目前，飞瓜数据专门为抖音和快手短视频平台的用户设立具有针对性的数据分析服务。飞瓜数据能够为使用者提供各类最新的热门视频、热门音乐资源，并通过数据搜索找到时下最受欢迎的热点，提醒用户将其融入内容创作，以此为用户提供获取大量流量的机会。可以说，飞瓜数据能够帮助用户快速发现短视频平台最新热点，把握短视频热门趋势，让用户追热点、生产爆款视频快人一步。飞瓜数据还提供了播主查找功能，即通过挖掘各类榜单和感兴趣的抖音/快手数据，帮助用户了解不同领域 KOL（关键意见领袖）的详细信息，从而帮助用户明确自身账号的定位、受众喜好以及内容方向。飞瓜数据的用户数据监测功能是通过提供查询者的抖音号或快手评论号、视频监控、账号和品牌对比来实现账号发布内容前的时间把控、发布中点赞和转发的数据监控，以及发布后的用户、作品和互动数据分析、数据反哺。飞瓜数据的电商分析功能是指提供抖音或快手全网销售的商品、食品相关数据的检索功能和排行榜单，分析商品热度和在售播主的情况，快速实现购物车商品优选和电商合作选择。

（九）知瓜数据

知瓜数据（https://www.zhigua.cn/）是由福州西瓜文化传播有限公司开发的，是一款淘宝直播数据分析的实用工具，提供了主播带货转化量分析、粉丝互动分析、粉丝画像分析等实用功能，也提供了播主销量榜、爆款商品榜、MCN（多频道网络）排行榜等各类电商直播的相关榜单，是一款将直播数据可视化的数据分析监测云平台，可精准、可靠、高效地提供淘宝直播平台的数据分析服务。

在淘宝直播成为新的卖货趋势时，更多卖家希望可以赶上这班顺风车，知瓜数据旨在为从事直播业务的 MCN 机构及淘宝卖家提供从数据到价值的服务支撑，让用户可以更高效、简捷地获取信息。通过淘宝直播可视化数据分析监测云平台，精准、可靠、高效地提供淘宝直播平台的数据分析服务，助力直播广告主精准投放。其中，查看播主榜单分析的操作如下。点击播主排行榜，选择想要查看的行业类目，即可查看该行业类目下的播主排行及播主粉丝数、点赞数等基本信息。

（十）新浪微热点

新浪微热点（https://www.wrd.cn/）用于免费监测热门事件，可以监测网站、论坛、博客、微博、微信等多方信息，进行数表统计等。微热点可以根据地域选择查看当日热点事件；热点按排行统计分为一小时热点、24 小时热点、热门事件周榜、热门事件月榜。

以 2020 年 3 月 11 日湖北地区为例，可以通过新浪微热点查看湖北地区热点事件名称、一小时热点读书、一小时环比变化、事件类型，并且可以对相应事件创建全网与全微博分析。同时，点击湖北地区可以查看湖北地区热点事件总数、前五名热点事件与前五名变化最大的事件。在湖北地区 3 月 11 日前五名热点事件中，以"湖北将有序推进企业复工复产"事件为例，事件热度为 39.56，报刊报道热度为 341，新闻报道热度为 2395，政务报道热度为 921，同时还可以查看该事件的敏感程度。点击热点事件可以查询详细内容，以"郑州境外输入病例隐瞒行程被立案"为例，可以看到 24 小时内的热搜指数、热度指数均值、一小时热度变化趋势、热度指数峰值。

在重大事件中可以根据时间降序、信息降序、热度均值降序查看微博对于重大事件的关注程度。通过热门微博可以看到微博中的热门内容以及全网关注的重点事件，平台还对热门事件进行了分类，可以根据社会、笑话、时尚、星座、电影、体育、理财、萌宠、美食、旅游、健康、视频、音乐、教育、政务等进行分类查看。热门人物搜索可以通过人物类型（全部、事件人物、歌手、演员、主持人、体育人物、企业家）进行分类；并且可以查看人物和单一事件在特定时间段的热度走势对比，如通过人物"王一博"、事件"王一博献唱公益歌曲"看到人物热度与事件在 24 小时内的热度走势。在案例库中，可以根据案例分类查看热点事件，以"视觉中国版权风波"为例，可以查看热点事件走势图、热点事件区间占比图，并且可以同类似事件进行对比。根据微博采集的基础数据可以对热搜或热点事件的大数据报告进行分析。以热点事件"川航'史诗级'备降微博分析报告"为例，在微博分析报告中可以获知事件简介、事件趋势、热点词、意见领袖、核心传播人、热门信息、传播途径、表情分析、博主分析、数据类型与评论分析，可以得到关于此次川航降落事件的总体微博舆论走势与热度趋势。

（十一）新浪舆情通

新浪舆情通（http://www.yqt365.cn/）是新浪微博政务舆情大数据分析平台，共有十一类信息：新闻报刊政务微博公众号博客论坛视频网站客户端；微博信息实时获取；网站、论坛等信息源最快 3 分钟轮询 1 次；预警信息最快 1 分钟下达；精准设置词距和地域；定向监测指定行业、指定信息源；自定义信息监测时间范围；等等。其主要功能如下：竞品分析：对拟进行对比的多个事件、人物、品牌或地域等进行关键词设置，然后系统自动生成一份包含热度指数、正负面词频、地域分布、媒体报道情况等多个维度的竞品分析报告，通过竞品分析报告可以快速查看竞品相关信息在互联网上的品牌传播概况；舆情监测：可以提供信息监测、舆情事件、舆情预警，以及舆情数据化大屏、敏感信息预警、重点账号监测、舆情态势感知、舆情定制报告等；热点事件分析：以热点舆情事件为例生成网络传播分析，可以把分析结果生成数据化大屏，其舆情智库可以通过舆情数据分析来为行业、品牌或党政机构提供建议。

以上十一个新媒体数据分析机构采集、分析的数据几乎涉及了国内所有的新媒体应用，除了面向 PC 端的采集平台，大部分是微信小程序或 App，可以随时随地进行数据采集与分析，为一般需求的新媒体数据分析与应用提供了较多便利。对有复杂需求的新媒体数据采集分析与应用，可以在充分使用以上平台的基础上进行分析框架的自我扩展，可采用多元数据采集处理分析方法达到更高的目标。

国内的新媒体数据分析机构除了以上十一个，还有自主收集数据形成数据报告的机构，这些数据全部或部分对外开放，可便利索取。例如，CNNIC 每半年度发布的报告、中国社会科学院新闻与传播研究所发布的中国新媒体发展年度报告、中国互联网协会从 2002 年起发布的中国互联网发展年度报告、腾讯公司发布的年度新媒体专题报告、易观分析（https://www.analysys.cn/）、虎嗅（http://www.huxiu.com）、友盟+（https://www.umeng.com），均可提供新媒体方面的数据。

习 题

1. 根据互联网世界统计网站的数据，分析全球各大洲互联网网民总数及普及率差异性的原因。

2. 根据中国互联网络信息中心最新一次《中国互联网络发展状况统计报告》的数据，归纳我国政务新媒体应用的特点。

3. 比较国外的新媒体数据分析机构的异同。

4. 比较国内指数类新媒体数据分析机构的异同。

实 践 任 务

1. 查看自身微信朋友圈或微博、微信公众号等后台自行统计的数据并导出，试进行简单分析。

2. 根据新媒体数据分析应用的一般步骤，结合实际，制订切实可行的方案，试分析所在学校的某个新媒体平台，并提出应用数据的基本思路。

案 例 讨 论

2020 年 11 月 15 日，由国家互联网信息办公室指导，CNNIC、中国科学院计算机网络信息中心（CNIC）主办的"第二届中国互联网基础资源大会（China Internet Infrastructure Resources Conference，CNIRC 2020）"11 月 15 日在北京落下帷幕。作为互联网基础资源领域的行业盛会，本次大会的主题为"夯实'根'基，数'聚'未来"。会上正式发布了"国家互联网基础资源大数据（服务）平台二期"。据悉，"国家互联网基础资源大数据（服务）平台一期"已于 2018 年 9 月 20 日在北京正式上线。经过一期和二期工程的持续研发与建设，国家互联网基础资源大数据（服务）平台已初步形成涵盖数据采集、清洗、汇聚、管理、分析、挖掘、安全保障等环节在内的互联网基础资源领域全链条大数据技术能力，并形成了多项对外服务成果。

更多信息请登录中共中央网络安全和信息化委员会办公室官网，查找"工作专题"栏目的"第二届中国互联网基础资源大会"专题网站，以及"数据服务"栏目相关报告，进而查阅国内外最新的互联网新媒体基本数据信息。

思考：

在新媒体数据的各项工作中，我们如何做好数据查找工作，如何查找到权威可靠的数据？

参 考 资 料

[1] 中共中央网络安全和信息化委员会办公室官网[EB/OL]. [2022-03-09]. http://www.cac.gov.cn/sjfw/hysj/More.htm.

[2] 中国互联网络信息中心. 第 46 次《中国互联网络发展状况统计报告》[EB/OL].（2020-09-29）. http://www.cnnic.net.cn/hlwfzyj/hlwxzbg/hlwtjbg/202009/t20200929_71257.htm.

[3] 中国互联网络信息中心. 第 47 次《中国互联网络发展状况统计报告》[EB/OL].（2021-02-03）. http://www.cnnic.net.cn/hlwfzyj/hlwxzbg/hlwtjbg/202102/t20210203_71361.htm.

[4] 中国互联网络信息中心. 第 48 次《中国互联网络发展状况统计报告》[EB/OL].（2021-09-15）. http://www.cnnic.net.cn/hlwfzyj/hlwxzbg/hlwtjbg/202109/t20210915_71543.htm.

[5] 中国互联网络信息中心. 第 49 次《中国互联网络发展状况统计报告》[EB/OL].（2022-02-25）. http://cnnic.cn/gywm/xwzx/rdxw/20172017_7086/202202/t20220225_71724.htm.

[6] Internet World Stats. World Internet Users Statistics and 2021 World Population Stats [EB/OL].（2022-03-01）. https://www.internetworldstats.com/stats.htm.

第二章

新媒体数据的采集

引言

　　一场没有硝烟的战争正在进行中。与 2003 年 SARS 疫情不同，新冠肺炎疫情发生时，互联网已成为主要的信息平台，通过搜索引擎、信息流、社交网络、社交媒体、新闻客户端等，人们得以实时获取疫情动态和防疫知识，也可以知晓疫情高中风险区人民的状态。值得关注的是，2003 年尚未出现的大数据，在这次疫情防控中发挥了重要作用，如最新疫情信息发布、追溯传染源和传播路径、各方专家答疑解惑、社交媒体上的患者求助和认证、多平台防疫科普直播等。掌握科学的数据采集方法可帮助我们探索更多未知领域。

　　"这是一个令人兴奋的时代，也是一个大数据的时代，数据科学让我们越来越多地从数据中观察到人类社会的复杂行为模式。"[①]过去直觉和经验主导着我们的生活，现如今，大数据时代的到来已经深刻改变了我们的生产和生活方式，以数据为基础的技术正不断增加我们的可用知识。为了从海量的数据中发现知识，寻找隐藏在数据中的模式、趋势和相关性，揭示社会现象与社会发展规律，我们需要拥有较好的数据洞察力。为了使新媒体数据的分析更加精准、有效，被分析的数据必须通过科学的方法进行采集。本章主要讲解新媒体数据采集的基本原理，介绍几种常用的网络爬虫系统、智能爬虫软件的使用方法，并通过大量案例展示不同类型的新媒体平台的数据采集方法和途径。

第一节　新媒体数据采集的基本原理

　　数据采集是数据处理与分析的基础，科学地采集数据可以保证新媒体数据的分析更加精准、有效。百度百科对数据采集给出的定义是"数据获取，是利用一种装置，从系统外

---

① 中国传媒大学教授沈浩为《爆发》中文版撰写的推荐语。

部采集数据并输入到系统内部的一种操作。被采集数据是已被转换为电讯号的各种物理量，如温度、水位、风速、压力等，可以是模拟量，也可以是数字量。采集一般指采样方式，即间隔一定时间（称采样周期）对同一物理量的数据重复采集。采集的数据大多是瞬时值，也可是某段时间内的一个特征值。准确的数据测量是数据采集的基础"。

一、数据采集的基本途径

在互联网技术快速发展的今天，网络数据获取的需求和重要性不断凸显，数据采集技术日益迭代，国内外各种数据采集工具、数据获取平台先后问世，将数据采集带入了一个全新的时代。数据采集的基本途径有开放数据网站获取、新媒体平台后台数据获取、第三方数据公司提供、数据挖掘工具爬取四种。

（一）开放数据网站获取

开源不仅意味着以开放的姿态进行知识共享，还代表着自由、平等、协作、责任和乐趣等理念。开放已经成为互联网时代一股不折不扣的浩荡风潮。数据的开放性是大数据时代的一个重要特征，数据开放是为新经济服务的，是推动社会创新的重要资源。随着互联网技术的发展，信息交流与共享变得越来越方便快捷，原本存储于一些政府部门、企业或机构的数据开始向社会研究机构或公众开放。在数据采集过程中，一些开放数据网站可以为我们提供社会发展、行业动态、生活服务等方面的数据。常用的开放数据网站如表 2-1 所示。

表 2-1　常用的开放数据网站

网站信息类别	网 站 名 称	网　　　址
社会经济类	国家统计局	www.stats.gov.cn
	中国统计信息网	www.tjcn.org
	中共中央网络安全和信息化委员会办公室	www.cac.gov.cn
	中国统计数据库	www.shujuku.org
	CEIC（司尔亚司数据信息有限公司）	https://www.ceicdata.com
	世界银行公开数据	https://data.worldbank.org.cn
	新浪财经	https://finance.sina.com.cn
	东方财富网	https://www.eastmoney.com
	前瞻数据库	https://d.qianzhan.com
	中经网产业数据库	https://cyk.cei.cn
	一带一路统计数据库	https://ydyl.cei.cn
生活服务类	国家生态环境部数据中心	http://www.nesdc.org.cn
	环境云	http://www.envicloud.cn/home
	IT 桔子	https://www.itjuzi.com
	高德地图	https://report.amap.com
	豆瓣网	https://www.douban.com
	艺恩数据	https://www.endata.com.cn
	猫眼专业版	https://piaofang.maoyan.com
	IMDB 爱影库	http://www.iyingku.cn

注：公开数据源网站不局限于表 2-1 中所列。

（二）新媒体平台后台数据获取

互联网时代发展的重要趋向在于为用户提供更加个性化、更高质量的服务。目前，具有一定市场规模的新媒体平台可以为用户提供平台使用数据，供用户了解账号运营质量、预测运营方向、控制运营成本、评估运营结果。如果需要分析的数据新媒体后台可以提供，则无须花费时间进行统计与挖掘，直接在后台复制或下载数据即可。目前，可以获取后台数据的新媒体平台包括微信公众平台（见图2-1）、微博、淘宝、天猫、今日头条、百家号、爱奇艺、哔哩哔哩等。

图 2-1　微信公众号后台数据

（三）第三方数据公司提供

以数据驱动帮助企业业务决策和业务增长是大多数第三方数据公司的使命。目前有专门针对社交媒体、自媒体的数据挖掘与分析公司，也有针对全品类互联网企业的数据公司（见表2-2）。在平台的后台无法对某项数据进行统计时，可以借助相关工具，在授权后利用第三方工具进行数据挖掘与获取，随后直接下载第三方工具得到的数据。其中包括免费的基础数据和付费的高级个性化数据两种。

表 2-2　常用的第三方数据网站

网 站 名 称	网　　址	数据支持范围
友盟+	http://www.umeng.com	互联网企业
艾瑞数据	https://data.iresearch.com.cn	互联网企业
GrowingIO	https://www.growingio.com	零售、电商、金融、教育等全行业
极光数据	https://www.jiguang.cn	电商、教育、医疗等全行业
七麦数据	https://www.qimai.cn	互联网企业
易观分析	https://www.analysys.cn	互联网企业
阿拉丁	https://www.aldwx.com	微信小程序
知微数据	http://www.zhiweidata.com	微博、舆情事件
清博智能	http://www.gsdata.cn	微信、微博、今日头条、网站、抖音等媒体平台
新榜	https://www.newrank.cn	移动端全平台
西瓜数据	http://data.xiguaji.com	微博、微信

（四）数据挖掘工具爬取

前面三种数据采集途径是借助外部资源直接获取网络数据的渠道，但在实际的数据分析工作中，上述的数据采集途径是不能完全满足数据挖掘需求的，我们还需要通过数据挖掘工具爬取所需的个性化数据。通过网络爬取的数据相较于前面三种方式获取的数据更加直接和原创，相当于一手数据。

网络爬取数据有两种方法：一种是通过使用网络爬虫系统爬取，另一种是使用智能爬虫软件。本章第一节第二部分将重点讲解网络数据爬取的相关知识，第二节将分别介绍网络爬虫系统、智能爬虫软件获取数据的方法。下面简要介绍常用的网络数据爬取工具。

1. 网络爬虫系统

（1）R，是现今非常受欢迎的数据分析和可视化系统之一，具备数据处理、计算和制图等功能。它是自由的开源软件，可同时提供 Windows、MAC OS X 和 Linux 系统的版本。

（2）IBM SPSS，是一系列用于统计学分析运算、数据挖掘、预测分析和决策支持任务的软件产品及相关服务的总称，有 Windows 和 MAC OS X 等版本。

（3）WEKA，是基于 Java 环境的开源机器学习和数据挖掘软件。它集合了大量能承担数据挖掘任务的机器学习算法，包括对数据进行预处理、分类、回归、聚类、关联规则以及在新的交互式界面上的可视化。和 R 相比，WEAK 在统计分析方面较弱，但在机器学习方面要强得多。

（4）Rapid Miner，是基于 WEKA 构建的一款开源数据挖掘软件，提供 GUI 数据处理和分析环境，提供 Java API。

（5）Python，是一种解释型、面向对象、动态数据类型的高级程序设计语言，能够把用其他语言制作的各种模块联结在一起，擅长文本处理。

2. 智能爬虫软件

智能爬虫软件大多数学习成本低，操作流程可视，易于快速搭建采集系统，且能直接导出 Excel 文件到数据库中。其缺点是采集自由度受到平台功能的限制。日常数据采集过程中较常用的智能爬虫软件及其优缺点如表 2-3 所示。

表 2-3　常用的智能爬虫软件

软 件 名 称	软件介绍及网址	优　　点	缺　　点
火车头采集器	一款网页数据抓取、处理、分析、挖掘软件。可以灵活迅速地抓取网页上散乱分布的信息，并通过强大的处理功能准确挖掘出所需数据。网址为 http://www.locoy.com/	采集速度比较快，接口比较齐全，支持 PHP 和 C#插件扩展；支持多种数据格式导出，可以进行数据替换等处理	操作不够简捷，新手使用有一定的操作门槛；只支持 Windows 版本；免费功能受限，只能导出单个 txt 或 html[①]文件

① HTML 称为超文本标记语言，是一种标识性的语言。它包括一系列标签，通过这些标签可以统一网络上的文档格式，使分散的 Internet 资源链接为一个逻辑整体。HTML 文本是由 HTML 命令组成的描述性文本，HTML 命令可以说明文字、图形、动画、声音、表格、链接等。

续表

软 件 名 称	软件介绍及网址	优 点	缺 点
八爪鱼采集器	一款可视化采集器，内置采集模板，支持各种网页数据采集。网址为 http://www.bazhuayu.com/	支持简易采集模式，提供官方采集模板，支持云采集操作；支持防屏蔽措施；支持多种数据格式导出	采集速度较慢，云采集倍速功能不明显，只支持 Windows 版本；导出数据需要积分
后羿采集器	由前谷歌搜索技术团队基于人工智能技术研发的新一代网页采集软件，该软件功能强大，操作简单。网址为 http://www.houyicaiji.com/	支持智能采集模式，输入网址就能智能识别采集对象，无须配置采集规则，操作非常简单；支持多种数据格式导出；支持定时采集和自动化发布；支持 Windows、MAC OS X 和 Linux 且免费	部分功能尚在完善，暂不支持云采集功能、第三方网站采集模板
集搜客	英文名 GooSeeker，是一款高度集成化的数据爬虫软件，能够抓取网页文字、图表、超链接等多种网页元素，可以提供好用的网页抓取软件、数据挖掘攻略、行业资讯和前沿科技等。由制作网页抓取规则的 MS 谋数台和用来采集网页内容的 DS 打数机组成	支持简易采集模式，提供多网站采集模板，支持 Windows、MAC OS X 和 Linux。不但可以采集网页，还能摘取语义标签；支持抓取在指数图表上悬浮显示的数据	对于新手具有一定的操作门槛，交互体验有待优化；抓取数据免费，但下载数据需要购买积分，Mac 版需要付费

二、网络数据爬取概述

（一）网络爬虫的基本原理

网络爬虫（web crawler），又称为网络蜘蛛（web spider）或 web 信息采集器，是一个自动下载网页的计算机程序或自动化脚本，是搜索引擎的重要组成部分。网络爬虫通常从一个称为种子集的 URL[①]集合开始运行，它首先将这些 URL 全部放入一个有序的待爬取队列里，按照一定的顺序从中取出 URL 并下载所指向的页面，分析页面内容，提取新的 URL 并存入待爬取 URL 队列中，如此重复上面的过程，直到 URL 队列为空或满足某个爬行终止条件，从而遍历 Web，该过程称为网络爬虫（见图 2-2）。

网络爬虫是一种通过多种手段收集网络数据的方式，最常见的方法是一个自动化程序向网络服务器请求数据，然后对数据进行解析，提取需要的信息。爬虫可以简单理解为利用程序来获取我们需要的网站上的内容，包括文字、视频、图片等信息，这些都称为数据。

---

① URL：uniform resource locator，统一资源标识符。在 Web 上，每一个信息资源都有统一的且在网上唯一的地址，该地址就叫 URL，它是 Web 的统一资源定位标志，即网络地址。

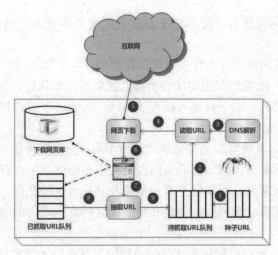

图 2-2 网络爬虫的基本原理

网络爬虫的过程与日常浏览网页的过程相似（见图 2-3）。例如，我们在浏览器地址栏输入 www.baidu.com，打开网页的过程就是浏览器作为客户端向 Web 服务器发送一次请求，Web 浏览器响应请求，返回一些 HTML 代码到页面，浏览器需要对这些 HTML 代码进行解析，并显示我们看到的百度网站的页面。

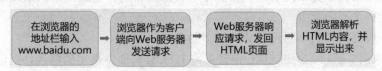

图 2-3 浏览网页的过程

爬虫的简单思路是：模拟浏览器，发送一份请求，然后获得相应的文档，可以通过编写正则表达式进行索取、删除等操作，最后浏览器会从文档中提取我们需要的内容。

（1）通过浏览器上网时，用户获取网络数据的方式是：浏览器提交请求→下载网页代码→解析/渲染成页面。

（2）爬虫获取网络数据的过程：模拟浏览器发送请求→下载网页代码→只提取有用的数据→存放于数据库或文件中。

这两种获取方式的区别是：爬虫程序只提取网页代码中对我们有用的数据。

（二）网络爬虫的分类

从不同的角度出发，爬虫存在着不同的分类方法。网络爬虫按照系统结构和实现技术可以分为以下两类。

（1）通用网络爬虫。通用网络爬虫是不分主题的，它是根据网络爬虫的控制策略随机分配爬行任务的爬虫。通用网络爬虫之间不存在主题方面的通信与合作，目标是尽可能多地收集质量好的页面，但对于页面内容没有要求，包含所有方面。

（2）主题网络爬虫。主题网络爬虫是面向主题的，它是以特定主题为目标访问页面的爬虫。主题网络爬虫的目标是尽可能多地爬取与主题相关的资源，尽可能少地爬取与主题无关的页面，过滤掉无关网页，使某个主题的资源覆盖率变大，同时要求相关资源质量较好。

网络爬虫按照不同的应用，在许多方面存在着差异，大体可以分为以下三类。

（1）批量型爬虫。批量型爬虫有比较明确的抓取范围和目标，当爬虫达到这个设定的目标后，就停止抓取过程。由于具体目标可能不同，因此可以设定抓取一定数量的网页，也可以设定抓取消耗的时间。

（2）增量型爬虫。增量型爬虫与批量型爬虫不同，会保持持续不断的抓取状态，对于抓取到的内容，会定期更新。因为互联网的网页处于不断变化中，新增网页、网页被删除或者网页内容更改都很常见，而增量型爬虫需要及时反映这种变化，所以处于持续不断的抓取过程中——不是在抓取新网页，就是在更新已有网页。通用的商业搜索引擎爬虫基本属于此类。

（3）垂直型爬虫。垂直型爬虫关注特定主题内容或者属于特定行业的网页，例如对于健康网站来说，只需从互联网页面里找到与健康相关的页面内容即可，其他行业的内容不在考虑范围。垂直型爬虫最大的特点和难点就是：如何识别网页内容是否属于指定行业或者主题。从节省系统资源的角度来说，不太可能把所有互联网页面下载下来之后再去筛选，这样会非常浪费资源。因此往往需要爬虫在抓取阶段就能够动态识别某个网址是否与主题相关，并尽量不去抓取无关内容，以达到节省资源的目的。垂直搜索网站或者垂直行业网站往往需要此种类型的爬虫。

网络爬虫根据需求的不同可以分为以下两类。

（1）爬取网页链接。通过 URL 链接得到 HTML 页面中指定的链接，把这些链接存储起来，再依次以这些链接为源，再次爬取指向 HTML 页面中的链接……如此层层递归下去。常用的方法是广度优先或者深度优先，根据爬取层次需求不同选择不同的方法，从而达到最优效果。对于这种方法，爬虫的效率优化是关键。搜索引擎的第一个步骤就是通过爬虫得到需要索引的链接或者数据，存放于数据库，然后对这些数据建立索引、定义查询语句，再解析查询语句并利用检索器对数据库里的数据进行检索。

（2）爬取数据信息。爬取数据信息，如文本信息、图片信息等，有时需要做数据分析，通过某种手段获取数据样本以供后续分析。常用的方法是爬虫获取指定数据样本或利用现有的公共数据库。

第二节　新媒体数据采集工具

随着互联网的迅速发展，Web 已成为大量信息的载体，越来越多的网民可以通过互联网获取所需的信息。因此，如何有效地提取并利用这些信息，已经成为数据分析从业者关注的一个重要问题。搜索引擎作为辅助人们检索信息的工具，已成为普通用户访问 Web 的入口和工具。常见的搜索引擎包括谷歌、百度、搜狗、雅虎等，但是这些通用的搜索引擎并不能作为我们数据分析从业者数据采集的主要工具。虽然网络爬虫与搜索引擎的工作原理基本相同，但是数据采集的规模存在着本质的区别：网络数据抓取是从特定的网站提取特定的数据，而搜索引擎通常是在 Web 上搜索出大部分的网站。搜索引擎返回的结果包含大量用户不关心的网页；搜索引擎是基于关键字检索的，缺乏语义理解，导致反馈的信息不准确；通用的搜索引擎无法处理非结构性的数据，以及图片、音视频等复杂类型的数据。

一、常用的网络爬虫系统

上一节我们给大家介绍了几种比较常用的网络爬虫系统，由于 Python 语法清晰、免费开源、简单易学、支持各种系统以及拥有强大的第三方库支持（包括网络爬取、信息传输、数据分析、绘图可视化等库函数），所以本部分重点讲解 Python 数据爬取的方法。

（一）Python

Python 是由 Guido van Rossum 在 1989 年开发的一种脚本新解释语言，是 ABC 语言的一种继承。由于开发者是 Monty Python 喜剧团的爱好者，故将系统命名为 Python（蟒蛇）。Python 作为一种热门语言，具有以下四个特点。

（1）语法清晰，代码友好，易读。Python 是一种纯粹的自由软件，源码和解释器 CPython 遵循 GNU GPL（GNU general public license）协议，语法简洁清晰，并且强制空白符作为语句缩进。代码友好以及易于学习的特点使 Python 变得非常流行，感兴趣的编程者都可以学习并享受其带来的乐趣。

（2）应用广泛，具有大量的第三方库支持。Python 具有丰富和强大的库，能够把用其他语言制作的各种模块轻松地联结在一起。它可以帮助用户处理各种工作，包括正则表达式、文档生成、单元测试、线程、数据库、网页浏览器、CGI、FTP、电子邮件、XML、XML-RPC、HTML、WAV 文件、密码系统、GUI（图形用户界面）、Tk 和其他与系统有关的操作。通常，只要安装了 Python，这些功能就都是可用的。这被称作 Python 的"功能齐全"理念。

（3）可移植性强，易于操作各种存储数据的文本文件和数据库。Python 适用于各种操作系统，包括 Linux、Windows、Macintosh、OS/2 等，因此其在计算机领域中的发展非常迅速。同时，Python 易于操作各种格式的文本文件，包括 CSV、Excel 和 TXT 等，而且还可以操作数据库，这些优势都使其被广泛应用于数据分析和 Web 开发领域。

（4）Python 是一种面向对象语言，支持开源思想。面向对象程序设计为结构化、过程化程序设计增加了新的活力，其允许将特定的行为、特性和功能与将要处理的数据关联在一起，对象可以被多次使用。面向对象的特点在一定程度上使 Python 变得更加强大，有效地支持其发展壮大。同时，Python 支持开源思想，使其不断吸收其他语言或技术的优点来提升自己，供更多爱好者学习。

近几年，Python 凭借着"人生苦短，我用 Python"的口号，以清晰的语法、较高的开发效率、若干实用的库等优势在大数据分析、Web、人工智能等领域受到越来越多的关注。Python 继 2018 年荣获"年度编程语言"称号之后，一直稳居第三名（见图 2-4）。

Jan 2020	Jan 2019	Change	Programming Language	Ratings	Change
1	1		Java	16.896%	-0.01%
2	2		C	15.773%	+2.44%
3	3		Python	9.704%	+1.41%
4	4		C++	5.574%	-2.58%
5	7	︿	C#	5.349%	+2.07%
6	5	﹀	Visual Basic .NET	5.287%	-1.17%
7	6	﹀	JavaScript	2.451%	-0.85%
8	8		PHP	2.405%	-0.28%
9	15	︽	Swift	1.795%	+0.61%
10	9	﹀	SQL	1.504%	-0.77%
11	18	︽	Ruby	1.063%	-0.03%
12	17	︽	Delphi/Object Pascal	0.997%	-0.10%
13	10	﹀	Objective-C	0.929%	-0.85%
14	16	︿	Go	0.900%	-0.22%
15	14	﹀	Assembly language	0.877%	-0.32%
16	20	︽	Visual Basic	0.831%	-0.20%
17	25	︽	D	0.825%	+0.25%
18	12	︾	R	0.808%	-0.52%
19	13	︾	Perl	0.746%	-0.48%
20	11	︾	MATLAB	0.737%	-0.76%

图 2-4 2020 年最新 TIOBE 编程语言排行榜前 20 名

（二）Python 数据爬取程序

目前，我们可以通过高度集成化的爬虫程序或软件进行数据爬取，不需要进行太多的编程，这一部分我们重点介绍 Python 的网页数据爬取。通过 Python 来爬取数据我们需要一些依赖库，主要包括 Requests、Beautiful Soup、Scrapy、Selenium 等，其功能的侧重点各有不同（见表 2-4）。

表 2-4 常用数据爬取 Python 库

库	数据爬取中的主要功能
Requests	重点在于页面下载，可实现页面级的 HTTP 请求
Beautiful Soup	网页文件解析，可将标记语言转换成 Unicode 编码
Scrapy	重点在于爬虫框架，可在工程级别上大规模抓取网页内容
Selenium	模拟浏览器获取网页内容

本部分只简单介绍 Requests 和 Beautiful Soup 这两种相对容易掌握的库的基本使用方法，关于库的下载、安装以及其他内容请读者自行学习并进行实际操作。

1. Requests 库

Requests 模块是用 Python 语言编写的、基于 urllib 的第三方库，其采用 Apache Licensed 2.0 开源协议的 HTTP 库，比 urllib 更加简洁方便，既可以减少工作量，又能完全满足 HTTP 的测试需求。Requests 模块是一个很实用的 Python HTTP 客户端库，在编写爬虫和测试服务器响应数据时会经常使用到。下面讲解 Requests 库的基本使用方法。更多关于 Requests 的信息可以在其官方网站 http://www.python-requests.org 上获得。

（1）导入模块。使用语句：import requests。

（2）发送请求。Requests 库可以发送 HTTP 请求，获取 HTML 网页上的某种信息，最为常用的是 GET 请求和 POST 请求。

获得一个网页最简单的代码就是 r=requests.get(url)[①]，在 Requests 库中最为重要的两个对象是 Request 和 Response，这里我们通过给定 get 方法和 url 来构造一个向服务器请求资源的 Request[②]对象，这个对象是 Requests 库内部生成的，而 Requests 库返回的内容用变量 r 来表示，这个 r 是 Response 对象，Response 对象包含从服务器返回的所有的资源。requests.get() 函数的完整使用方法有三个参数，即 url、params 和更多的相关参数，如下所示。

```
requests.get(url,params=None,**kwargs)
```

url：拟获取页面的 url 链接。

params：url 中的额外参数、字典或字节流格式，属于可选项。

**kwargs：控制访问的参数。

我们也可以使用这种方式发送其他 HTTP 请求，如表 2-5 所示。

表 2-5　Requests 的基本请求方法

方　　法	说　　明
requests.request()	构造一个请求，支撑以下各方法的基础方法
requests.get()	获取 HTML 网页的主要方法，对应于 HTTP 的 GET
requests.head()	获取 HTML 网页头信息的方法，对应于 HTTP 的 HEAD
requests.post()	向 HTML 网页提交 POST 请求的方法，对应于 HTTP 的 POST
requests.put()	向 HTML 网页提交 PUT 请求的方法，对应于 HTTP 的 PUT
requests.patch()	向 HTML 网页提交局部修改请求，对应于 HTTP 的 PATCH
requests.delete()	向 HTML 网页提交删除请求，对应于 HTTP 的 DELETE

（3）传递参数。url 通常会传递某种数据，这种数据采用键值度的参数形式置于 URL 中。Requests 可以利用 params 关键字设置 URL 的参数，发送带参数的请求。例如，如果想传递 key1=value1 和 key2=value2 到 httpbin.org/get，可以使用如下代码。

```
>>> payload = {'key1':'value1', 'key2':'value2'}
>>> r = requests.get('httpbin.org/get',params = payload)
>>> print(r.url)
http://bin.org/get? key1=value1&key2=value2
```

（4）响应的内容。前面我们提到，Requests 库最为重要的两个对象就是 Request 和 Response，而 Response 又是重中之重，它包含了爬虫返回的全部内容，例如：

```
>>>import requests                                    #调用 Requests 库
```

---

① 它可以帮助我们获取任何一个 url 的资源。

② 由于 Python 对大小写敏感，所以 Request 对象首字母是大写的。

```
>>>r=requests.get("http://www.baidu.com")    #用 get 的方法访问百度主页
>>>print(r.status_code)                       #用 r.status_code 检测请求的状态码
200        #如果状态码是 200 说明访问成功，如果不是 200 则失败
>>>type(r)                                     #检测 r 的类型
<class 'requests.models. Response'>            #返回一个类，Response
>>>r.headers                                   #返回 get 请求，获得页面的头部信息
{'Server': 'bfe/1.0.8.18', 'Date': 'Sun, 13 May 2018 02:09:06 GMT',
'Content-Type': 'text/html', 'Last-Modified': 'Mon, 23 Jan 2017 13:28:36 GMT',
'Transfer-Encoding': 'chunked', 'Connection': 'Keep-Alive', 'Cache-Control':
'private, no-cache, no-store, proxy-revalidate, no-transform', 'Pragma':
'no-cache', 'Set-Cookie': 'BDORZ=27315; max-age=86400; domain=.baidu.com;
path=/', 'Content-Encoding': 'gzip'}
```

Requests 会自动解码来自服务器的内容，并且大多数 unicode 字符集都能被无缝解码。当请求发出后，Requests 会基于 HTTP 头部对响应的编码做出有根据的推测。

（5）定制请求头。如果想为请求添加 HTTP 头部，则只要简单地传递一个字典（dict）给消息头 headers 参数即可。例如，给 githud 网站指定一个消息头，语句如下：

```
>>> data = {'some': 'data'}
>>> headers = {'content-type': 'application/json',
               'User-Agent': 'Mozilla/5.0 (X11; Ubuntu; Linux x86_64; rv:22.0)
               Gecko/20100101 Firefox/22.0'}
>>> r = requests.post('https://api.github.com/some/endpoint', data=data,
       headers=headers)
>>> print(r.text)
```

关于 Requests 库的使用方法需要读者进行实际操作练习。值得注意的是，我们进行数据爬取之前，首先要坚持网页的 Robots[①]协议，查看所有开展的爬虫工作是否符合网站要求。如何监测网站的 Robots 协议以及如何遵守需要爬取网站的 Robots 协议，读者可以自行查阅相关文献进行学习。

2. Beautiful Soup 库

Beautiful Soup 又称"美丽汤"，是一个可以对 HTML 或 XML 文件进行解析并提取其中数据的 Python 扩展库。Beautiful Soup 是一个用于剖析文档并提取所需内容的工具包，提供一些用于导航、搜索和修改解析树的简单方法和 Python 语言，这使得开发者不用编写太多代码。Beautiful Soup 技术通常用于分析网页结构，爬取相应的 Web 文档，对于不规则的 HTML 文档提供一定的补全功能，从而节省开发者的时间和精力。在 Beautiful Soup 网站上有这样一段话：Beautiful Soup parses anything you give it, and does the tree traversal stuff for you.（Beautiful Soup 可以对你供给它的任何格式进行相关的爬取，且可以进行树形解析。）

也就是说，Beautiful Soup 可以把程序应用者给它的任何文档当作一锅汤，并帮助程序

---

① Robots 协议又称爬虫协议，全称是"网络爬虫排除标准"（robots exclusion protocol），网站通过 Robots 协议告诉搜索引擎哪些页面可以抓取，哪些页面不能抓取。其本质上是网站和搜索引擎爬虫的沟通方式，用来指导搜索引擎更好地抓取网站内容，而不是作为搜索引擎之间互相限制和不正当竞争的工具。

应用者煲制这锅汤。Beautiful Soup 有两个常用的版本：Beautiful Soup 3 和 Beautiful Soup 4（简称 bs4）。目前 Beautiful Soup 3 已经停止开发，在项目中使用更多的是 Beautiful Soup 4。

下面简单介绍 Beautiful Soup 4 的使用方法，更多关于 Beautiful Soup 的信息可以在官方网站 https://www.crummy.com/software/Beautiful Soup/上获取（见图 2-5）。

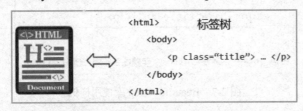

图 2-5　HTML 文件的标签树

如何使用 Beautiful Soup 库呢？简单来说，只需要下面两行代码：

```
>>> from bs4 import BeautifulSoup
>>>soup = BeautifulSoup('<p>data</p>','html.parser')
```

首先，我们要从 bs4 中引用 BeautifulSoup，这里 BeautifulSoup 是一个类型，接着我们要做一锅汤，这锅汤可以选用常见的 soup 变量，当然根据需求可选用其他变量，那么，在 soup = BeautifulSoup()中有两个参数，第一个参数是 BeautifulSoup 需要解析的 HTML 格式的信息，第二个参数是指定的解析器类型[①]。

Beautiful Soup 库是能解析 HTML 或 XML 文件的功能库。以 HTML 文件为例（见图 2-5），任何一个 HTML 文件打开它的源代码都能得到一组由"<>"代码组织起来的标签树，所以我们说 Beautiful Soup 库是解析、遍历、维护标签树的功能库。只要用户提供的文件是标签类型，Beautiful Soup 库就能够帮助用户解析出文档的全部内容。也就是说，HTML 文件和它的标签树与 BeautifulSoup 类是等价的（见图 2-6）。

图 2-6　HTML 文件、标签树与 BeautifulSoup 类的关系

BeautifulSoup 类的基本元素有五个，分别是 Tag、Name、Attributes、NavigableString、Comment，具体使用说明如表 2-6 所示。

表 2-6　BeautifulSoup 类的基本元素

基 本 元 素	说　　明
Tag	标签，最基本的信息组织单元，分别用<>和</>标明开头和结尾
Name	标签的名字，<p>...</p>的名字是 'p'，格式：<tag>.name
Attributes	标签的属性，字典形式组织，格式：<tag>.attrs
NavigableString	标签内非属性字符串，<>...</>中字符串，格式：< tag >.string
Comment	标签内字符串的注释部分，一种特殊的 Comment 类型

---

① bs4 的 HTML 解析器的使用代码是 html.parser。

理解 BeautifulSoup 类的基本元素是使用 Beautiful Soup 库的基础，这里以<p class="title"> ... </p>参数为例（见图2-7），代码的意义如下。

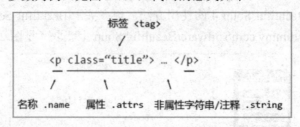

图 2-7　Beautiful Soup 库使用样例

```
>>>soup.p              #获得 p 标签
>>>soup.p.name         #获得 p 标签的名字
>>>soup.p.attrs        #获得 p 标签的属性，无论一个标签是否有属性，它都会返回一个字典属性
>>>soup.p.string       #获得 p 标签内非属性字符串
```

标签内字符串在获取过程中如果存在注释，就会返回一种特殊的注释类型，如'This is a comment'.

案例 2-1

中国大学排名信息的爬取

二、常用的智能爬虫软件

下面介绍几款高度集成化的数据爬虫软件——集搜客、八爪鱼、后羿采集器，它们都是开源的、在一定程度上收费的软件。

（一）GooSeeker（集搜客）

1. GooSeeker 简介

GooSeeker 又叫集搜客，是一款智能数据爬取软件。它不仅是网页抓取软件，还是一个大数据采集平台。集搜客平台提供了服务于数据采集的各个模块，包括爬虫产品、规则资源、使用教程、交流社区、会员中心管理等。在这里，除了能得到爬虫软件，还可以获得三大服务支持：在线咨询、定制资源、交流群。

集搜客网络爬虫的所有功能对用户是开放的，功能强大且简单易用，支持 Windows、Mac、Linux 三种操作系统。另外，集搜客也在持续投入开发，不断优化、更新软件版本，在购买服务上支持不同操作系统的爬虫、数据定制服务，数据获取和挖掘软件等购买类型。

资源版块包含采集规则、工具助手、网络数据、研究报告、天据软件共 5 类资源（见图 2-8）。用户可以在会员中心把资源以积分定价发布出来，当其他用户下载资源时，发布者就能赚取积分，也可以去下载别人发布的资源。

图 2-8　集搜客资源版块

（1）采集规则。这里有各种网站的采集规则，想要某个网站的数据，不妨先搜索一下，看看是否有相关规则，这样就免去了自己做规则。

（2）工具助手。这里有 XML 转 Excel 的宏、分词工具等，但 Excel 处理能力有限，集搜客会员中心也有 XML 转 Excel 的数据仓库功能，用户可根据实际情况选择。

（3）网络数据。在这里可以下载相关用户发布的数据包。

（4）研究报告。在这里可以下载用户发布的研究报告。

（5）天据软件。集搜客会把自己研发的便捷工具发布给所有用户使用，已有电商、微博、研究分析类的数据获取和挖掘软件，属于 SaaS 模式，免安装，开通即用。

用户可以查看目录下的教程，自学掌握集搜客爬虫的使用方法。遇到问题可搜索关键词，查看相关的讨论帖子；或者到社区中发帖提问，会有技术人员及时解答，也可以加入交流群进行讨论。

集搜客的软件架构如图 2-9 所示，它有两个平台，一个叫谋数台，一个叫打数机。集搜客网络爬虫是由服务器和客户端两部分组成的，服务器用于存储爬取的规则和制作的线索（待抓网址），MS 谋数台用于制作网页抓取规则，而 DS 打数机则用于采集网页的内容。

2. GooSeeker 采集数据的基本原理

（1）用 MS 谋数台制作好规则后，规则会保存在集搜客的服务器中，同时会把本网址作为一条线索（待抓网址）也保存在服务器中（见图 2-10）。注意，规则虽然保存在服务器中，但是随时都可以查看或修改。

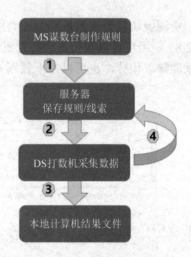

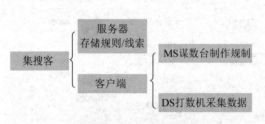

图 2-9　集搜客软件架构　　　　图 2-10　集搜客采集数据的工作原理

（2）DS 打数机采集数据，就是调用做好的规则采集待抓网址的网页数据的过程，详情可参考 DS 打数机采集数据的相关文章。

（3）采集成功后就会在本地文件夹 DataScraperWorks 中生成结果文件。

（4）如果是层级规则，除了生成结果文件，抓到的网址作为下一级规则的待抓网址，会被存在服务器中，采集数据时就会按顺序执行。规则的待抓网址也可以人工添加，详情可参考相关文章。

3. GooSeeker 快速采集

针对常用的网站采集需求，集搜客网络爬虫用一系列快捷采集工具满足这些需求，用户无须花时间学习网络爬虫的使用方法，只需按照快捷工具的要求，输入要采集的网址并设置要采集的网页数量，启动打数台窗口，爬虫就能自动运行，最后把采集到的结果打包下载成 Excel 文件即可。

4. 利用采集规则模板抓取数据

针对常用的网站采集需求，集搜客提供微信、微博、电商、新闻、论坛、行业等多种网站的采集规则模板（官网首页→资源→规则市场），可以满足大多数人的数据需求，只需通过"规则市场"中的样本网址进行数据采集，然后把采集下来的 XML 文件转化成 Excel 文件即可。

5. 直观标注采集数据

（1）打开 GS 爬虫浏览器，输入想要采集的网址，然后按 Enter 键。

（2）单击"定义规则"按钮，开始直观标注。双击要采集的网页信息，输入标签名称，然后单击"确认"按钮。

（3）单击"存规则"按钮，然后单击"爬数据"按钮，将弹出爬虫窗口自动采集数据。

（4）查看数据，采集成功的数据会以 XML 文件的形式保存在 DataScraperWorks 文件夹中（见图 2-11）。

图 2-11　直观标注采集网页数据的步骤

（二）八爪鱼采集器

1. 八爪鱼采集器简介

八爪鱼采集器是一款内置采集模板的可视化数据采集器，提供各种官方网页采集模板，支持简易采集模式，可采集包括文本、链接、图片、视频和 html 在内的多种类型的数据，支持云采集操作，支持防屏蔽措施，支持多种数据格式导出。

2. 八爪鱼采集器的基本功能

安装过八爪鱼软件并完成账号注册的用户可进入客户端界面，在首页我们可以看到输入框、"热门模板采集"和"教程"，以及左侧的功能栏。

（1）输入框和"热门模板采集"。用户可以通过输入框输入网址，进入"自定义配置采集数据"模式，也可以通过输入框查找内置的相关网站模板，进入"通过模板采集数据"模式，使用模板采集数据。此外，用户还可以通过"热门采集模板"中展示的热门采集模板进行数据采集。

（2）左侧功能栏。

自定义任务：进入"自定义配置采集数据"模式。

模板任务：进入"通过模板采集数据"模式。

任务组：可添加新的任务组。便于任务比较多时分组管理任务。

导入任务：自定义任务可以.otd 形式导出导入，便于与他人分享任务。导入任务后可直接使用。

3. 八爪鱼采集器的两种数据采集模式

前面我们提到过，八爪鱼采集器有两种数据采集模式。一种是使用模板采集数据，采集模板是由八爪鱼官方提供的、做好的采集模板，目前已有 200 多个，涵盖主流网站的采集场景。当用户使用这种方式采集数据时，只需输入几个参数（如网址、关键词、页数等），就能在几分钟内快速获取目标网站数据。另一种模式是自定义配置采集数据，这种模式稍微复杂一点，对于初学者来说有一定难度，需要学习相关教程（参见八爪鱼官方网站上的"自定义入门"https://www.bazhuayu.com/tutorial8/81zdypz），但掌握了这种采集模式就能轻松采集到 90%的网页数据。

4. 使用模板采集数据

第一步：在客户端首页输入框中输入目标网站名称，八爪鱼自动寻找相关的采集模板。将鼠标移到需要的模板上并单击，进入模板详情页面。需要确保输入的网站名称正确，否则可能无法查找到相关模板。

如果没有找到想要的模板，可以进入模板展示页面后，单击右上角"我想要新模板"按钮，提交新模板制作需求。官方会评估需求，排期制作新的模板。

第二步：进入"模板详情页"后，仔细阅读"模板介绍""采集字段预览""采集参数预览""示例数据"，确认此模板采集的数据符合需求。注意，模板中的字段是固定的，无法自行增加字段。如果要增加模板中的字段，可联系网站客服。

第三步：确定模板符合需求以后，单击"立即使用"按钮，自行配置参数。常见的参数有关键词、页数、城市、URL 等。需要认真查看"模板介绍"中的使用方法说明和参数说明，输入格式正确的参数，否则将影响模板的使用。

第四步：单击"保存并启动"按钮，选择启动"本地采集"。八爪鱼自动启动 1 个采集任务并采集数据。

第五步：数据采集完成以后，以需要的格式导出即可。

（三）后羿采集器

1. 后羿采集器简介

后羿采集器是一款通用网页采集软件，它是由前谷歌搜索技术团队基于人工智能技术研发的新一代网页采集软件。该软件功能强大，操作简单，是为广大无编程基础的产品、运营、销售、金融、新闻、电商和数据分析从业者，以及政府机关和学术研究等用户量身打造的一款产品。后羿采集器不仅能够进行数据的自动化采集，而且在采集过程中还可以对数据进行清洗。在数据源头即可实现多种内容的过滤。通过使用后羿采集器，用户能够快速、准确地获取海量网页数据，从而彻底解决人工收集数据所面临的各种难题，降低获取信息的成本，提高工作效率。

后羿采集器同时支持 Windows、Mac 和 Linux 全操作系统的采集器。针对不同基础的用户，它支持两种不同的采集模式，即智能采集模式和流程图采集模式，可以采集 99%的网页。

2. 后羿采集器的智能采集模式

智能采集模式操作比较简单，输入网址就能智能识别网页中的内容，无须配置任何采集规则就能完成数据的采集，比较适合列表、单页或"列表+详情页"三种网页类型，复杂的网页类型不宜使用该模式，因为其会降低采集对象的识别准确率。下面来介绍一下智能采集模式的基本步骤。

第一步：在软件首页"智能采集"输入框中输入采集数据的网址，这里需要注意的是采集单个网址内容可以从输入框进入智能采集模式，如果是多个网址内容就需要从输入框下方的流程图模式或智能模式进入。

第二步：单击"智能采集"按钮即可创建一个智能采集任务。

如果通过首页的流程图模式或智能模式进入，可进行多网页的采集任务设置，如图 2-12 所示。

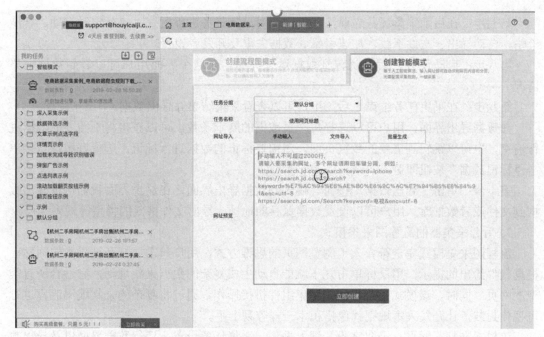

图 2-12　多网页的采集任务设置

通过这种方式设置采集任务，其中"网址导入"有三种方法：一是"手动输入"，这种方法一次最多只能输入 2000 个网址，且多个网址之间要用回车键分隔；二是"文件导入"，文件导入应该是 txt 格式，且文件路径后面的编码在 Windows 版本上默认为 GBK 格式，在Mac 版本上默认为 UTF-8 格式，若要跨版本传输文件则需要手动调整；三是"批量生成"，批量生成适合没有分页按钮的网页，人工不易识别分页时，可以通过批量生成来智能识别网页。

在智能模式下，后羿采集器会自动识别网页，如果出现识别不准确的情况，可以先手动自动识别，如果手动自动识别不起作用，可以手动点选列表，从而辅助软件识别出正确的结果。

第三步：在编辑任务过程中，我们有时候会遇到需要登录才能查看内容的网页，这时需要使用预登录功能，登录成功之后就能进行正常的数据采集。

第四步：智能模式不支持在页面中直接单击等操作，如果需要在页面进行单击操作，可以使用预执行操作功能。

预执行操作窗口其实是一个简化版的流程图模式，在这个窗口中可以按照流程图的方式进行页面操作。具体可查阅书中"后羿采集器的流程图采集模式"的讲解。

第五步：智能模式下，软件会自动识别网页中的数据并展示到采集结果预览窗口，用户可以根据自己的需求对字段进行设置。

第六步：如果用户需要采集详情页的信息，可以单击左上角的"深入采集"按钮，或者直接单击某一条链接，从而打开详情页，采集详情页的数据。

在编辑任务的过程中，用户如果需要设置一些筛选条件或者设置采集范围，可以单击页面上相对应的按钮进行功能设置。

第七步：在启动采集任务之前，我们需要对采集任务进行配置，包括定时启动、智能策略、自动导出、文件下载、加速引擎、数据去重及开发者设置。

第八步：启动任务之后会跳转到数据运行界面，在这个界面用户可以看到数据采集情况。

第九步：在采集任务结束之后，用户可以查看采集结果并导出数据。

在数据导出界面，用户可以选择每一页数据的展示条数，可以直接将不需要的数据进行清空，也可以跳转到需要的数据页面，对需要标记的数据进行标记，选择好数据直接单击"标记数据"按钮即可。

第十步：单击"导出数据"按钮，跳转到数据导出界面，在这个界面我们可以导出数据到文件或者数据库。用户可以设置数据保存的地址、导出文件格式的类型等规则。

3. 后羿采集器的流程图采集模式

流程图采集模式完全符合人工浏览网页的思维方式，用户只需要打开被采集的网站，根据软件给出的提示，用鼠标单击几下就能自动生成复杂的数据采集规则，它适合所有类型的网页。同时，该模式支持积木式采集组件拼接操作，通过将复杂的采集编码流程进行可视化封装，让开发采集规则就像搭积木一样容易上手。

该模式在打开网页、提取字段、深入采集、采集任务设置、运行数据界面以及导出数据等环节与智能采集无差异，只是在打开网页后的网页点选搭建采集规则上有较大差别，如图 2-13 所示，该步骤实际上就是灵活运用几个功能组件，像积木一样进行拼搭，从而实现个性化数据采集。

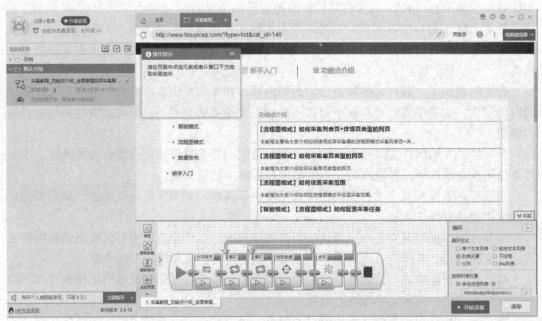

图 2-13　编辑流程图任务窗口

下面介绍几个功能组件的使用方法。

（1）打开网页组件。创建采集任务，输入网址的操作方法与智能采集模式完全相同，此处不再赘述。打开网页组件的作用是打开网页，流程图任务创建时会自动生成一个打开网页组件，该组件作为任务的第一个组件，不能被拖动或者删除。在右侧的组件设置窗口中，单击右侧任务网址可以进行编辑，此处的编辑和编辑流程图任务网址是相同的操作。当打开网页组件不处于任务起始位置时，选择自定义选项可以输入自定义的网址。流程图模式对输入网址的要求没有智能模式那么严格，但是用户仍然需要按照软件的要求输入正确的网址格式。它同样支持单网址和多网址采集，且可以分别使用手动输入网址、从本地文件导入网址及批量生成网址三种方法创建任务。

（2）单击添加组件。通常该组件会在单击提示后自动生成，如果需要手动点选元素，操作步骤如下。第一步：单击右侧十字图标；第二步：在页面中单击想要的元素，软件会根据单击自动提取目标元素的 Xpath[①]，单击 Xpath 右侧的"编辑"按钮也可以进行再次编辑。需要注意的是，在操作过程中，软件会自动识别当前是否需要在单击后打开新标签，如果识别结果与实际情况不一致，大家可以进行修改。

（3）提取数据组件。提取数据组件的作用是提取数据。提取数据组件的设置中心和智能模式下方基本一致，包括设置停止条件、数据筛选、清空所有字段、深入采集和添加字段（智能模式的设置停止条件合并在设置范围中）。在同一个任务中可能会有多个提取数据组件，所有的提取数据组件的停止条件和数据筛选是共享的，最终的采集数据由各个提取数据组件的数据和流程图结构拼在一起。

（4）定时等待组件。定时等待组件的作用是等待。等待时长可以设置为一个随机范围或一个固定数值，在设置随机范围时，填入一个范围值，数值之间用"~"符号分割。

（5）滚动页面组件。滚动页面组件的作用是设置页面滚动的规则。当选择滚动后等待时长为不限时，意味着软件会一直等到所有网络请求都完成，否则会一直停止在那里。需要注意的是，网页内容完整显示出来并不代表网络请求已经全部完成。

（6）输入文本组件。输入文本组件的作用是在网页的输入框中输入文本。可依次输入循环组件中的文本列表、复制组件复制的文本等。通常该组件会在单击提示后自动生成，如果有需要，可手动点选输入框。

（7）移动鼠标组件。移动鼠标组件针对的是网页中需要移动鼠标到元素上才显示内容的情况。

（8）下拉框组件。下拉框组件的作用是针对网页中的下拉框选项，选择循环组件下拉框和手动点选下拉框。选择循环组件中的下拉框通常用于遍历下拉框选项的场景，手动点选下拉框通常用于选择单个下拉框选项的场景。

通常该组件会在单击提示后自动生成，如果需要手动点选下拉框，操作步骤如下。第一步：单击右侧十字图标；第二步：在页面中单击下拉框，软件会根据单击自动提取下拉框的 Xpath，单击 Xpath 右侧的"编辑"按钮也可以进行再次编辑；第三步：选择某个选项。

（9）判断组件。判断组件的作用是针对不同的条件进行判断，从而进行不同的操作，判断条件有包含文本、包含元素两种。如果需要手动点选元素，操作步骤如下。第一步：

[①] XPath 即 XML 路径语言，它是一种用来确定 XML（标准通用标记语言的子集）文档中某部分位置的语言，简单来说就是利用一个路径表达式找到我们需要的数据在网页中的位置。

单击右侧十字图标；第二步：在页面中单击用于判断的元素，软件会根据单击自动提取元素的 Xpath，单击 Xpath 右侧的"编辑"按钮也可以进行再次编辑。判断组件通常不会单独使用，需要结合其他组件一起使用。在判断组件中包含两个分支，可以将其他组件拖入分支中，其中"×"分支表示判断条件不满足时执行这条分支上的组件，"√"分支表示判断条件满足时执行这条分支上的组件。

（10）循环组件。循环组件的作用是循环执行一些操作，循环方式包括单个文本列表、组合文本列表、列表元素、下拉框、分页五个选项。如果选择"分页"选项，还要对分页类型、翻页次数等进行设置。循环组件通常不会单独使用，其他组件可以拖入循环组件中，然后按照循环方式循环执行。循环组件之间也可以进行嵌套。

除了上面 10 个组件，还有返回、复制、验证码、跳出循环四个组件，它们的作用分别是返回上一个页面、复制页面中元素的内容、识别验证码并实现手动打码以及提前结束循环组件的操作。

第三节 常用新媒体平台的数据采集途径和方法

新媒体平台的分类标准多样，就其功能而言，我们选取社交媒体、信息聚合、短视频以及搜索引擎这几种常用的类型给大家讲解数据采集方法和途径。本节除了运用前面的数据采集渠道，还会针对不同新媒体平台的数据采集途径做简要介绍，同时选取有代表性的媒体平台，通过具体的数据采集案例展示数据采集方法。

一、微博数据采集途径和方法

微博以其庞大的用户群体、高覆盖率，以及其在新闻舆论、综艺娱乐等方面的绝对影响力，成为自媒体达人不可或缺的平台。艾瑞调研数据显示，60.8%的新媒体用户将微博、微信等社交媒体作为近三个月内获取资讯的主要方式。微博以其传播速度快、互动性强、数据海量化等特点，成为互联网时代用户获取信息的主要平台。微博数据的获取有三种主要途径：一是独立运营的账号可以通过微博管理中心获取基本数据；二是借助第二节中提到的网络爬虫系统或软件爬取数据；第三是通过第三方的微博数据分析工具获取，如知微、清博大数据、西瓜数据等。

（一）微博管理中心

运营者进入运营微博账号的主页→"管理中心"→"数据助手"→"数据概览"，就可以对微博基本数据进行整体分析，如图 2-14 所示。

微博管理中心提供了丰富的数据分析模块，有些数据分析模块需要运营者付费，但大部分服务都为运营者提供了半个月以上的试用期，便于运营者分析微博数据的基本情况。试用期结束，运营者可以选择有用的数据分析模块进行付费订阅，以便更好地掌握微博数据，提升运营效率。

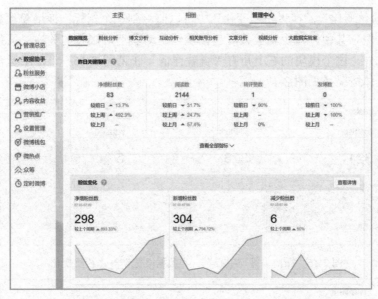

图 2-14　微博"管理中心"→"数据助手"→"数据概览"

　　在"数据助手"版块中我们可以查看"数据概览""粉丝分析""博文分析""互动分析""相关账号分析""文章分析""视频分析""大数据实验室"八个模块的运营数据，其中基础包包含"粉丝分析""博文分析""互动分析""相关账号分析"四大分析模块。每个模块的具体数据都支持导出 Excel 文件。

　　在"数据概览"模块可以查看包括"昨日关键指标""粉丝变化""博文""我发布的内容""视频""文章"六项指标的微博基本数据，具体情况如下。

　　（1）"昨日关键指标"。通过"昨日关键指标"我们可以了解到昨日微博运营的基本状况，包括净增粉丝数、阅读数、转评赞数、发博数、文章发布数、文章阅读数、视频发布数、视频播放量（见图 2-15）。在数据概览中，运营者可以对上述指标随着时间变化进行进一步分析，红色代表数据下降，绿色代表运营数据有所增长，正好和股票大盘涨落的颜色相反。昨日关键指标中的每一个模块对于微博运营来说都非常关键，特别是要注意红色的数据，要通过数据找出问题所在，并且尽快解决问题，这才是微博数据分析的重要目的。

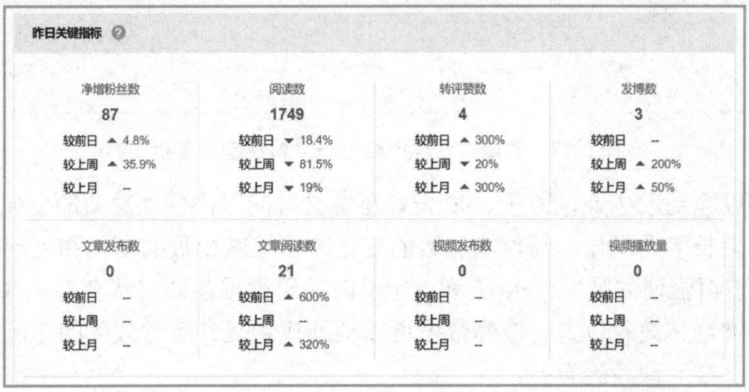

图 2-15　微博"管理中心"→"数据概览"→"昨日关键指标"

（2）"粉丝变化"。在"粉丝变化"中可以监测到三个指标：净增粉丝数、新增粉丝数和减少粉丝数。其中，减少粉丝数既包括粉丝主动取消对账号的关注，又包括账号主动移除粉丝。此外，这个模块的右上角有"查看详情"（见图 2-16），从中运营者可以看到粉丝变化的具体情况（见图 2-17）。

图 2-16　微博"管理中心"→"数据概览"→"粉丝变化"

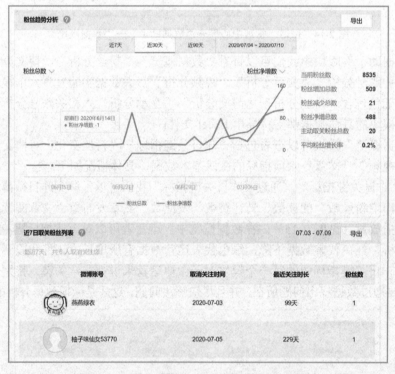

图 2-17　微博"管理中心"→"粉丝趋势分析"

运营者可以看到近 7 天、30 天、90 天和自定义时间段内粉丝总数的变化、粉丝净增数的变化、粉丝增长率的变化、粉丝增加数的变化、粉丝减少数的变化和主动取消关注的粉丝数的变化。值得强调的是，近 90 天和自定义时间段数据需要付费获得。对于粉丝变化运营者可以分析波峰和波谷位置，波峰数据可以辅助找到提升运营效率的方法，波谷位置可以帮助运营者总结运营经验教训。

在这个模块中，运营者还可通过付费获得近 7 日粉丝活跃分布、粉丝来源、粉丝性别年龄、粉丝地区分布、关注我的人以及粉丝兴趣标签等数据。

（3）"博文"。在"博文"模块运营者可以查看近 7 天、30 天、90 天和自定义时间段内微博阅读数、转评赞数和点击数，以及较上周的数据变化比例（见图 2-18）。

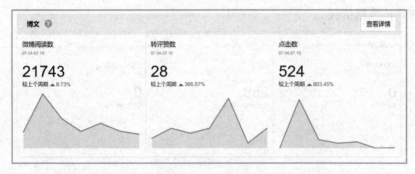

图 2-18　微博"管理中心"→"数据概览"→"博文"

在该模块中，运营者还可通过付费获得微博阅读人数、点击趋势分析、单条微博阅读趋势、单条微博转评赞情况、单条微博点击趋势、单条微博阅读来源分析以及单条微博粉丝阅读分析等数据。

（4）"我发布的内容"。在"我发布的内容"中运营者可以查看发博数、发出评论数和原创微博数三个重要指标（见图 2-19），单击"查看详情"按钮可了解到单条微博的具体数据（见图 2-20）。

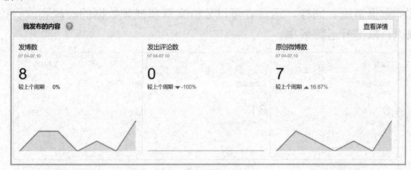

图 2-19　微博"管理中心"→"数据概览"→"我发布的内容"

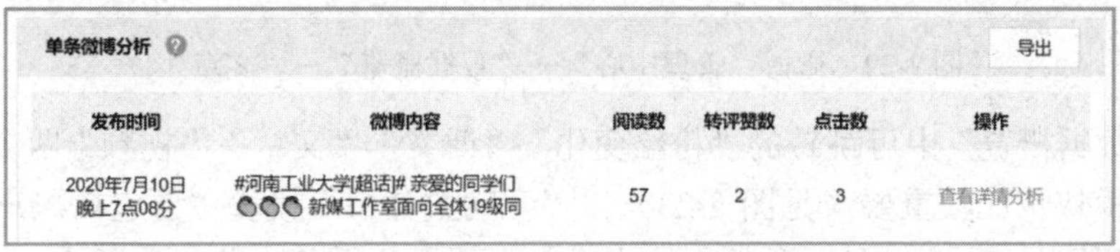

单条微博分析					导出
发布时间	微博内容	阅读数	转评赞数	点击数	操作
2020年7月10日晚上7点08分	#河南工业大学[超话]# 亲爱的同学们 新媒工作室面向全体19级同	57	2	3	查看详情分析

图 2-20　微博"管理中心"→"单条微博分析"

发博数是指账号发出微博的条数，发出评论数指账号发出评论的条数，原创微博数就是账号运营者自己编撰内容的条数。

对"我发布的内容"进行数据分析，可以反映运营者的勤劳程度。通过数据分布曲线，运营者需要分析是否抓住了热点时间段，从而合理规划运营时间段，确保运营效率的提升。

（5）"视频"。通过"数据概览"中的"视频"模块，运营者可以了解视频发布数、播放量和视频转评赞数三个指标（见图2-21）。单击"查看详情"按钮进入"视频分析"模块，可以查看近7天、30天、90天和自定义时间段内视频的播放趋势、转评赞数和单条视频分析的具体数据情况。

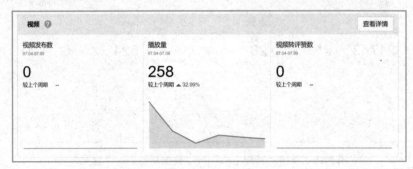

图 2-21　微博"管理中心"→"数据概览"→"视频"

在视频分析模块，运营者还可以通过付费获得单条视频播放人数趋势、播放来源、播放地区、播放用户兴趣标签、播放用户星座等数据。

（6）"文章"。在"数据概览"中的"文章"模块，运营者可以看到文章发布数、文章阅读数和文章转评赞数三个指标（见图2-22）。单击"查看详情"按钮进入"文章分析"模块，可以查看近7天、30天、90天和自定义时间段内文章阅读趋势、转评赞数和单篇文章分析的具体数据情况。同样，运营者可以分析文章和视频数据的波峰和波谷位置，进而总结运营规律，以提升运营效率。

图 2-22　微博"管理中心"→"数据概览"→"文章"

除从"数据概览"中可跳转的"粉丝变化""博文""文章""视频"四个模块，"互动数分析"模块也比较重要（见图2-23）。"互动数分析"模块主要包括账户整体互动数分析、近7天账号互动top10、我的影响力、点击效果分析和我发出的评论。

在"互动数分析"中运营者可以从总互动数、微博被互动数、故事被互动数、评论被互动数、粉丝群互动数五个指标中任意选择两个互动指标进行图表展示，进而分析数据变化，找到运营的规律。在"近7天账号互动top10"中展示最近7天内与运营者互动最密切的前10个账号，运营者可以浏览这些账号主页，查看用户的兴趣和爱好，并给予重点关照。在"我的影响力"中运营者可以通过图表查看账号影响力、活跃度、传播力、覆盖度的变化情况，了解微博影响力的变化情况，进而制定相应的策略提升运营效率。

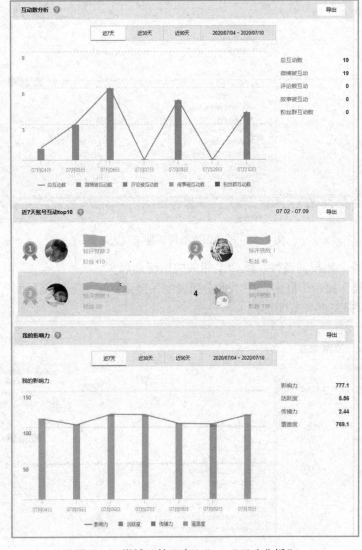

图 2-23　微博"管理中心"→"互动分析"

（二）数据挖掘工具

使用八爪鱼采集器采集微博热搜榜的微博热搜排名、热搜关键词、热搜数、账号、发布内容、发布时间、来源、转发数、评论数、点赞数、采集时间和页面网址等字段信息。

步骤一：打开网页，使用"智能识别"生成规则。

在八爪鱼数据采集器首页输入微博热搜榜网址，如：https://s.weibo.com/top/summary?Refer=top_hot&topnav=1&wvr=6。

（1）单击"开始采集"按钮，八爪鱼自动打开网页。

（2）单击"自动识别网页"按钮，可以成功识别微博热搜榜中的列表数据（见图 2-24）。

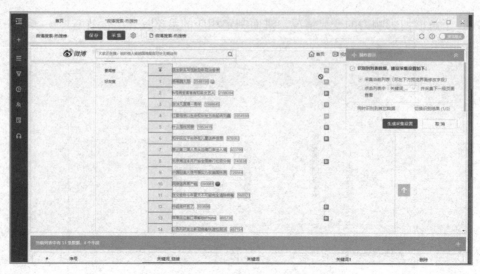

图 2-24　自动识别微博热搜榜列表数据

（3）单击每个热搜词链接，跳转至相关的微博列表页。

（4）在"操作提示"框中选中"点击列表中关键词并采集下一级页面"复选框，以跳转至相关的微博列表页（见图 2-25）。

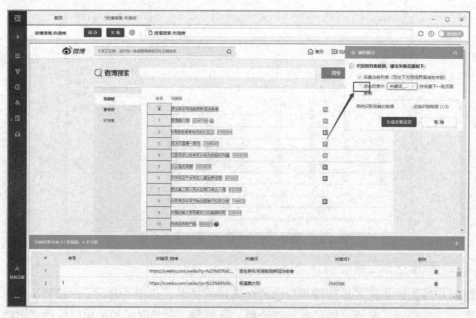

图 2-25　采集设置操作提示

（5）单击"生成采集设置"按钮，将自动识别出的列表数据和翻页生成为采集流程，方便我们使用和修改，同时会跳转到第一个热搜词相关的微博列表页。

步骤二：创建"循环列表"，采集所有微博列表中的数据。

（1）选中页面上 1 个微博列表，包含所有字段（微博这个网页比较特殊，无法直接选中整块微博列表，可以先选中较小的范围，然后在操作提示框中不断单击 <img> 按钮，直至选中的区域扩大至整块列表）。

（2）继续选中页面上 1 个微博列表，包含所有字段。

（3）单击"采集以下元素文本"按钮。

特别说明：经过以上两个步骤，"循环→提取数据"创建完成。"循环"中的项，对应着页面上的所有微博列表。但是这样会将整个列表作为一个字段提取下来，如果需要分开提取字段，请看下面的操作。

（4）在循环的当前项中（用红色框框起来），选中文本，在操作提示框中，选择"采集该元素文本"（见图 2-26）。

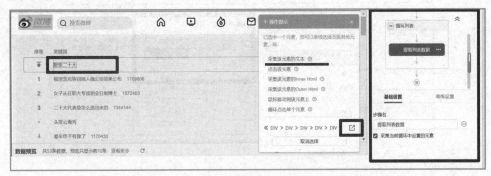

图 2-26 设置采集微博热搜榜列表数据

文本类字段都可以这样提取，可提取账号、发布内容、发布时间、来源、转发数、评论数、点赞数、当前采集时间、页面网址等字段。

特别说明：请注意，一定要在循环的当前项中（当前项会用红色框框起来）提取字段，才能与循环形成联动。否则，将重复采集某一条特定数据，无法与循环联动。

步骤三：提取特殊字段，编辑字段。

在"当前数据页面预览"中单击"+"按钮，提取采集时间和页面网址。进入"提取列表数据"设置页面，可删除多余字段，修改字段名，移动字段顺序，等等（见图 2-27）。

图 2-27 编辑采集数据的特殊字段

步骤四：格式化数据①。

"转发数"和"评论数"是两个比较特殊的字段，默认提取的内容与表头有重复的部分，可通过格式化数据去掉重复部分（见图2-28）。

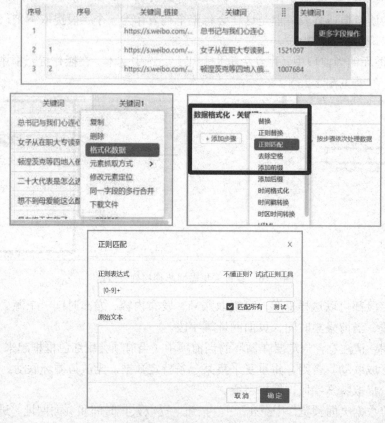

图2-28　格式化数据操作步骤

"转发数"格式化：单击字段后的 ··· 按钮，选择"格式化数据"→"添加步骤"→"正则表达式匹配"，输入正则表达式 [0-9]+，然后保存。这时只匹配了数字，去掉了前面的"转发"两个字。

"评论数"字段的格式化过程同上。

步骤五：修改"循环"的XPath②，以去掉多余列表。

默认生成的"循环"会将定位到"话题贡献排行榜"、"关于"、"热搜榜"和"搜索历史"，需手动修改XPath将其去掉。

进入"循环列表1"设置页面，修改XPath为//DIV[@class='card-wrap'][@mid]，然后保存（见图2-29）。

---

① 格式化数据是指当采集下来的数据不是我们想要的格式或只想从一段数据里提取特定的数据时，可通过八爪鱼的"格式化数据"功能实现。

② XPath是一门在XML文档中查找信息的语言。它的编写方法可到八爪鱼官方网站上查找名为《XPath学习与实例教程》的文章进行学习。

图 2-29　修改"循环"的 XPath

步骤六：修改字段的 XPath[①]，以精准采集所有字段。

自动生成的字段 XPath，无法精准定位到所有微博中的字段，会漏数据。我们需手动修改字段的定位 XPath。

以"账号"为例。在"账号"字段后选择"自定义定位元素方式"，修改 XPath 为 //div[@class="info"]/div/a[@class="name"]，然后保存。

其他字段的 XPath 修改方法同上，具体如下：

发布内容：//div[@class="content"]/p[@class="txt"][last()]。

发布时间：//div[@class="content"]/p[@class="from"]/a[1]。

来自：//div[@class="content"]/p[@class="from"]/a[2]。

转发数：//div[@class="card"]//ul/li/a[contains(text(),"转发")]。

评论数：//div[@class="card"]//ul/li/a[contains(text(),"评论")]。

点赞数：//div[@class="card"]//ul/li/a[@title="赞"]/em。

步骤七：启动采集。

单击"采集"并"启动本地采集"。启动后八爪鱼开始自动采集数据。采集完成后，选择合适的导出方式导出数据。八爪鱼支持 Excel、CSV、HTML、数据库等导出方式。这里将采集数据导出为 Excel。

（三）第三方数据分析工具 ——知微

针对第一节我们提到的第三方数据工具，其中知微数据、清博大数据、西瓜数据等都能辅助我们采集微博相关数据。其中，知微是一款功能强大的微博数据分析工具，它可分

---

① 微博列表分为热门博文和非热门博文两种，我们在热门博文中做的字段提取，不适用非热门博文。我们需要写一条 XPath，使之在热门博文和非热门博文中，都能提取到目标字段。

析单条微博的传播路径，找出关键节点、转发次数、地域分布等信息。下面简单介绍知微的使用方法。

　　进入知微主页后单击"知微传播分析"①模块，在打开的页面中输入任意转发量大于30的微博链接地址，即可对单条微博进行数据分析，如图 2-30 所示。

图 2-30　知微数据→"知微传播分析"

　　微博链接地址可以通过单击微博发送时间，打开后复制浏览器网址的方式获取，如图 2-31 所示。

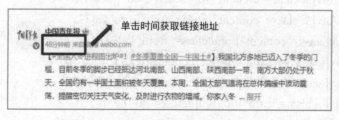

图 2-31　单条微博获取链接地址

　　在知微数据平台，单篇微博共包括微博数据总览、传播分析、传播路径、参与者信息、引爆点、短链分析、"网络水军"分析和内容分析八个部分。

　　1. 微博数据总览

　　在微博数据总览中，运营者可以看到整体评价、微力值、曝光量、情感值、内容评价、用户总体评价、短链点击数，如图 2-32 所示。

---

① 知微数据有两大模块，一个是针对互联网全平台热点事件的分析，另一个是针对单条微博的传播路径的分析。

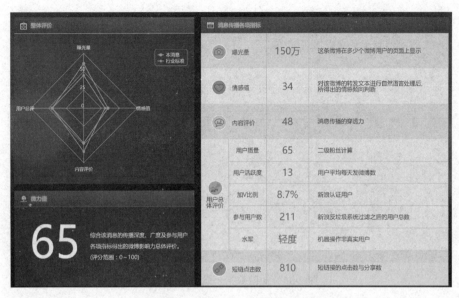

图 2-32　知微数据—微博数据总览

2. 传播分析

运营者通过传播分析，可以查看转发时间趋势、传播关键用户、关键用户传播路径，如图 2-33 所示。

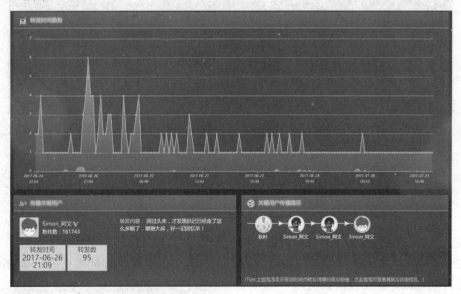

图 2-33　知微数据—微博传播分析

3. 传播路径

运营者通过传播路径可以查看消息传播的主要途径，如图 2-34 所示。在消息传播扩散时，微博大号转发对阅读量的提升具有关键性作用。微博大号转发往往能形成二次传播，推动消息的不断扩散。

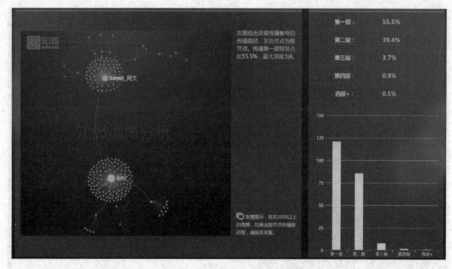

图 2-34　知微数据—微博传播路径

4. 参与者信息

在"参与者信息"模块，运营者可以查询参与者的地域、手机机型、微博认证、男女比例、粉丝质量、活跃用户，如图 2-35 所示。

图 2-35　知微数据→"参与者信息"

5. 引爆点

在"引爆点"模块，运营者可以查询对本条微博影响力的扩散起关键作用的十大关键账号，从而关注这些账号，以建立深度链接。

6. 短链分析

在"短链分析"模块，运营者可以分析链接地址、点击数、分享数、评论数、点击地域分布、点击/ 转发比例等。通过短链分析，运营者可以快速了解链接点击分布情况，从而有针对性地提升链接点击数据。

7. "网络水军"分析

在微博上，出于各种目的，部分账号的粉丝是买来的。"网络水军"分析模块可以帮助运营者判断账号粉丝的成分。结合"网络水军"分析给企业一个真实的微博营销数据，如图 2-36 所示。

图 2-36　知微数据—"网络水军"分析

8. 内容分析

在"内容分析"模块，运营者可以查看情感值、关键字/词云图、提及关键词的转发情况。

二、微信的数据采集途径和方法

微信数据的获取有两个主要途径：一是独自运营的账号可以通过微信公众平台获取基本数据；二是借助第三方的微信数据分析工具获取，如西瓜数据、清博大数据等。

（一）微信公众平台

微信公众平台于 2012 年 8 月 23 日正式上线，曾命名为"官号平台"和"媒体平台"，最终更名为"公众平台"。通过微信公众平台，可以实现消息推送、品牌传播、分享等一系列一对多的行为活动。通过微信公众号的后台"统计"版块可以看到账号的相关统计数据，包括用户分析、图文分析、菜单分析、消息分析、接口分析和网页分析六大模块（见图 2-37）。

图 2-37 微信公众平台

1. 用户分析

用户分析模块又分为用户增长和用户属性两类数据。用户属性分析目前包含 6 种：性别分析、语言分析、省份分布、城市分布、终端分析、机型分析。用户增长项中可以查看关注公众号的用户的数据情况，如新增人数、取消关注人数、净增人数、累积人数。其中新增人数和取消关注人数两项需要运营者重点关注（见图 2-38）。

2. 图文分析

图文分析模块分为单篇图文和全部图文两类数据。该模块分别给我们提供图文页阅读人数、图文页阅读次数、原文页阅读人数、原文页阅读次数、分享转发人数、分享转发次数、微信收藏人数七个指标。

3. 菜单分析

菜单分析项中可以查看一级菜单和子菜单的点击次数、点击人数、人均点击次数等数据（见图 2-39）。

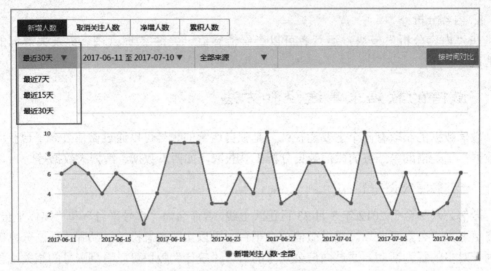

图 2-38　用户分析—新增人数

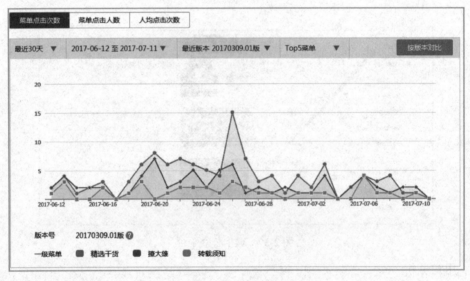

图 2-39　菜单分析

4. 消息分析

消息分析分为消息分析和消息关键词分析。消息分析可以帮助我们查看消息指标详情，以及消息发送人数、消息发送失败情况、人均发送次数等。消息关键词项中统计了自定义关键词和非自定义关键词，数据排除了出现小于两次的关键词。

5. 接口分析

接口分析和网页分析两个模块更多地侧重公众号开发功能或者相关小程序所提供的数据统计。对于一般公众号运营者来说，不作为了解的重点。

接口分析项主要面对开发者，是调用微信端接口产生的一些基础统计数据，目前还不是很完善，有一定参考价值。可查看调用次数、失败率、平均耗时、最大耗时等（见图 2-40）。

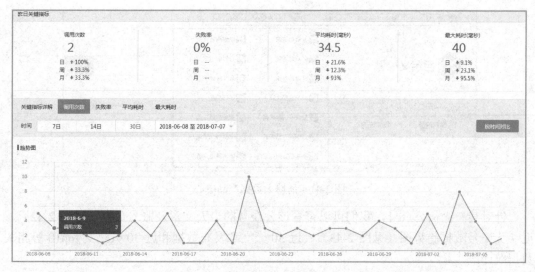

图 2-40　接口分析

6. 网页分析

网页分析分为页面访问量和 JS SDK 调用统计，方便拥有后台接口来源的公众号及时查看每个接口被调用的数据。

页面访问量项中可查看每天的访问量，其包含了所有后台接口的名称，单击接口名称就可以查看每天的调用数据情况。JS SDK 调用统计项清晰明了地展现了每个接口调用的人数和次数，单击详情还能看到具体的页面明细。

开发者可以根据这些数据对细节进一步优化，对于调用量高的接口，可以优化文章标题、图片等内容，提高用户体验与曝光度。

（二）第三方数据分析工具

目前，微信公众号后台仅支持查看账号本身的原始数据，包括阅读量、粉丝数等指标，因此利用微信后台分析数据也会存在一些弊端。主要包含两个方面。一方面，只能进行基础数据的查看，很难进行关联分析。例如，对于一个时间段内粉丝的增长，运营者很难看出粉丝增长与哪几天发布的内容有关。另一方面，仅能查看自身公众号的数据，无法监测到竞品账号或者行业内优秀账号数据。

因此，为了更好地分析微信公众号数据，运营者可以使用一些第三方数据分析工具采集数据。

1. 清博指数

清博大数据是全域覆盖的新媒体大数据平台，拥有清博指数、清博舆情、清博管家等多个核心产品。其中清博指数是国内最大的"两微一端"新媒体数据平台之一，拥有目前国内最大的第三方新媒体数据搜索引擎。

通过这个平台，运营者可以使用的产品包括清博榜单、清博管家、清博舆情、公众号估值、公众号信息采集、公众号考核等多个模块的工具和功能，如图 2-41 所示。

图 2-41 清博大数据产品中心

针对某一微信公众号，我们可以查看该公众号的当天文章及账号数据（见图 2-42）、近 7 天账号数据趋势图（见图 2-43）、近 30 天文章发布数据和近 30 天热文 top10 等相关数据统计。

图 2-42 当天文章及账号数据

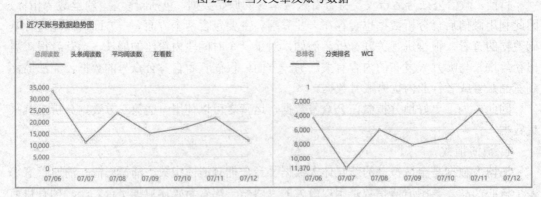

图 2-43 近 7 天账号数据趋势

此外，该平台比较有特色的功能包括公众号估值、活跃粉丝预估、公众号回溯、公众号考核。公众号估值能帮助运营者评估运营公众号的商业价值；活跃粉丝预估能帮助运营者参考任一公众号的活跃粉丝数；公众号回溯可提供指定时间内的账号数据查看和导出，方便用户进行多维度数据分析；公众号考核能帮助运营者更科学地制定运营关键绩效指标，这一指标更适合新媒体团队使用。

2. 西瓜数据

西瓜数据提供专业的公众号数据分析服务，包括优质公众号推荐、微信公众号排行榜、公众号数据监控、公众号诊断等功能和服务，是公众号广告投放效果监测的专业工具。其中公众号排行、公众号诊断等是比较常用的分析工具。

（1）公众号排行。提供丰富的榜单给用户，如地区排行榜、行业排行榜、成长排行榜、自定义排行榜（见图2-44）。

图 2-44　公众号排行

（2）公众号诊断。主要能帮助运营者分析自身账号或者竞品账号的总体数据，包括发文量、发文时间、活跃粉丝、粉丝属性等数据，且支持近 7 天的数据诊断报告，以及近 1 个月的公众号数据报告。同时，支持对五个公众号进行对比，且诊断报告支持生成 PDF 文件（见图2-45）。

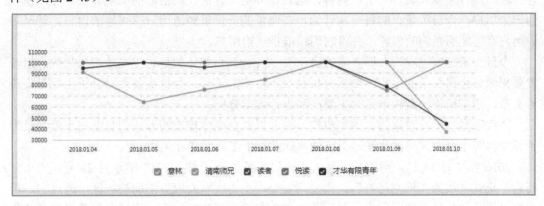

图 2-45　近 7 天阅读变化

（3）阅读数监控。可以实现对公众号发文进行预约监控或即时监控，从而能实时分析图文消息的阅读量走势，方便预判最终传播效果。输入图文消息的链接，即可实现数据监控（见图2-46）。

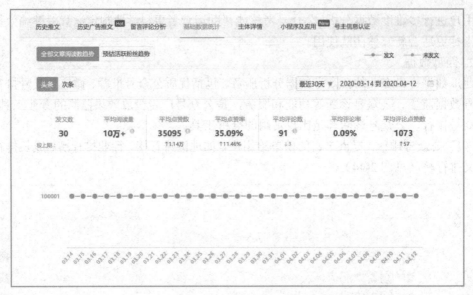

图 2-46　文章阅读基础数据

三、今日头条的数据采集途径和方法

新闻客户端平台方面，2019 年第一季度中国手机新闻客户端市场格局保持稳定，腾讯新闻、今日头条月活用户数量均超 2 亿，以绝对领先优势位居行业前列。

2018 年我国手机新闻客户端的用户规模为 7.11 亿，手机新闻客户端用户增长势头强劲，市场潜力巨大。今日头条是一款基于数据挖掘的推荐引擎产品，它不是传统意义上的新闻客户端，没有采编人员，不生产内容，运转核心是一套由代码搭建而成的算法。算法模型会记录用户在今日头条上的每一次行为，在海量的资讯里知道用户感兴趣的内容，甚至知道用户有可能感兴趣的内容，并将它们精准推送给用户。

今日头条越来越成为人们喜爱的资讯类 App，其自媒体数量也呈高速增长趋势。运营者要想做好今日头条的运营，数据分析是必不可少的工具。今日头条数据分析主要对头条号文章、悟空问答、微头条三大主要产品进行数据分析。

"头条号"是针对媒体、国家机构、企业以及自媒体推出的专业信息发布平台，致力于帮助内容生产者在移动互联网上高效率地获得更多的曝光和关注。

2016 年 7 月 14 日，问答频道正式于今日头条 App 上线；2017 年 6 月 26 号，"头条问答"正式升级为"悟空问答"。悟空问答是一个为所有人服务的问答社区，通过它，用户可以从其他数亿互联网用户中找到那个能为自己提供答案的人。作为一种获取信息和激发讨论的全新方式，悟空问答的使命是增长人类世界的知识总量、消除信息不平等、促进人与人的相互理解。悟空问答沿用了今日头条的大数据智能推荐算法，根据用户的阅读、评论等操作进行内部系统评分和排名，实现为用户精准推荐。

"微头条"是今日头条旗下的社交媒体产品，2017 年 4 月上线。用户可以通过微头条发布短内容、与人互动，从而建立关系、获得粉丝。微头条的账号与头条号相互打通，为创作者提供与粉丝高频互动交流的平台，让头条号文章触达粉丝的概率更高。在人工智能推荐的基础上，增加了社交分发的机制。

这里我们主要针对"头条号"的数据采集展开，给大家介绍两种常用的数据采集方法：一是通过账号后台提供的统计数据获取基本数据；二是借助智能爬虫软件爬取特定数据。

（一）数据后台

进入今日头条后台后，在"数据分析"中可以看到"概况""图文分析""微头条分析""问答分析""小视频分析""音频"等模块（见图2-47）。

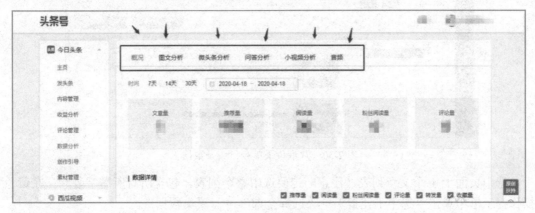

图 2-47　今日头条数据分析模块

其中，针对"头条号"新用户可以查看到"概况""文章分析""视频分析"三个模块。在"概况"中，可以了解到文章的推荐量、阅读量、粉丝阅读量、评论量、转发量、收藏量等指标的数据（见图2-48）。

图 2-48　"头条号"→"概况"

在"文章分析"模块中，可选择 7 天、14 天、30 天或者任意时间段查看单篇文章或该时间段内整体文章的数据，并支持 Excel 文件导出（见图2-49）。

图 2-49　"头条号"→"文章分析"

(二) 数据挖掘工具

使用八爪鱼采集器采集今日头条中"北青网"头条号的文章标题、文章链接、发布时间、阅读数、评论数等字段。

步骤一：打开八爪鱼采集器，在首页输入框中输入目标网址 https://www.toutiao.com/c/user/52255723016/#mid=52255723016，单击"开始采集"按钮，八爪鱼自动打开网页。

步骤二：创建循环列表，采集所有文章列表中的数据（见图 2-50）。

图 2-50 八爪鱼采集今日头条数据

选中页面上 1 个文章列表（注意一定要选中整个列表，包含所有所需字段），在黄色操作提示框中单击"选中子元素"→"选择全部"→"采集数据"。

步骤三：单击文章链接进入详情页。

在当前文章列表中（在网页中用红色框框起来了），选中文章标题，在操作提示框中单击"点击该链接"，单击后自动进入该文章详情页。

步骤四：采集文章详情页中的字段（见图 2-51）。

图 2-51 采集详情页字段

选中页面中的文本，然后在操作提示框中单击"采集该元素的文本"。

文本类所有字段都可以按照这样的方式进行提取①，依次提取文章的标题、作者、发布

---

① 文本、图片、视频、源码是不同的数据形式，在八爪鱼采集器的操作提示框中选择提取方式时稍有不同。文本格式一般选择"采集该元素的文本"，图片格式一般选择"采集该图片地址"，其他数据提取方式可在八爪鱼官方网站上查看文章《不同数据类型的抓取方式》。

时间、正文等字段。

步骤五：建立"循环列表"，提取正文内所有图片地址（见图2-52）。

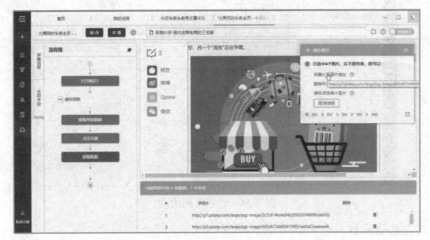

图 2-52　采集文章中图片

一篇文章内可能有多张图片，通过以下几步，采集文章内的所有图片地址。

选中一张图片，在黄色操作提示框中选择"选中全部"→"采集以下图片地址"。

步骤六：编辑字段（见图2-53）。

图 2-53　编辑字段

进入"提取数据"设置页面，可删除多余字段、修改字段名、移动字段顺序等。

步骤七：设置页面滚动（见图2-54）。

打开头条号网页后，向下滚动页面加载出更多文章列表，在八爪鱼中也需进行滚动设置。进入"打开网页"设置页面，单击"网页打开后"，设置"页面加载后向下滚动"，滚动方式为"向下滚动一屏"，"滚动次数"为8次，"每次间隔"1秒并保存。

图 2-54　设置页面滚动

步骤八：启动采集。

单击"采集"按钮并"启动本地采集"。启动后八爪鱼开始自动采集数据。

步骤九：导出数据。

采集完成后，选择合适的导出方式导出数据。支持导出 Excel、CSV、HTML、数据库等格式文件。这里导出为 Excel 文件（见图 2-55）。

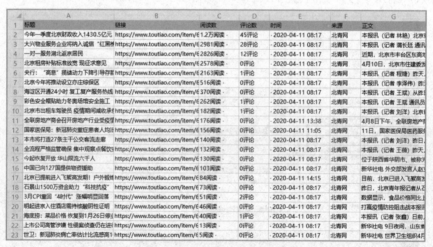

图 2-55　导出数据

习　　题

1. 简述数据采集的基本途径。
2. 简述网络爬虫的基本原理。
3. 思考网络爬虫的应用场景。
4. 简述集搜客、八爪鱼和后羿三款采集器各自的优劣势。

实 践 任 务

1. 百度的关键词接口是 http://www.baidu.com/s?wd=keyword，根据这个接口利用 Requests 库爬取 wd=Python 的数据。

2. 使用智能爬虫软件在微博上采集近期热点事件的网络舆论。

案 例 讨 论

2019 年 5 月 28 日，国家互联网信息办公室就《数据安全管理办法（征求意见稿）》（以下简称"征求意见稿"）公开征求意见，这是我国数据安全立法领域的里程碑事件。以法律的形式规范数据收集、存储、处理、共享、利用以及销毁等行为，强化对个人信息和重要数据的保护，可维护网络空间主权和国家安全、社会公共利益，保护自然人、法人和其他组织在网络空间的合法权益。

征求意见稿中针对目前以网络爬虫为主要代表的自动化数据收集技术出现的侵犯版权、侵犯商业秘密、侵犯个人隐私或个人信息、涉嫌不正当竞争等问题做出了约束和回应。

第二章 数据收集[①]

第七条 网络运营者通过网站、应用程序等产品收集使用个人信息，应当分别制定并公开收集使用规则。收集使用规则可以包含在网站、应用程序等产品的隐私政策中，也可以其他形式提供给用户。

第八条 收集使用规则应当明确具体、简单通俗、易于访问，突出以下内容：

（一）网络运营者基本信息；

（二）网络运营者主要负责人、数据安全责任人的姓名及联系方式；

（三）收集使用个人信息的目的、种类、数量、频度、方式、范围等；

（四）个人信息保存地点、期限及到期后的处理方式；

（五）向他人提供个人信息的规则，如果向他人提供的；

（六）个人信息安全保护策略等相关信息；

（七）个人信息主体撤销同意，以及查询、更正、删除个人信息的途径和方法；

（八）投诉、举报渠道和方法等；

（九）法律、行政法规规定的其他内容。

第九条 如果收集使用规则包含在隐私政策中，应相对集中，明显提示，以方便阅读。另仅当用户知悉收集使用规则并明确同意后，网络运营者方可收集个人信息。

第十条 网络运营者应当严格遵守收集使用规则，网站、应用程序收集或使用个人信息的功能设计应同隐私政策保持一致，同步调整。

第十一条 网络运营者不得以改善服务质量、提升用户体验、定向推送信息、研发新产品等为由，以默认授权、功能捆绑等形式强迫、误导个人信息主体同意其收集个人信息。

---

① 国家互联网信息办公室 2019 年 5 月 28 日发布的《数据安全管理办法（征求意见稿）》。

个人信息主体同意收集保证网络产品核心业务功能运行的个人信息后，网络运营者应当向个人信息主体提供核心业务功能服务，不得因个人信息主体拒绝或者撤销同意收集上述信息以外的其他信息，而拒绝提供核心业务功能服务。

第十二条 收集14周岁以下未成年人个人信息的，应当征得其监护人同意。

第十三条 网络运营者不得依据个人信息主体是否授权收集个人信息及授权范围，对个人信息主体采取歧视行为，包括服务质量、价格差异等。

第十四条 网络运营者从其他途径获得个人信息，与直接收集个人信息负有同等的保护责任和义务。

第十五条 网络运营者以经营为目的收集重要数据或个人敏感信息的，应向所在地网信部门备案。备案内容包括收集使用规则，收集使用的目的、规模、方式、范围、类型、期限等，不包括数据内容本身。

第十六条 网络运营者采取自动化手段访问收集网站数据，不得妨碍网站正常运行；此类行为严重影响网站运行，如自动化访问收集流量超过网站日均流量三分之一，网站要求停止自动化访问收集时，应当停止。

第十七条 网络运营者以经营为目的收集重要数据或个人敏感信息的，应当明确数据安全责任人。

数据安全责任人由具有相关管理工作经历和数据安全专业知识的人员担任，参与有关数据活动的重要决策，直接向网络运营者的主要负责人报告工作。

第十八条 数据安全责任人履行下列职责：

（一）组织制定数据保护计划并督促落实；

（二）组织开展数据安全风险评估，督促整改安全隐患；

（三）按要求向有关部门和网信部门报告数据安全保护和事件处置情况；

（四）受理并处理用户投诉和举报。

网络运营者应为数据安全责任人提供必要的资源，保障其独立履行职责。

思考：

我们在进行网络数据采集过程中，应如何避免出现违反"征求意见稿"的不正当行为。

参 考 资 料

[1] 嵩天. 中国大学慕课. Python 网络爬虫与信息提取[EB/OL]. （2021-7-13）. https://www.icourse163.org/course/BIT-1001870001?from=searchPage.

[2] 勾俊伟，哈默，谢雄. 新媒体数据分析：概念、工具、方法[M]. 北京：人民邮电出版社，2017.

[3] 段峰峰. 新媒体数据分析与应用[M]. 北京：人民邮电出版社，2020.

[4] 王佳娴. 新媒体数据分析[M]. 北京：人民邮电出版社，2020.

[5] 张文霖，刘夏璐，狄松. 谁说菜鸟不会数据分析（入门篇）：纪念版[M]. 北京：电子工业出版社，2016.

第三章

新媒体数据的处理

引言

　　1999 年，美国国家航空航天局（NASA）丢失了一个价值 1.25 亿美元的火星轨道飞行器，而丢失的原因让美国人哭笑不得，原来飞行器的设计者洛克希德·马丁公司的工程师在设计时使用的都是英制度量衡（英寸、英尺等），而 NASA 用的是国际公制（厘米、米等），因此虽然输入的数据是正确的，但因为单位不同而导致导航信息错误，飞行器因此丢失。古人云："差之毫厘，谬以千里。" 1%的错误导致 100%的失败。毫不夸张地说，一个数字能影响一个结果，一个结果能影响一个决策，一个错误的决策能毁掉一个组织！

　　由于互联网，"开放"已经成为人类社会一个不可逆转、不断加速的社会思潮。如果说收集数据是一种意识，使用数据是一种文化、一种习惯，那么处理数据、分析数据将成为人人应当具备的一种能力和生活态度。在整个数据分析过程中，有高达 60%的时间用于数据处理，只有对采集的数据进行精细化的处理，才能便于后续分析。处理后的数据不仅能提高准确性，还能减少因为出错而造成的复查时间，降低错误分析带来的决策风险。本章主要讲解新媒体数据处理的基本原理、通用处理方法，然后通过一些典型的案例展示不同类型数据的处理过程。

第一节　新媒体数据处理的基本原理

一、什么是数据处理

　　在真实数据中，我们拿到的数据可能包含了大量的缺失值，可能包含大量的噪声，也可能因为人工录入错误导致有异常点存在，非常不利于后续的数据分析，还可能因为前期数据采集出现错误导致整个分析结果与实际大相径庭。

存在不完整的、含噪声的和不一致的数据是现实世界数据采集难以避免的问题。我们知道数据分析的三大作用是现状分析、原因分析和预测分析，如果分析的数据有较大偏差，可以想象新媒体运营者对现有问题的把握是不准确的，那么就无从谈论原因分析和预测分析的科学性和有效性。高质量的决策必须依赖高质量的数据。没有高质量的数据，就没有高质量的数据分析结果。数据处理就是改进数据质量的过程，其有助于提高后续数据分析和数据呈现的精度及性能。因此，数据处理是新媒体数据分析的重要步骤。

数据处理就是根据数据分析的目的，将收集到的数据用适当的处理方法进行整理加工，形成满足数据分析要求的样式，它是数据分析前必不可少的阶段。其主要目的是从大量的、杂乱无章的、难以理解的数据中抽取并推导出对于特定分析目标有价值、有意义的数据。

需要特别强调的是，由于各大网站后台通常只具备数据查阅功能，无法对数据进行二次加工（个性化定制数据需要付费），因此，我们现阶段的"数据处理"一般特指利用 Excel 对数据进行优化。本章将介绍运用 Excel 处理数据的方法，简单介绍 Python 实践数据处理的方法。

二、数据处理的基本流程

无论是从网站后台下载的数据还是从第三方平台获取的数据，都有可能出现失误。因此，需要将采集的数据进行观察与比对，随后进行清洗和加工。对有明显错误的数据，新媒体运营人员需要将其剔除，以防止干扰其他数据。

数据处理是一项细致的工作。我们不要轻视一个数据的作用。毫不夸张地说，1%的错误可能导致100%的失败。

例如，某企业新媒体运营团队对近期淘宝店铺销售情况进行统计，如图 3-1 所示。左边未经处理的原始数据有两处错误。一是出现了多余的日期"3月32日"；二是出现了"-202"的销售量，在实际生活中，销售量是不可能为负的。按照错误的数据进行平均值计算，结果为 142，而进行数据处理后，平均值为 175，两者相差 33。如果这次平均值计算的目的是估算全年的销量，那么根据错误的值计算的结果和实际的结果相差 175×365-142×365=12 045，这中间的误差就不是一个小数目了。

日期	销量		日期	销量
3月25日	150		3月25日	150
3月26日	167		3月26日	167
3月27日	143		3月27日	143
3月28日	134		3月28日	134
3月29日	230		3月29日	230
3月30日	221		3月30日	221
3月31日	189		3月31日	189
3月32日	150			
4月1日	176		4月1日	176
4月2日	-202		4月2日	202
4月3日	145		4月3日	145
4月4日	177		4月4日	177
4月5日	169		4月5日	169
平均值	142		平均值	175

图 3-1　某企业淘宝店铺销售情况

此外，原始数据通常只代表单一属性，如"用户年龄""访问时间""阅读量""销售额""订单数量""转发量""推荐数"等，这类相互独立的数据通常很难直接看出规律。因此需要借助公式，将单一属性数据进行二次或多次计算。设计数据公式看起来增加了数据处理的步骤，实际上公式设计完成后，数据分析难度会大幅下降。

数据处理主要包括数据清洗、数据加工。我们先将有问题的数据进行清洗，就像我们做饭前洗菜一样，新鲜的蔬菜上面有些瑕疵或泥土，需要进行清洗。数据清洗的结果是对各种脏数据进行对应方式的处理，得到标准的、干净的、连续的数据，以供数据统计、数据挖掘等使用。在挖掘出有效的数据后，新媒体数据人员需要对数据进行加工和处理，便于后续分析。清洗数据的工作包括三部分：清除不必要的重复数据、填充缺失的数据、检测逻辑错误的数据。做这些工作的目的就是为后面的数据加工提供简洁、完整、正确的数据。有些人又把这个过程称作数据剔除、数据修正。

接着就是进行数据加工。这也是数据处理的重头戏，有些人会问，数据已经清洗干净为何还不能直接分析呢？其实数据处理这一环节相当于我们做饭前进行切菜，不同的切法对我们的菜品有很大的影响。同样，数据加工会对数据分析的效率产生很大的影响。

经过数据清洗步骤之后，数据表中的数据已经没有错误值存在了，但这时的数据仍然不适合直接进行分析和呈现，还需要根据数据分析的目的，对数据进行加工。因为数据表中现有的数据字段不满足我们的数据分析需求，所以需要对现有字段进行抽取、计算或者转换，形成我们分析所需的一列新数据字段。

数据加工是启发数据分析灵感的一个步骤。例如，在加工过程中，可以对不同项目的数据进行求和、计算平均数等，这样到了数据分析阶段，就可以对数据项目的和、平均值进行分析，发现其中的规律。总而言之，数据加工可以增加数据表的信息量，改变数据表的表现形式，以激发更多的数据分析思路，挖掘更有价值的数据信息。

第二节　数据清洗

数据处理的第一步就是数据清洗，其也是数据处理中比较耗费精力的一步。数据清洗的过程决定了数据的质量，数据清洗是唯一可以提高数据质量的方法，也是决定数据分析的准确性和可靠性的关键环节。随着大数据的应用越来越普及，数据清洗成为数据分析的必备技能。

数据清洗实质上是将采集的原始数据中的脏数据清洗干净，转换为干净数据。所谓的"脏数据"指的是数据存在以下几种问题。

（1）数据缺失（incomplete）：是属性值为空的情况，如 Occupancy=" "。

（2）数据噪声（noisy）：是数据值不合常理的情况，如 Salary="-100"。

（3）数据不一致（inconsistent）：是数据前后存在矛盾的情况，如 Age="042"或者Brithday="01/09/1985"，数据格式不一致。

（4）数据冗余（redundant）：是数据量或者属性数目超出数据分析需要的情况。

（5）离群点/异常值（outliers）：是偏离大部分值的数据。

（6）数据重复：是在数据集中多次出现相同的数据。

针对上述数据问题，通过一定的技术手段清洗数据可以实现剔除多余重复的数据，将缺失的数据补充完整，修正错误数据，规范数据格式。

一、剔除重复数据

在采集数据过程中，同一份数据可能由于采集渠道不同而进行了多次输入，也可能因为操作失误而重复输入。种种原因造成数据表中的数据存在重复现象，筛选剔除多余的数据是开展数据处理工作的首要任务。

（一）查找重复项

要剔除一份数据表中的重复数据需要先找到数据表中的重复项。这里以网站用户流量为例介绍四种查找重复项的方法。

1. 条件格式法

选中要查找重复项的列，依次选择"开始"→"条件格式"→"突出显示单元格规则"→"重复值"命令，就可以把重复项查找出来，并且系统会将重复数据及所在单元格标为不同的颜色，如图 3-2 所示。

2. 函数法

利用 COUNTIF[①]函数查找重复数据。

第一步：选中 B2 单元格，然后输入函数公式：=COUNTIF(A:A,A2)。

第二步：选中 C2 单元格，然后输入函数公式：=COUNTIF(A$2:A2,A2)。

第三步：将公式复制到 B3:C17 的所有单元格，效果如图 3-3 所示。

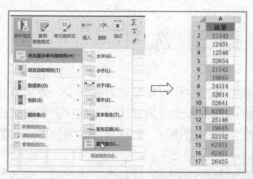

图 3-2　用条件格式标记重复值

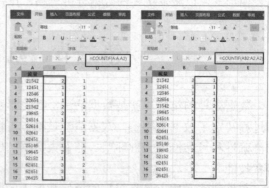

图 3-3　用函数查找重复项

B 列代表的是对应 A 列单元格中流量出现的次数，其中大于 1 的数值所对应的 A 列单元格中的流量就是重复编号。C 列查找的是出现两次及以上的重复项，也就是说，C 列中显示 1 的单元格所对应的 A 列流量是非重复项，其他的单元格都是重复项。

---

① COUNTIF 函数是对区域中满足单个指定条件的单元格进行计数。

3. 高级筛选法

在 Excel 中，可以直接利用筛选功能查找重复数据。

第一步：选择数据单元格区域 A1:A17。

第二步：在"数据"选项卡的"排序和筛选"组中，单击"高级"按钮，弹出"高级筛选"对话框。

第三步：选择"将筛选结果复制到其他位置"选项，在"复制到"文本框中输入 B1 区域，再选中"选择不重复的记录"复选框，单击"确定"按钮，筛选效果和步骤如图 3-4 所示。

4. 数据透视表法

Excel 中的数据透视表功能非常强大，不仅可以帮助我们处理日常遇到的绝大多数数据分析问题，还可以进行数据加工，这其中就包括查找数据表中的重复项。用数据透视表统计各数据出现的频次，出现 2 次及 2 次以上就属于重复项；如果统计结果为 1，则说明该数据是非重复项。具体操作如下。

第一步：选择"插入"选项卡，在"表"功能组中，单击"数据透视表"按钮。在弹出的"创建数据透视表"对话框的"选择一个表或区域"中选择数据源单元格范围"Sheet1!$A$1:$A$17"，在"选择放置数据透视表的位置"选项组中选择"现有工作表"单选项，位置为"Sheet1!$B$1"，单击"确定"按钮，如图 3-5 所示。

图 3-4 高级筛选法查找重复项

图 3-5 创建数据透视表

第二步：将"流量"字段拖至行标签，再将"流量"字段拖至数值汇总区域，并将值字段设置为"计数项流量"，如图 3-6 所示。

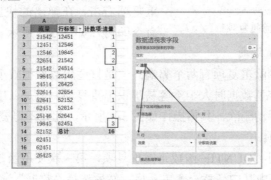

图 3-6 数据透视表计数查找重复项

（二）删除重复项

通过以上方法查找到重复项后，就需要将重复项删除。除了手动删除找到的重复项，还有以下四种删除重复项的方法。

1. 菜单删除重复项

Excel 提供的删除重复项功能可以快速帮助我们去除重复项，具体操作如下：选择"A1:A17"数据区域，在"数据"选项卡上的"数据工具"组中单击"删除重复项"；在"删除重复项"对话框"列"区域下，选择要删除的列名称——"流量"，单击"确定"按钮；随后弹出一个消息框，告之有多少重复值被删除，有多少唯一值被保留，单击"确定"按钮，完成操作，如图3-7所示。

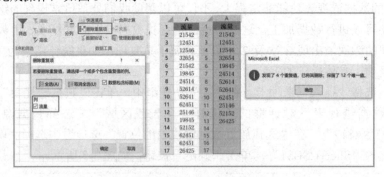

图3-7　菜单功能删除重复项

2. 排序删除重复项

除了使用 Excel 工具的删除重复项功能删除数据，还可以通过排序的方法删除重复项。排序删除重复项的原理是，将数据内容相同的信息排列在一起，可以一眼看出哪些数据是重复的，哪些数据不是重复的。也就是说，通过排序删除重复项，更加适用于数据量和字段较少的数据，方便排序后人工较快辨识重复项，具体步骤如下：选择"A1:A17"数据区域，在"开始"选项卡中选择"排序和筛选"中的"升序"选项，然后人工查看重复数据，选中重复项右击，在弹出的快捷菜单中选择"删除"命令即可，如图3-8所示。

图3-8　排序删除重复项

3. 条件格式删除重复项

使用排序的方法删除重复项有两个弊端：一是只适用数据量较小的数据表；二是当数据是一串编码或非数字型数据时人工不容易辨识出重复项。但是，用条件格式方式可以自动标识出重复项，再手动删除，具体操作如图3-4所示，此处不再赘述。

4. 筛选删除重复项

前面我们提到使用 COUNTIF 函数查找重复项，第二次使用函数查找重复项得到"第二次重复项"字段，选中其中任意一个单元格，然后选择"数据"选项卡中"排序和筛选"

功能区中的"筛选"选项，就会在列标签中出现下拉菜单，在弹出的下拉菜单中选择"自定义筛选"命令，在弹出的对话框中挑出数值不等于 1 的单元格，此时筛选出来的就是重复项，将其全部删除即可，如图 3-9 所示。

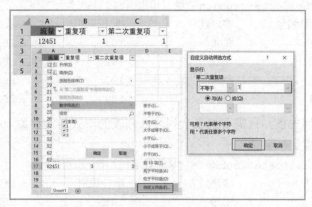

图 3-9　筛选删除重复项

（三）利用 Python 处理重复数据

在 Python 中可以利用 drop_duplicates()方法处理重复数据。该方法默认对所有值进行重复值判断，且默认保留第一个（行）值，如下所示。

```
>>>df
        订单编号      客户姓名       唯一识别码       成交时间
0       A1        张通        101         2020-03-05
1       A2        李谷        102         2020-03-06
2       A3        孙凤        103         2020-03-07
3       A3        孙凤        103         2020-03-07
4       A4        赵恒        104         2020-03-08
5       A5        赵恒        104         2020-03-09
>>>df.drop_duplicates()
        订单编号      客户姓名       唯一识别码       成交时间
0       A1        张通        101         2020-03-05
1       A2        李谷        102         2020-03-06
2       A3        孙凤        103         2020-03-07
4       A4        赵恒        104         2020-03-08
5       A5        赵恒        104         2020-03-09
```

上面的代码是针对所有字段进行的重复值判断，同样也可以只针对某一列或某几列进行重复值删除的判断，只需要在 drop_duplicates()方法中指明要判断的列名即可。

```
>>>df
        订单编号      客户姓名       唯一识别码       成交时间
0       A1        张通        101         2020-03-05
1       A2        李谷        102         2020-03-06
2       A3        孙凤        103         2020-03-07
```

	订单编号	客户姓名	唯一识别码	成交时间
3	A3	孙凤	103	2020-03-07
4	A4	赵恒	104	2020-03-08
5	A5	赵恒	104	2020-03-09

```
>>>df. drop_duplicates(subset="唯一识别码")
```

	订单编号	客户姓名	唯一识别码	成交时间
0	A1	张通	101	2020-03-05
1	A2	李谷	102	2020-03-06
2	A3	孙凤	103	2020-03-07
4	A4	赵恒	104	2020-03-08

也可以利用多列去重，只需要把多个列名以列表的形式传给参数 subset 即可，如按姓名和唯一识别码去重。

```
>>>df. drop_duplicates(subset=["客户姓名","唯一识别码"])
```

	订单编号	客户姓名	唯一识别码	成交时间
0	A1	张通	101	2020-03-05
1	A2	李谷	102	2020-03-06
2	A3	孙凤	103	2020-03-07
4	A4	赵恒	104	2020-03-08

还可以自定义删除重复项时保留哪一项，默认保留第一个，也可以设置保留最后一个，或者全都不保留。通过传入参数 keep 进行设置，参数 keep 默认值是 first，即保留第一个值；也可以是 last，保留最后一个值；还可以是 False，即把重复值全部删除。

```
#保留最后一个重复值
>>>df. drop_duplicates(subset=["客户姓名","唯一识别码"],keep="last")
```

	订单编号	客户姓名	唯一识别码	成交时间
0	A1	张通	101	2020-03-05
1	A2	李谷	102	2020-03-06
2	A3	孙凤	103	2020-03-07
5	A5	赵恒	104	2020-03-09

```
#不保留任何重复值
>>>df. drop_duplicates(subset=["客户姓名","唯一识别码"],keep=False)
```

	订单编号	客户姓名	唯一识别码	成交时间
0	A1	张通	101	2020-03-05
1	A2	李谷	102	2020-03-06

二、填补缺失数据

采集的原始数据除了会出现数据重复，还会经常出现数据缺失的问题，缺失值指的是现有数据集中某个或某些属性的值是不完全的。缺失值产生的原因多种多样，主要分为机械原因和人为原因。机械原因是数据收集或保存的失败造成的数据缺失，如数据存储的失败、存储器损坏，机械故障导致某段时间数据未能收集（对于定时数据采集而言）。人为原因是人的主观失误、历史局限或有意隐瞒造成的数据缺失。例如，在市场调查中被访人拒绝透露相关问题的答案，或者回答的问题是无效的；数据录入人员失误漏录了数据。

总体而言，处理缺失值有两种思路，即删除和插补。对于主观数据，将影响数据的真实性，存在缺失值的样本，其他属性值的真实性不能保证，所以对于主观数据一般不推荐采用插补的方法，而是直接删除存在缺失值的个案。插补方法主要用于客观数据，它的可靠性有保证。

（一）缺失值为空值

在数据表里，缺失值最常见的表现形式就是空值或者错误标识符。如果缺失值以空白单元格的形式出现，则首先要将缺失值的单元格找出来，最快捷的方法是利用 Excel 的定位功能，具体操作如图 3-10 所示。

在 Excel "开始"选项卡的"编辑"功能区，选择"查找和选择"下拉菜单中的"定位条件"命令，或者直接使用 Ctrl+G 组合键或快捷键 F5，弹出"定位条件"对话框，选择"空值"单选项，单击"确定"按钮，则可以一次性选中所有空值单元格。

处理缺失值的方法一般有三种。

（1）样本平均值替代法。用一个样本统计量的值代替缺失值。最典型的做法就是使用该变量的样本平均值代替缺失值。例如，一组销量数据中有缺失值，可以使用评价销量进行替换。

（2）模型计算值替代法。用一个统计模型计算出来的值代替缺失值，常使用的模型有回归模型、判别模型等。例如，连续时间段内公众号粉丝增长的数据中有缺失值，可以通过数据预测回归分析法，计算出数值代替缺失值。

（3）删除缺失值法。在数据量足够大，缺失值数量不是太多，且变量之间不高度相关的情况下，可以对缺失值做删除处理。

在一般的数据处理中，采用样本平均值替代法。以下为一次性替换所有缺失值的具体操作步骤。

步骤一：计算平均值。在单元格 B15 中输入平均值函数，计算出"流量"字段的平均值为"34170"，用定位法定位空值，此时表格中缺失值单元格处于选中状态。

步骤二：保持空值单元格选中状态，输入平均值"34170"。

步骤三：按 Ctrl+Enter 组合键，所有选中的空值单元格都被填上了平均值，如图 3-11 所示。

图 3-10　定位功能查找空值　　　　　图 3-11　样本平均值替代法

Ctrl+Enter 组合键可以和定位查找搭配使用。使用快捷键 F5 或 Ctrl+G 组合键定位到空白单元格之后，用户可以输入任何想要的数据，然后再按 Ctrl+Enter 组合键，让所有选中的单元格全部输入同样的数据。

（二）缺失值为错误标识符

当缺失值是以错误标识符形式出现的时候，处理方法和空值类似，只是步骤由"定位→输入平均值"改为"查找→替换"。同样可以使用组合键方式，查找功能的组合键为 Ctrl+F，替换功能的组合键为 Ctrl+H，在"查找内容"文本框中输入要查找的文本或数字，在"替换为"文本框中输入要替换的文本或数字，单击"替换"按钮即可，如图 3-12 所示。一般情况下选择将数字型字段的错误标识符替换为"0"或平均值。

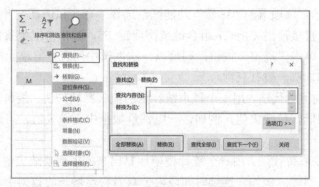

图 3-12　查找替换错误标识符

（三）利用 Python 处理缺失数据

在 Python 中直接调用 info()方法会返回每一列的缺失情况。Python 中的缺失值一般用 NaN 表示。

```
>>>df
       编号      年龄      性别      注册时间
  0    A1       54       男       2020-06-05
  1    A2       16       NaN      2020-06-06
  2    A3       47       女       2020-06-07
  3    A4       41       男       2020-06-08

>>>df.info()
<class'pandas.core.frame.DataFrame'>
RangeIndex:4 entries, 0 to 3
Data columns(total 4 columns):
编号        4  non-null  object
年龄        4  non-null  int64
性别        3  non-null  object
注册时间      4  non-null  object
Dtypes:int64(1),object(3)
Memory usage:208.0+bytes
```

　　从调用 info()方法的结果来看，性别这一列为 3non-null object，表示该列有 3 个非 null 值，而其他列有 4 个非 null 值，说明性别这一列有 1 个 null 值。

　　我们还可以用 isnull()方法来判断哪个值是缺失值，如果是缺失值则返回 True，如果不是缺失值则返回 False。

```
>>>df
      编号      年龄      性别      注册时间
0     A1      54      男       2020-06-05
1     A2      16      NaN     2020-06-06
2     A3      47      女       2020-06-07
3     A4      41      男       2020-06-08
>>>df.isnull()
      编号      年龄      性别      注册时间
0     False   False   False   False
1     False   False   True    False
2     False   False   False   False
3     False   False   False   False
```

　　按照处理缺失值的两种思路——删除和插补，Python 也可以实现这两种效果。首先，在 Python 中利用 dropna()方法删除含有缺失值的行，也就是说，只要某一行有缺失值就把这一行删除。

```
>>>df
      编号      年龄      性别      注册时间
0     A1      54      男       2020-06-05
1     A2      16      NaN     2020-06-06
2     A3      47      女       2020-06-07
3     A4      41      男       2020-06-08
>>>df. dropna()
      编号      年龄      性别      注册时间
0     A1      54      男       2020-06-05
2     A3      47      女       2020-06-07
3     A4      41      男       2020-06-08
```

　　运行 dropna()方法以后，删除含有 NaN 值的行，返回删除后的数据。

　　如果想删除空白行，只要给 dropna()方法传入一个参数 how="all"即可，这样就会只删除那些全为空值的行，不全为空值的行则不会被删除。

```
>>>df
      编号      年龄      性别      注册时间
0     A1      54      男       2020-06-05
1     NaN     NaN     NaN     NaN
2     A3      47      女       2020-06-07
3     A4      41      男       2020-06-08
>>>df. dropna(how="all")
```

	编号	年龄	性别	注册时间
0	A1	54	男	2020-06-05
2	A3	47	女	2020-06-07
3	A4	41	男	2020-06-08

刚才介绍的是通过删除的办法处理缺失值，但一般情况下如果数据缺失比例小于 30%，我们会尽量保留数据，通过插补的方法处理缺失值。

在 Python 中可以利用 fillna() 方法对数据表中的所有缺失值进行填充，在 fillna 后面的括号中输入想要插补的数据即可。同时还可以对多列的不同插补需求进行区分。

```
>>>df
```

	编号	年龄	性别	注册时间
0	A1	NaN	男	2020-06-05
1	A2	16	NaN	2020-06-06
2	A3	47	女	2020-06-07
3	A4	41	男	2020-06-08

```
>>>df.fillna({"性别":"男","年龄":"30"})
```

	编号	年龄	性别	注册时间
0	A1	30	男	2020-06-05
1	A2	16	男	2020-06-06
2	A3	47	女	2020-06-07
3	A4	41	男	2020-06-08

三、修正错误数据

原始数据表中可能存在不符合逻辑的数据，例如图文消息送达人数为 180，图文页阅读人数却达到了 300，这明显不符合逻辑。在数据清洗过程中，需要找到这类错误并修正数据。检查数据是否存在逻辑错误，我们不可能逐一进行排查，这样效率非常低，可以运用函数或条件格式进行快速判断。

（一）函数检查法

函数是 Excel 的重要功能，是一些预先定义好的公式，通过特定的参数结构进行计算。函数的功能十分强大，不仅可以对数据进行计算，还可以根据不同的逻辑判断数据的正确与否。

在 Excel 中，函数的使用方法是在英文状态下输入 "=" 后，再根据不同的函数语法输入公式，如 "=AVERAGE()" 就是返回所有参数的算术平均值。IF() 函数是用来判断数据逻辑正确与否的常用函数，它的语法为 "IF(logical_test, value_if_true,value_if_false)"，其中参数的具体含义如下。

logical_test 表示计算结果为 TURE 或 FALSE 的表达式。例如，A3>180 就是一个逻辑表达式，表示 A3 单元格的数据大于 180。

value_if_true 表示 logical_test 为 TURE 时返回的值。例如，A3 单元格的数据大于 180

时，就应该返回一个 TURE 值，如果设定返回的 TURE 值是“正确”，那么 A3 单元格数据大于 180 时，能返回“正确”二字。

value_if_false 表示 logical_test 为 FALSE 时返回的值。例如，A3 单元格的数据小于或等于 180 时，就应该返回一个 FALSE 值，如果设定返回的 FALSE 值是“错误”，那么 A3 单元格数据小于或等于 180 时，能返回“错误”二字。

综上所述，如果想判断 A3 单元格的值是否大于 180，且大于 180 时返回“正确”，小于或等于 180 时返回“错误”，那么 IF()函数的公式应该输入“=IF(A3>180, "正确", "错误")”。

下面通过一个案例来了解 IF()函数的具体使用过程。某商家新媒体部门统计 3 月份的产品推广费用。3 月份，该商家投入的推广费按 2000 元/天计算。从逻辑上讲，每天的推广费用应该大于 0 元小于 2000 元，现在运用 IF()函数对实际统计的数据进行逻辑检测，看是否存在错误，如图 3-13 所示。

步骤一：增加逻辑值返回列“逻辑是否正确”。

步骤二：在 C2 单元格输入 IF()函数公式，“=IF(AND(B2>0,B2<2000),"正确", "错误")”。此时，在 IF()函数中嵌套了一个 AND()函数，需要单元格数据既大于 0 又小于 2000。

步骤三：复制单元格 C2 的公式，使“逻辑是否正确”这一列都显示出检测结果。

步骤四：查看检测结果，根据返回值快速确定数据表中有错误的数据。针对数据的错误情况进一步进行处理。

使用 IF()函数不仅可以判断数字型数据是否符合特定的要求，还可以判断非数字型数据是否符合要求。例如，在一张微博粉丝用户信息表中，“性别”一栏中出现了“南”“32”等非性别数据，如果数据量少可以人工检测，如果数据量过大，使用 IF()函数很快就能找出数据表中出现错误的全部数据，如图 3-14 所示。

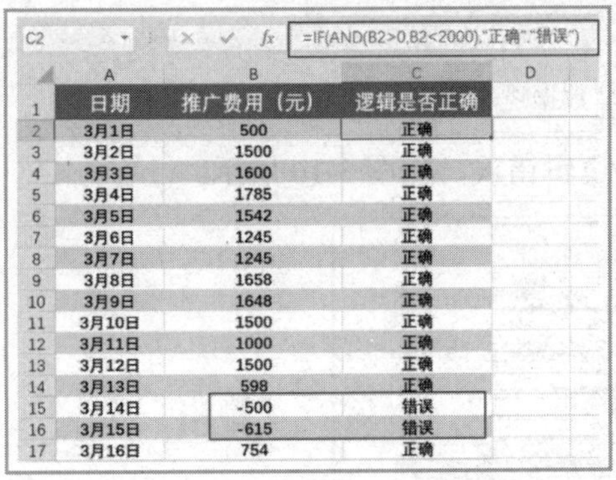
C2　fx　=IF(AND(B2>0,B2<2000),"正确","错误")

	A	B	C	D
1	日期	推广费用（元）	逻辑是否正确	
2	3月1日	500	正确	
3	3月2日	1500	正确	
4	3月3日	1600	正确	
5	3月4日	1785	正确	
6	3月5日	1542	正确	
7	3月6日	1245	正确	
8	3月7日	1245	正确	
9	3月8日	1658	正确	
10	3月9日	1648	正确	
11	3月10日	1500	正确	
12	3月11日	1000	正确	
13	3月12日	1500	正确	
14	3月13日	598	正确	
15	3月14日	-500	错误	
16	3月15日	-615	错误	
17	3月16日	754	正确	

图 3-13　IF()函数检测数字型数据逻辑错误

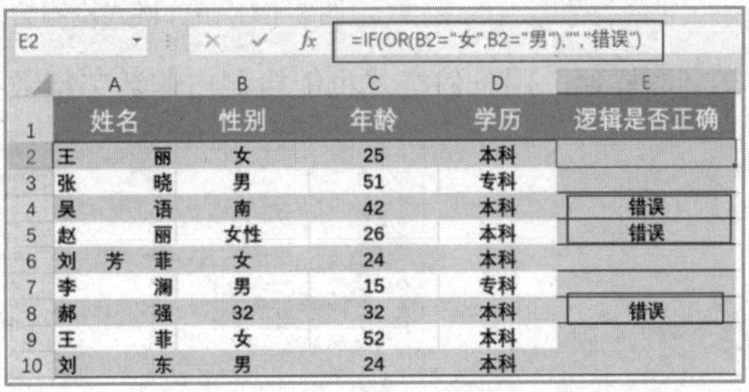
E2　fx　=IF(OR(B2="女",B2="男"),"","错误")

	A	B	C	D	E
1	姓名	性别	年龄	学历	逻辑是否正确
2	王　丽	女	25	本科	
3	张　晓	男	51	专科	
4	吴　语	南	42	本科	错误
5	赵　丽	女性	26	本科	错误
6	刘芳菲	女	24	本科	
7	李　澜	男	15	专科	
8	郝　强	32	32	本科	错误
9	王　菲	女	52	本科	
10	刘　东	男	24	本科	

图 3-14　IF()函数检测非数字型数据逻辑错误

步骤一：增加逻辑返回值列“逻辑是否正确”。

步骤二：在 E2 单元格输入函数“=IF(OR(B2="女",B2="男"),"","错误")”。在这个公式里使用了 IF()和 OR()函数的嵌套。OR()函数是逻辑“或”函数，表示满足条件 A 或条件 B 均可。整个嵌套函数表示，如果 B2 单元格的值等于“男”或“女”，则什么都不返回（空白单元格），反之则返回“错误”值。这里之所以不设置返回“正确”值，是因为空白单元格更容易与有文字的单元格区分开来，当数据量大的时候，方便辨识。

（二）条件格式法

除了使用函数公式，用户还可以使用条件格式检测逻辑错误。

下面仍以某商家新媒体部门统计 3 月份产品推广费用为例，了解如何通过条件格式法实现逻辑错误检测。

步骤一：在"开始"选项卡的"条件格式"下拉菜单中选择"突出显示单元格规则"→"大于"命令。

步骤二：在"大于"对话框中输入"2000"，表示要对数值大于 2000 的单元格进行条件格式标注，将其标注为"浅红填充色深红色文本"，然后单击"确定"按钮。

步骤三：用同样的方法调出"小于"对话框，输入"0"，表示要对数值小于 0 的单元格进行条件格式标注，将其标注为"绿填充色深绿色文本"，然后单击"确定"按钮。

步骤四：查看数据检测结果，单元格用红色填充表示数值大于 2000，用绿色填充表示数值小于 0，这样一眼就能辨识出不符合标准的数值，如图 3-15 所示。

图 3-15　条件格式检测数字型数据逻辑错误

同样地，用条件格式也能检测出非数字型数据逻辑错误，如图 3-16 所示。

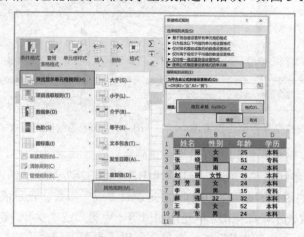

图 3-16　用条件格式检测非数字型数据逻辑错误

步骤一：选中"性别"字段中的 B2:B10 单元格，在"开始"选项卡的"条件格式"下拉菜单中选择"突出显示单元格规则"→"其他规制"命令。

步骤二：在"新建格式规则"对话框中选择规则类型为"使用公式确定要设置格式的单元格"，然后在"为符合此公式的值设置格式"文本框中输入"=OR(B2="女",B2="男"）"，接下来单击"格式"按钮，选择单元格填充颜色，这里选择"浅蓝色"，表示在 B2:B10 单元格中如果出现"女"或"男"的值满足格式要求，则单元格填充浅蓝色，否则不填充保持原来状态。

步骤三：单击"确定"按钮后检查数据表的状态，"性别"中填充为浅蓝色表示正确，其他没有被填充的单元格表示出现逻辑错误。

查找出数据表中出现的逻辑错误单元格后，需要数据分析者根据情况进行二次数据采集、删除或数据替换处理。

（三）利用 Python 处理错误数据

在 Python 中，删除异常值用到的方法和 Excel 中的方法相比，其原理类似。在 Python 中，通过过滤的方法对异常值进行删除。例如 df 表中有年龄这个指标，要把年龄大于 100 的值删掉，可以通过筛选，把年龄大于 100 的选出来，然后删除筛选出的部分数据。如果需要对异常值进行填充，可以使用 replace() 方法对特定的值进行替换。

1. 一对一替换

在 Python 中，对某个值进行替换利用的是 replace() 方法，replace(A,B) 表示将 A 替换成 B。

```
>>>df
        订单编号    客户姓名    唯一识别码     年龄    成交时间
    0    A1      张通      101        31    2020-03-05
    1    A2      李谷      102        45    2020-03-06
    2    A3      王二      103        23    2020-03-07
    3    A4      孙凤      104        150   2020-03-07
    4    A5      赵恒      105        150   2020-03-08
>>>df["年龄"].replace(150,33,inplace=Ture)
>>>df
        订单编号    客户姓名    唯一识别码     年龄    成交时间
    0    A1      张通      101        31    2020-03-05
    1    A2      李谷      102        45    2020-03-06
    2    A3      王二      103        23    2020-03-07
    3    A4      孙凤      104        33    2020-03-07
    4    A5      赵恒      105        33    2020-03-08
```

上面的代码是对年龄这一列进行替换，所以把年龄这一列选中，然后调用 replace() 方法，把表格中的异常值进行替换。

2. 一对多替换

上面介绍的是利用 Python 实现一对一替换的方法，而有时候一块区域中的多个值需要替换成同一个值，这里同样可以使用 replace()方法进行一对多的替换，replace([A,B],C)表示A、B 替换成 C。

```
>>>df
       订单编号    客户姓名    唯一识别码    年龄    成交时间
0      A1       张通        101        31     2020-03-05
1      A2       李谷        102        45     2020-03-06
2      A3       王二        103        23     2020-03-07
3      A4       孙凤        104        150    2020-03-07
4      A5       赵恒        105        160    2020-03-08
5      A6       王丹        106        200    2020-03-09
>>>df.replace([150,160,200],33)
       订单编号    客户姓名    唯一识别码    年龄    成交时间
0      A1       张通        101        31     2020-03-05
1      A2       李谷        102        45     2020-03-06
2      A3       王二        103        23     2020-03-07
3      A4       孙凤        104        33     2020-03-07
4      A5       赵恒        105        33     2020-03-08
5      A6       王丹        106        33     2020-03-09
```

3. 多对多替换

多对多替换其实就是某个数据区域中多个一对一的替换。例如，将年龄异常值 150 替换成平均值减一，160 替换成平均值，200 替换成平均值加一。要想实现这种替换，同样可以借助 replace()方法，将替换值与待替换值用字典的形式表示。replace({"A":"a", "B":"b"})表示用 a 替换 A，用 b 替换 B。

```
>>>df
       订单编号    客户姓名    唯一识别码    年龄    成交时间
0      A1       张通        101        31     2020-03-05
1      A2       李谷        102        45     2020-03-06
2      A3       王二        103        23     2020-03-07
3      A4       孙凤        104        150    2020-03-07
4      A5       赵恒        105        160    2020-03-08
5      A6       王丹        106        200    2020-03-09
>>>df.replace({150:32,160:33,200:34})
       订单编号    客户姓名    唯一识别码    年龄    成交时间
0      A1       张通        101        31     2020-03-05
1      A2       李谷        102        45     2020-03-06
2      A3       王二        103        23     2020-03-07
3      A4       孙凤        104        32     2020-03-07
4      A5       赵恒        105        33     2020-03-08
5      A6       王丹        106        34     2020-03-09
```

四、规范数据格式

采集过来的原始数据包括数值、文本、日期等多种格式。不同类型的数据对应不同的格式，数据的格式如果有误，将会影响后期数据加工和呈现。因此，规范数据格式是数据清洗过程中必不可少的过程。通常情况下，我们检查数据格式需要重点关注的是数值格式中的小数位数、数值格式中的千分位分隔符、百分比格式、日期格式以及时间格式等。

（一）数值格式规范

针对前三个格式问题检查的方法比较简单，先选中对应的数据列，然后在"开始"选项卡的"数字"组中对选中的数据进行查看。查看格式是否正确，如果格式全部统一，在"设置单元格格式"对话框中，它会对应一种格式，如"常规""数值""百分比"；如果选中的这一列数据在"设置单元格格式"对话框中没有对应的格式，则说明这一列的数据格式不统一，可以直接在对话框中进行设置和调整。

（二）日期格式规范

日期格式规范比起数值格式规范相对复杂一些，尤其是当日期书写方式不统一时，不是在"设置单元格格式"对话框中进行直接修改就能解决的，而是要借助"分列"功能实现日期格式的统一修改，如图 3-17 左边的原始数据所示，"日期"列的格式统一性较差，各种时间表示方法都存在。

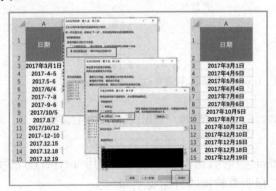

图 3-17　日期格式规范

以下为日期格式的修改步骤。

步骤一：选中"日期"列，单击"数字"选项卡下"数据工具"组中的"分列"按钮。

步骤二：在第 1 步分列向导界面选中"固定宽度"[1]单选按钮，单击"下一步"按钮。

步骤三：在第 2 步分列向导界面单击"下一步"按钮。

步骤四：在第 3 步分列向导界面选中"日期"单选按钮，在其后的下拉列表框中选择"YMD"选项，单击"完成"按钮。

---

[1] 不选择"分隔符号"单选按钮是因为此时需要分列的日期数据的分割符号不统一。

此时查看数据表，"日期"列已经统一为"*年*月*日"的格式。

（三）利用 Python 处理数据格式

Python 不像 Excel 将数据类型分得那么详细。Python 主要有 6 种数据类型，如表 3-1 所示。

表 3-1　Python 数据类型

类　型	说　明
int	整形数，即整数
float	浮点数，即含有小数点的数
object	Python 对象类型，用 O 表示
string	字符串类型，经常用 S 表示，S10 表示长度为 10 的字符串
unicode	固定长度的 unicode 类型，与字符串定义方式一样
datetime64[ns]	表示时间格式

在 Python 中不仅可以用 info()方法获取每一列的数据类型，还可以通过 dtype()方法获取某一列的数据类型。

```
>>>df
        订单编号    客户姓名    唯一识别码    成交时间
0       A1       张通       101        2020-03-05
1       A2       李谷       102        2020-03-06
2       A3       王二       103        2020-03-07
3       A4       孙凤       104        2020-03-07
4       A5       赵恒       105        2020-03-08
5       A6       王丹       106        2020-03-09
>>>df["订单编号"].dtype#查看订单编号这一列的数据类型
dtype（"O"）
>>>df["唯一识别码"].dtype#查看唯一识别码这一列的数据类型
dtype（"int64"）
```

除了可以通过 Python 查看数据类型，还可以利用 astype()方法实现数据类型的转换，在 astype 后面的括号里指明要转换的目标类型即可。

```
>>>df
        订单编号    客户姓名    唯一识别码    成交时间
0       A1       张通       101        2020-03-05
1       A2       李谷       102        2020-03-06
2       A3       王二       103        2020-03-07
3       A4       孙凤       104        2020-03-07
4       A5       赵恒       105        2020-03-08
5       A6       王丹       106        2020-03-09
>>>df["唯一识别码"].dtype#查看唯一识别码这一列的数据类型
dtype（"int64"）
```

```
>>>df["唯一识别码"].astype("float64") #将唯一识别码从 int 类型转换为 floatl 类型
    0        101.0
    1        102.0
    2        103.0
    3        103.0
    4        104.0
    5        105.0
```

五、数据清洗常用函数

（一）TRIM()

功能：去除单元格两端的空格。

语法：=TRIM(text)。

text 指要移除空格的文本或者单元格名称。

说明：此方法只能删除字符串首尾的空格，不能删除字符串中间的空格。因为英文单词之间的空格是必需的，Excel 不会去除这种空格。

（二）CLEAN()

有时文字值包含起始空格、尾随或多个嵌入的空格字符（Unicode 字符集值 32 和 160）或非打印字符（Unicode 字符集值 0 到 31、127、129、141、143、144 和 157）。这些字符进行排序、筛选或搜索时，有时会导致意外的结果。

功能：删除文本中所有不能打印的字符。

语法：=CLEAN(text)。

CLEAN()函数语法具有以下参数。

text 为必选项，表示要从中删除非打印字符的任何工作表信息。

（三）CONCATENATE()

功能：连接单元格内的内容。

语法：= CONCATENATE(text1, [text2], ...)。

text1 为必选项，表示要连接的第一个项目。该项目可以是文本值、数字或单元格引用。[text2]为可选项。

说明：concatenate 能够连接的参数最多只有 30 个，而&则没有限制。

（四）MID()

功能：提取字符串中间的字符串。

语法：= MID(text, start_num, num_chars)。

text 为必选项，其中包含要提取字符的文本字符串。

start_num 为必选项，表示文本中要提取的第一个字符的位置。文本中第一个字符的 start_num 为 1，以此类推。

num_chars 为必填项，用于指定希望 MID 从文本中返回字符的个数。

（五）LEFT()

如果想从出生年月里提取年份，可以使用 LEFT()函数。

功能：提取字符串左边的字符串。

语法：= LEFT(text, [num_chars])。

text 为必选项，包含要提取的字符的文本字符串。

num_chars 为可选项，用于指定由 LEFT()提取的字符的数量。

num_chars 必须大于或等于零。

如果 num_chars 大于文本长度，则 LEFT()返回全部文本。

如果省略 num_chars，则假定其值为 1。

（六）RIGHT()

与 LEFT()函数类似，如果想从出生年月里提取月、日，则需要使用 RIGHT()函数。

功能：提取字符串右边的字符串。

语法：=RIGHT(text,[num_chars])。

text 为必选项，包含要提取字符的文本字符串。

num_chars 为可选项，指定 RIGHT()函数提取的字符数。

（七）REPLACE()

功能：替换字符串中的连续几个字符或者某个字符。

语法：= REPLACE(old_text, start_num, num_chars, new_text)。

old_text 为必选项，即要替换其部分字符的文本。

start_num 为必选项，表示 old_text 中要替换为 new_text 的字符位置。

num_chars 为必选项，表示使用 new_text 进行替换的字符数。

new_text 为必选项，即替换 old_text 中字符的文本。

（八）SUBSTITUTE()

功能：替换字符串中的连续几个字符或者某个字符。

语法：=SUBSTITUTE(text, old_text, new_text, [instance_num])。

text 为必选项，即需要替换其中字符的文本，或是对含有文本（需要替换其中字符）的单元格的引用。

old_text 为必选项，即需要替换的文本。

new_text 为必选项，表示用于替换 old_text 的文本。

instance_num 为可选项，用来指定要替换第几个出现的 old_text。如果指定了 instance_num，则只有满足要求的 old_text 可被替换。否则，文本中出现的所有 old_text 都会更改为 new_text。

第三节　数据加工

　　数据加工是数据处理的另一个重要步骤，经过清洗后的数据表虽然已经不存在错误值，但还不能直接用于后续的数据分析，还需要根据数据分析的目的，采用转换、计算、分组、重组、排序等方法对其进行加工。数据加工可以增加数据表的信息量，改变数据表的表现形式，以启发更多的数据分析思路，从而更加方便地挖掘更有价值的数据规律。

一、数据转换

　　在数据分析前，需要考虑数据表的呈现形式是否方便后续的数据分析和规律的把握，如行列字段的设置、数据记录方式等。数据转换就是对不恰当的数据表呈现进行调整，以满足后续数据分析的需求。

（一）行列互换

　　通常采集好的原始数据表是一维数据表，如果在采集或记录时没有考虑周全，则行列设置会显得不够恰当，当数据更新或增加时，不方便查看。针对这种情况，可以借助行列互换的方法对字段设置进行调整。下面结合案例展示具体操作，如图3-18所示。

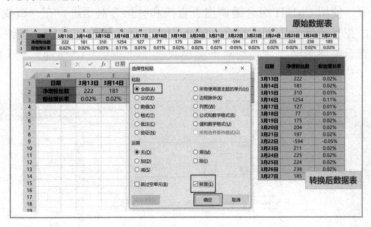

图3-18　行列互换

　　步骤一：选中需要转换行列的数据区域，按Ctrl+C组合键复制数据，然后选中一个空白单元格，表示行列转换后数据位置的起点。

　　步骤二：在选中的空白单元格中右击，在弹出的快捷菜单中选择"粘贴"→"选择性粘贴"命令，在弹出的"选择性粘贴"对话框中选择"全部"单选按钮，这种粘贴方式可以保障粘贴后的数据保留原来数据的格式——公式、数值等属性不变。然后选中"转置"复选框，单击"确定"按钮。

　　步骤三：查看转化后的数据表，行列已经转换完毕。

（二）记录方式转换

数据的统计者不同、标准不同，导致数据的记录方式不同。例如，A 用“1”和“0”代表同意与否，B 用“是”和“否”代表同意与否，如果将两者的统计结构汇总在一起，则会出现图 3-19 中同一字段表述不统一的结果。

	A	B	C	D
1	用户姓名	是否对产品感兴趣	年龄	性别
2	王国春	是	35	女
3	程思韩	是	24岁	女
4	王哲	0	26	男
5	刘萧萧	否	35	男性
6	赵世杰	1	28	男性
7	甘甜甜	YES	29岁	女
8	沙孟海	NO	26	男
9	曹明	是	54	男
10	罗瑾	否	56	女性
11	姚梦露	否	54	女

图 3-19　不统一的记录方式

针对这种情况，需要使用 Excel 的替换功能将不统一的表述方式快速统一起来。替换功能的使用方法比较简单且容易掌握，但需要注意，在使用替换功能统一数据记录方式前，要先明确后期数据分析的需求，结合需求进行记录方式转换。

针对上述数据图表，下面运用替换功能将不同类型的数据记录方式规范统一。

步骤一：需要规范统一的字段有“是否对产品感兴趣”“年龄”“性别”。其中需要将“是否对产品感兴趣”字段中用户感兴趣与否统一为“是”或“否”；将“年龄”字段统一用单纯的数字表示；将“性别”字段统一用“男”或“女”两个值表示。

步骤二：选中“是否对产品感兴趣”字段，按 Ctrl+H 组合键打开“查找和替换”对话框，在“查找内容”文本框中输入“YES”，在“替换为”文本框中输入“是”，单击“全部替换”按钮。用同样的方法，完成其他表述方式的转换（见图 3-20）。

步骤三：“年龄”和“性别”字段的记录方式转换与上文相同。下面将这两列中多余的字替换成空值。使用 Ctrl+H 组合键调出“查找和替换”对话框，在“查找内容”文本框中输入“岁”，在“替换为”文本框中不输入内容，单击“全部替换”按钮。

步骤四：查看最终效果，“是否对产品感兴趣”“年龄”“性别”三个字段数据记录方式完全统一（见图 3-21）。

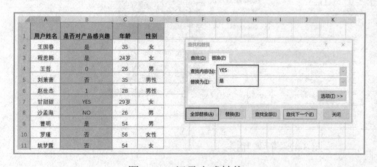

图 3-20　记录方式转换

	A	B	C	D
1	用户姓名	是否对产品感兴趣	年龄	别
2	王国春	是	35	女
3	程思韩	是	24	女
4	王哲	否	26	男
5	刘萧萧	否	35	男
6	赵世杰	是	28	男
7	甘甜甜	是	29	女
8	沙孟海	否	26	男
9	曹明	是	54	男
10	罗瑾	否	56	女
11	姚梦露	否	54	女

图 3-21　转换后数据表

（三）利用 Python 进行数据转换

除上一节介绍的运用 replace()方法进行数据内容替换和运用 astype()进行数据类型替换，我们还将介绍如何在 Python 中实现数据表的行列互换。直接在源数据表的基础上调用.T 方法即可得到源数据表转置后的结果，即行列互换的效果。如果对转置后的结果再次转置，将返回原来的结果。

```
>>>df
        订单编号      客户姓名      唯一识别码      成交时间
0       A1          张通          101           2020-03-05
1       A2          李谷          102           2020-03-06
2       A3          王二          103           2020-03-07
3       A4          孙凤          104           2020-03-07
4       A5          赵恒          105           2020-03-08
>>>df.T
              0              1              2              3              4
订单编号        A1             A2             A3             A4             A5
客户姓名        张通           李谷           王二           孙凤           赵恒
唯一识别码      101            102            103            104            105
成交时间        2020-03-05     2020-03-06     2020-03-07     2020-03-07     2020-03-08
>>>df.T.T
        订单编号      客户姓名      唯一识别码      成交时间
0       A1          张通          101           2020-03-05
1       A2          李谷          102           2020-03-06
2       A3          王二          103           2020-03-07
3       A4          孙凤          104           2020-03-07
4       A5          赵恒          105           2020-03-08
```

二、数据计算

数据计算是运用最广泛的数据加工方法，即简单的数学运算或函数计算，将原始的采集数据处理成为便于后续数据分析的新字段。

（一）简单计算

简单计算就是 Excel 表格中单元格对应的名称与加、减、乘、除等简单运算符结合使用计算的过程。简单计算通常包括数据求和、计算平均数、计算比例等。

数据求和常用在销售数据的处理中。通过网站或网店导出的销售数据（如下单时间、访问时间、下单金额等），在进行数据分析前，需要对当月或当日的数据求和，以得到整体的销售数据，从而便于进行销售情况分析。

计算平均数常用在内容数据处理中，尤其是进行内容平台质量测试时，需要定期统计平均数。

计算比例是新媒体数据分析时对效果评判的客观方法。经常使用的计算比例包括转化率、打赏率、点赞率、支付比例、跳出率等。

以转化率为例，通过微博产品访问量和产品下单量不足以获得页面好坏程度的客观评价，而将下单量除以访问量，则可以直接分析出现有访客的购买情况，从而对页面的图片设计、文案设计起到指导作用，如图 3-22 所示。

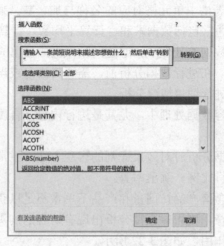

图 3-22　微博产品推广的转化率计算

（二）函数计算

当简单的加减乘除运算不能满足计算需求时，就需要使用函数进行计算。使用函数计算数据，需要掌握函数计算的格式，即"'='+函数名称+数据单元格区域"，此外，还需要掌握具体的某个函数的使用方法（见表 3-2）。

表 3-2　常用函数使用方法

函　数	函 数 作 用	函 数 示 意
SUM()	求和	=SUM(A2:A20)计算 A2～A20 的单元格数据的总和
AVERAGE()	求平均数	=AVERAGE(A2:A20)计算 A2～A20 的单元格数据的平均数
COUNTIF()	条件计算	=COUNTIF(A2:A20, "女")计算 A2～A20 的含有"女"字的单元格的数量
STDEV()	计算稳定性	=STDEV(A2:A20)，使用标准差公式，计算结果的值越小，说明该项数据的波动越小，可用于测试新媒体平台的稳定性

如果对 Excel 的函数不熟悉，可以在"插入函数"对话框的"搜索函数"文本框中输入对函数作用的描述，单击"转到"按钮，可在对话框下方看到系统筛选出的某个函数的使用描述，以此判断是否符合需要；也可以按照类型限定选择范围，逐一查看函数使用方法，如图 3-23 所示。

图 3-23　"插入函数"对话框

（三）利用 Python 进行数据计算

1. 简单计算

下面介绍如何运用 Python 进行加、减、乘、除运算。

以下为两列相加的具体实现方法。

```
>>>df
          C1        C2        C3
    S1    1         2         3
    S2    4         5         6
>>>df["C1"]+["C2"]
S1      3
S2      9
dtype:int64
```

以下为两列相减的具体实现方法。

```
>>>df
          C1        C2        C3
    S1    1         2         3
    S2    4         5         6
>>>df["C1"]-["C2"]
S1      -1
S2      -1
dtype:int64
```

以下为两列相乘的具体实现方法。

```
>>>df
          C1        C2        C3
    S1    1         2         3
    S2    4         5         6
>>>df["C1"]*["C2"]
S1      2
S2      20
dtype:int64
```

以下为两列相除的具体实现方法。

```
>>>df
          C1        C2        C3
    S1    1         2         3
    S2    4         5         6
>>>df["C1"]/["C2"]
S1      0.5
S2      0.8
dtype:float64
```

以下为任何一列加或减一个常数值的具体实现方法。

```
>>>df
        C1      C2      C3
    S1  1       2       3
    S2  4       5       6
>>>df["C1"]+2
S1    3
S2    6
Name:C1,dtype:int64
>>>df["C1"]-2
S1    -1
S2    2
Name:C1,dtype:int64
```

以下为任何一列乘以或除以一个常数值的具体实现方法。

```
>>>df
        C1      C2      C3
    S1  1       2       3
    S2  4       5       6
>>>df["C1"]*2
S1    2
S2    8
Name:C1,dtype:int64
>>>df["C1"]/2
S1    0.5
S2    2.0
Name:C1,dtype:float64
```

2. 比较运算

Python 中的比较运算和常规的大于、等于、小于的比较运算是一致的，只不过这里是列与列之间的比较。其中"！＝"表示不等于。下面通过一个例子了解在 Python 中如何实现比较运算。

```
>>>df
        C1      C2      C3
    S1  1       2       3
    S2  4       5       6
>>>df["C1"]>df["C2"]
S1    Flase
S2    Flase
dtype:bool

>>>df["C1"]!=df["C2"]
```

```
S1      True
S2      True
dtype:bool


>>>df["C1"]<df["C2"]
S1      True
S2      True
dtype:bool
```

3. 汇总运算

上面介绍的简单计算和比较运算都是在列与列之间进行的，运算结果有多少行的值就会返回多少个结果，而汇总运算是将数据进行汇总并返回一个汇总后的值。

（1）count()，非空值计数。非空值计数就是计算某一区域中非空（单元格）数值的个数。在 Excel 中使用 counta()函数计算，与其类似的一个函数 count()用于计算某个区域中含有数字的单元格的个数，而在 Python 中，直接在整个表格上调用 count()函数，返回的结果为该数据表中每列的非空值的个数，以下为具体实现方法。

```
>>>df
        C1        C2        C3
    S1   1         2         3
    S2   4         5         6
>>>df.count()
    C1   2
    C2   2
    C3   2
    dtype:int64
```

count()函数默认求取每一列的非空数值的个数，可以通过修改 axis 参数让其等于 1，以求取每一行非空数值的个数。

```
>>>df.count(axis=1)
    S1   3
    S2   3
    dtype:int64
```

也可以把某一列或某一行索引出来，单独查看这一列或这一行的非空值个数。

```
>>>df["C1"].count()
    2
```

（2）sum()，求和。求和就是对某一区域中的所有数值进行加法操作。Python 和 Excel 一样，都可以使用 sum()函数进行求和。在 Python 中调用 sum()函数返回的是该数据表每一列的求和结果，以下为具体实现方法。

```
>>>df
        C1        C2        C3
```

```
        S1      1       2       3
        S2      4       5       6
>>>df.sum()
C1   5
C2   7
C3   9
dtype:int64
```

sum()函数默认对每一列进行求和运算，可以通过修改 axis 参数，让其等于 1，对每一行的数值进行求和操作。

```
>>>df.sum(axis=1)
S1   6
S2   15
dtype:int64
```

也可以把某一列或某一行索引出来，单独对这一列或这一行的数据进行求和运算。

```
>>>df["C1"].sum()
5
```

（3）mean()，求均值。求均值是针对某一区域中的所有数值进行算术平均数的计算。均值是用来衡量一般情况下数据的指标，容易受到极大值或极小值的影响。在 Excel 中使用 average()求平均数，在 Python 中使用 mean()函数求平均数，如果对整个表直接调用 mean()函数，返回的是该表中每一列的均值。

```
>>>df
                C1      C2      C3
        S1      1       2       3
        S2      4       5       6
>>>df.mean()
C1   2.5
C2   3.5
C3   4.5
dtype:float64
```

mean()函数默认对每一列进行求均值运算，可以通过修改 axis 参数，让其等于 1，对每一行的数值进行求均值操作。

```
>>>df.mean(axis=1)
S1   2.0
S2   5.0
dtype: float64
```

也可以把某一列或某一行索引出来，然后在这一列或这一行上调用 mean()函数，单独求取这一行或这一列的均值。

```
>>>df["C1"].mean()              #对 C1 列求均值
```

2.5

（4）max()，求最大值；min()，求最小值。求最大值是比较一组数据中所有数值的大小，然后返回最大的一个值。求最小值是比较一组数据中所有数值的大小，然后返回最小的一个值。在 Excel 和 Python 中，求最大值和最小值都是使用 max() 和 min() 函数。在 Python 中，默认是对每一列进行求最值，也可以通过修改 axis 参数对每一行求最值，还可以单独对某一行或某一列求最值。

```
>>>df
          C1        C2        C3
   S1      1         2         3
   S2      4         5         6
>>>df.max()
   C1    4
   C2    5
   C3    6
   dtype:int64
#对每一行求最大值
>>>df.max(axis=1)
   S1    3
   S2    6
   dtype:int64
>>>df["C1"].max()#对 C1 列求最大值
4
#对每一列求最小值
>>>df
          C1        C2        C3
   S1      1         2         3
   S2      4         5         6
>>>df.min()
   C1    1
   C2    2
   C3    3
   dtype:int64
#对每一行求最小值
>>>df.min(axis=1)
   S1    1
   S2    4
   dtype:int64
>>>df["C1"].min()#对 C1 列求最小值
   1
```

另外还有 median()（求中位数）、mode()（求众数）、var()（求方差）、std()（求标准差）、quantile()（求分位数）函数，使用规则和前面介绍的汇总运算函数相同，这里不再单独举例，只简单介绍各函数的用途。

（1）median()——中位数是位于中间位置的数值。中位数是以中间位置的数来反映数据的一般情况，不容易受到极大值和极小值的影响，因而在反映数据分布情况上要比平均值更具有代表性。在 Excel 和 Python 中都使用 median()函数求中位数。

（2）mode()——众数就是一组数据中出现次数最多的数，求众数就是返回这组数据中出现次数最多的那个数。在 Excel 和 Python 中都使用 mode()函数求众数。

（3）var()——方差用于衡量一组数据的离散程度（即数据波动幅度）。在 Excel 和 Python 中都使用 var()函数求方差。

（4）std()——标准差是方差的平方根，二者都是用来表示数据离散程度的。在 Excel 中计算标准差使用 stdevp()函数，在 Python 中计算标准差使用 std()函数。

（5）quantile()——分位数是比中位数更加详细的基于位置的指标，分位数主要有四分之一分位数、四分之二分位数、四分之三分位数，其中四分之二分位数就是中位数。在 Excel 中使用 percentile()函数求分位数，在 Python 中使用 quantile ()函数求分位数，在函数后的括号里需要指明要求取的分位数值，如 quantile(0.25)、quantile(0.5)、quantile(0.75)，其他使用规则和前面的函数相同。

4. 相关性运算

相关性常用来衡量两个事物的相关程度，例如大数据经典案例：啤酒与尿不湿二者的相关性问题。我们一般用相关系数来衡量两者的相关程度，所以相关性计算其实就是计算相关系数，比较常用的有皮尔逊相关系数。在 Excel 中求取相关系数常用 correl()函数，而在 Python 中则使用 corr()函数，以下为具体实现方法。

```
>>>df
          col1    Col2
    0      1       2
    1      3       4
    2      5       6
    3      7       8
    4      9       10
>>>df["col1"].corr(df["col2"])#求取 col1 和 col2 两列的相关系数
0.9999999999999999
```

还可以利用 corr()函数求取整个 DataFrame 表中各字段两两之间的相关性，以下为具体实现方法。

```
>>>df
          col1    Col2    Col3
    0      1       2       3
    1      4       5       6
    2      7       8       9
    3      10      11      12
    4      13      14      15
#计算字段 col1、col2、col3 两两之间的相关性
```

```
>>>df.corr()
          co11    Co12    Co13
   Co11   1.0     1.0     1.0
   Co12   1.0     1.0     1.0
   Co13   1.0     1.0     1.0
```

三、数据分组

数据分组是依据数据分析的需要，将原始数据按照某种标准划分成不同的组别，分组后的数据称为分组数据。数据分组的方法有单变量值分组和组距分组两种。数据分组的主要目的是观察数据的分布特征。

数据分组应遵循两个原则，即相互独立和完全穷尽。所谓相互独立，即分组之间不能有交叉，组别之间具有明显的差异性，每个数据只能归属于某一组；所谓完全穷尽，即分组中不要遗漏任何数据，保证完整性，各组的空间足以容纳总体的所有数据。

数据分组的关键在于确定组数和组距。在数据分组中，各组之间的取值界限称为组限，一个组的最小值称为下限，最大值称为上限；上限与下限的差值称为组距；上限值与下限值的平均数称为组中值，它是一组变量的代表值。当然这属于等距分组，如果数据变动不均匀，也可以采用不等距分组，这就要根据实际分析需求进行了。

面对一张数据量庞大的数据表，Excel 是通过运用 VLOOKUP()函数实现快速分组的。VLOOKUP()函数是 Excel 中一个纵向查找函数，可以返回数据所在分组的名称。其功能是按列查找，最终返回该列所需查询序列所对应的值。

以下为 VLOOKUP()函数的语法。

LOOKUP(lookup_value,table_array,col_index_num,range_lookup)

以下为各参数的含义及输入方法。

（1）lookup_value：要在表格或区域的第一列中查找的值，其参数可以是值或引用。

（2）table_array：包含数据的单元格区域，可以使用绝对区域（如 A2:D8）或区域名称的引用。table_array 第一列中的值是由 lookup_value 搜索的值。这些值可以是文本、数字或逻辑值。

（3）col_index_num：希望返回的匹配值的列序号。其参数为 1 时，返回 table_array 第一列中的值；参数为 2 时，返回 table_array 第二列中的值，以此类推。

（4）range_lookup：模糊匹配或精确匹配，模糊匹配填 1，精确匹配填 0，一般情况填 0，也可不填。

下面以图 3-24 左边表格中 B 列的新媒体用户年龄数据为例，介绍如何使用 VLOOKUP()进行快速分组。现在需要将 B 列"年龄"字段进行区间划分。

步骤一：准备一个分组对应表，用来确定分组的范围和标准，如图 3-24 右边的表格所示。其中，"阈值"是指每组覆盖的数值范围中的最低值，例如图 3-24 中第一组"0-18 岁"（0≤X<18），其阈值设置为 0，其他阈值设置以此类推；"分组"记录的是每一组的组名，例如单元格 B2 的数值"15"对应的是 E 列中"0-18 岁"这一组；"备注"记录如何分组，目的是方便数据处理人员理解和识别。

步骤二：在 C2 单元格中输入“=VLOOKUP(B2,$E$2:$F$6,2)”，并将公式复制到 C2:C9 数据区域。

C2 =VLOOKUP(B2,$E$2:$F$6,2)

	A	B	C	D	E	F	G
1	IP地址	年龄	年龄分组		阈值	分组	备注
2	1.196.5.5(河南-许昌)	15	0-18岁		0	0-18岁	0≤X<18
3	1.198.22.20(河南-郑州)	22	18-30岁		18	18-30岁	18≤X<30
4	223.88.82.0(河南-郑州)	23	18-30岁		30	30-40岁	30≤X<40
5	171.117.89.87(山西-太原)	35	30-40岁		40	40-50岁	40≤X<50
6	61.158.147.42(河南-洛阳)	32	30-40岁		50	50岁及其以上	50≤X
7	113.200.106.50(陕西-西安)	27	18-30岁				
8	61.158.146.156(河南-洛阳)	29	18-30岁				
9	223.88.29.213(河南-郑州)	40	40-50岁				

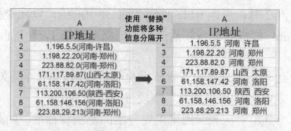

图 3-24　利用 VLOOKUP()函数进行数据分组

四、数据重组

根据数据分析目的的不同，所需要的数据项目也有所不同。在采集数据时可能考虑不够细致，将所有可能用到的数据都统计在一起，这难免会出现数据多余、数据项目不符合要求等情况，此时就需要重新组合现有数据，使其满足数据分析的需要。数据分组主要从三个方面着手，即将一个数据拆分成两个数据、将两个数据合并成一个数据、从多个数据中抽取部分数据组合成新的数据。

（一）数据拆分

在采集到的数据表中，一列数据项可能包含多种类型的信息。例如，IP 地址信息包含 IP 地址、用户所在省份、用户所在城市等，在进行后续数据分析时，如果需要单独统计用户所在省份、城市分布，需要将这组数据进行拆分。

对数据进行拆分时，使用 Excel 中的分列功能。该功能可以根据数据的规律，用不同的标准实现数据拆分。

步骤一：现在需要使用分列功能中的“分隔符号拆分”方法，而原数据表中的数据没有使用固定的格式进行分隔，第一步就需要使用“替换”功能将不同类型的信息分隔开。在“替换”功能下将“（”“-”“）”三个符号都替换成空格，结果如图 3-25 右侧的表格所示，IP 地址信息包含 IP 地址、用户所在省份、用户所在城市，三种信息之间都用空格隔开。

	A
1	IP地址
2	1.196.5.5(河南-许昌)
3	1.198.22.20(河南-郑州)
4	223.88.82.0(河南-郑州)
5	171.117.89.87(山西-太原)
6	61.158.147.42(河南-洛阳)
7	113.200.106.50(陕西-西安)
8	61.158.146.156(河南-洛阳)
9	223.88.29.213(河南-郑州)

使用“替换”功能将多种信息分隔开 ➡

	A
1	IP地址
2	1.196.5.5 河南 许昌
3	1.198.22.20 河南 郑州
4	223.88.82.0 河南 郑州
5	171.117.89.87 山西 太原
6	61.158.147.42 河南 洛阳
7	113.200.106.50 陕西 西安
8	61.158.146.156 河南 洛阳
9	223.88.29.213 河南 郑州

图 3-25　使用替换功能将多种信息分隔开

步骤二：选中 A 列字段，单击“数据”主选项卡下的“分列”功能，弹出“文本分列向导”对话框，第一步选中适合文本类型的分列方式——分隔符号，第二步选中“空格”

复选框，并查看数据预览框里的结果是否符合要求，如果满足拆分要求，单击"完成"按钮即可，如图 3-26 所示。

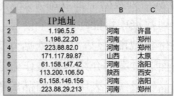

图 3-26　使用分列功能实现数据拆分

在分列功能下除了使用"分隔符号"拆分数据，还可以根据文本类型选择固定宽度拆分数据，这种拆分方法一般用于拆分较长的字符串。

（二）数据合并

数据合并与数据拆分的作用正好相反，它是将多列数据合并成一列数据。例如，将省份列和城市列合并为归属地列（即"省份+城市"）。数据合并主要使用逻辑连接符和文本转换函数实现多列数据的合并。

1. 使用"&"逻辑连接符

"&"逻辑连接符表示让数据合并显示。例如，"=A2&B2"表示将 A2 和 B2 单元格的数据联合显示。

2. 使用 TEXT()文本转换函数

TEXT()函数可实现将数据转换成文本格式。例如，"=TEXT（B2,"0.0%"）"表示将 B2 单元格转换成文本格式，并显示为带一位小数点的百分数。

3. 使用 CONCATENATE()文本转换函数

CONCATENATE()函数可以将单元格数据连接成文本。例如，"=CONCATENATE（A2,B2）"表示将 A2 和 B2 两个单元格的内容合并显示，并转换成文本。

例如，图 3-27 是 2020 年 Q1 社交应用使用率的调查数据，现在需要将"使用率"和"平台"两列数据合并表达。此次数据合并不能简单使用"&"连接，我们要让两个单元格合并为文本后呈现出一句完整的语句，而不是"=A3&B3"合并后显示的"85.1%微信朋友圈"这种表述不清晰的语句。因此，在 C3 单元格输入的公式是"=TEXT(A3,"0.0%")&"的人使用"&B3"。

图 3-27　数据合并

（三）数据抽取

数据抽取是指从现有原始数据中抽取部分数据作为目标分析对象。抽取情况分为两种，一种是从一列数据中抽取一部分，另一种是从多列数据中抽取部分数据列。两种抽取方法都要借助函数实现。

1. 从一列数据中抽取部分数据

一列数据中可能包含多个信息，如"2020-3-13"包含年月日的信息、"河南省郑州市"包含省份和城市信息，后期数据分析时如果只需要其中一个信息，则需要进行数据抽取处理。下面通过案例介绍基本操作方法。

商品销量统计表中的"商品编码"列包含商品类型和商品序号两个信息，现在需要抽取商品序号，如图 3-28 所示。在 C2 单元格输入"=RIGHT(A2,3)"，表示返回 A2 单元格右边 3 个字符，刚好是商品序号。

图 3-28　商品序号抽取

同样的道理，如果需要抽取商品类型数据，则需要在 C2 单元格输入"=LEFT(A2,2)"。

2. 从多列数据中抽取部分列

采集数据时可根据不同目的分开采集信息内容，形成多个表格，而进行数据分析时需要将不同表格中的重复信息剔除，形成新的数据表。如图 3-29 所示，原始表 A 和表 B 分别是同一微博账号同一时间段内的博文情况和粉丝情况数据，现在根据数据分析需要抽取部分字段建立新的数据表 C。

图 3-29　原始数据表

结合这个案例，下面具体介绍一下如何使用 VLOOKUP()函数实现表 C 的数据抽取。

步骤一：新建一张表 C，输入需要的字段名称，并将日期字段的数据复制进去，然后选中 B2 单元格，在"公式"主选项卡中单击"插入函数"按钮。

步骤二：在"插入函数"对话框中找到 VLOOKUP()函数，在打开的"函数参数"对话框中进行如下设置，如图 3-30 所示。

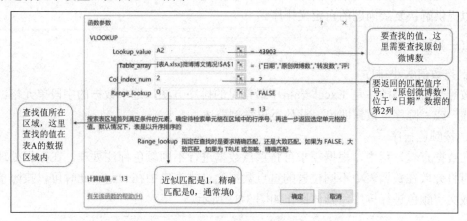

图 3-30　使用 VLOOKUP()函数抽取数据

步骤三：按照步骤二的方法，依次将"转发数""净增粉丝数""粉丝增长率"三个字段抽取完成，如图 3-31、图 3-32 所示。

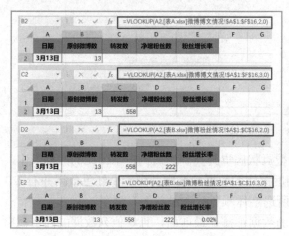

	A	B	C	D	E
1	日期	原创微博数	转发数	净增粉丝数	粉丝增长率
2	3月13日	13	558	222	0.02%
3	3月14日	11	2092	181	0.02%
4	3月15日	13	482	310	0.03%
5	3月16日	15	1412	1254	0.11%
6	3月17日	13	274	127	0.01%
7	3月18日	15	241	77	0.01%
8	3月19日	13	218	175	0.02%
9	3月20日	9	208	204	0.02%
10	3月21日	10	1399	197	0.02%
11	3月22日	15	546	-594	-0.05%
12	3月23日	12	345	211	0.02%
13	3月24日	13	753	225	0.02%
14	3月25日	20	402	224	0.02%
15	3月26日	14	540	238	0.02%
16	3月27日	11	263	185	0.02%

图 3-31　使用 VLOOKUP()函数完成所有字段数据抽取　　图 3-32　通过数据抽取创建的新数据表

有的人很疑惑，直接通过复制表 A 和表 B 的部分字段可直接完成表 C 的创建，为什么还要通过 VLOOKUP()函数的复杂操作进行数据抽取？需要说明的是，上面这个案例中三个表格的日期是按照升序排列的，顺序完全一致。而使用 VLOOKUP()函数进行数据匹配，即使表 C 中的日期排序与原始数据表 A 和数据表 B 中的不一致，也可以实现准确的数据匹配，这便是使用 VLOOKUP()函数的原因。

五、数据排序

在数据加工过程中，面对凌乱的原始数据，可以采用排序的方法对其进行整理。Excel
不仅可以提供诸如按某个字段升序、降序，按颜色、字母、笔画等方式进行的简单排序，
还可以提供解决复杂问题的自定义排序。

（一）基础排序

1. 按数值大小排序

按照数值大小排序是 Excel 表格中最常见的排序方法，选中数据的字段单元格，单击
"升序"或"降序"按钮即可。此处不再举例赘述。

2. 按颜色排序

在数据查看过程中，根据需求可将重点数据进行不同颜色标注处理，在数据处理过程
中，可将分散在数据表中不同位置的重点数据通过排序集中在一起。此时可以按照单元格
底色或文字颜色进行排序，具体操作如图 3-33 所示。

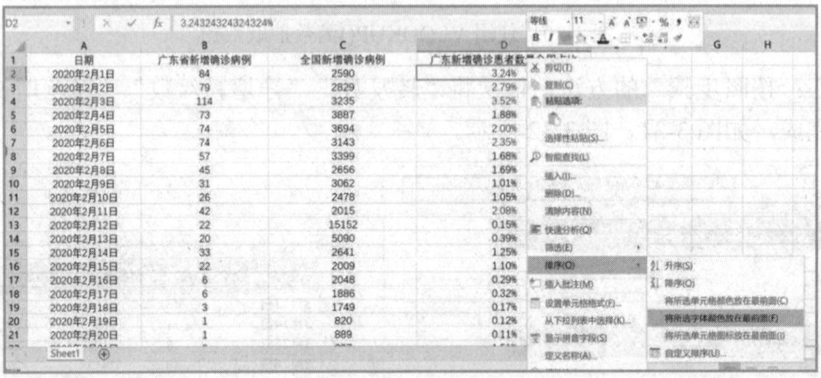

图 3-33　按颜色排序

步骤一：在广东省 2 月中上旬新增新型冠状病毒肺炎确诊病例占全国比例的列表中，
高于 2.0%的用红色显示，表示应当引起高度关注的数据。选中其中一个红色数据并右击，
在弹出的快捷菜单中选择"排序"→"将所选字体颜色放在最前面"命令。

步骤二：查看数据表，所有红色字体的数据都排在最前面，且其他列数据能同步调整
顺序。

3. 按笔画或字母排序

数据分析的情况各不相同，有时需要排序的对象不是数据，而是字母或汉字。此时可
以按字母或笔画排序。

步骤一：在"数据"选项卡下面单击"排序"按钮，在弹出的"排序"对话框中设置
对"标题"列的文字进行升序排序。

步骤二：单击"排序"对话框中的"选项"按钮，在"排序选项"对话框的"方向"
选项组中选择"按列排序"单选按钮，在"方法"选项组中选择"笔画排序"单选按钮，
最后单击"确定"按钮，查看排序后的数据表（见图 3-34）。

图 3-34　按笔画排序

（二）自定义排序

基本排序对于某些复杂的数据处理并不能解决问题。数值型数据的排序规则比较简单，根据数值大小排序即可；而非数值型数据的排序规则比较复杂，这时可以通过自定义的方式进行排序。例如，将某文具品牌的淘宝店销量按照销售地区进行排序，即按照"A-B-C"的顺序显示商品销售数据（见图3-35）。

步骤一：在"数据"选项卡下单击"排序"按钮，在弹出的"排序"对话框中设置对"地区"列的文字进行"自定义序列"排序（见图3-36）。

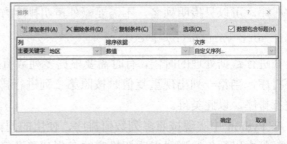

图 3-35　淘宝某文具店销售数据　　　　　图 3-36　自定义排序

步骤二：在"自定义序列"对话框的左边选择"新序列"，在右边"输入序列"区域输入"A,B,C"，单击"添加"按钮，然后单击"确定"按钮即可实现自定义排序（见图3-37）。

步骤三：查看数据表中的数据，已按照商品销售地区进行排序（见图3-38）。

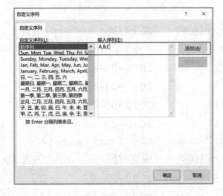

图 3-37　"自定义序列"对话框　　　　　图 3-38　按区域排序后的数据表

如果需要根据多列数据进行多条件排序，方法与前文介绍的自定义排序方法相同，只是要在"排序"对话框中单击"添加条件"按钮，设置多条件排序（见图 3-39）。

图 3-39　多条件排序设置

（三）利用 Python 进行排序

在 Python 中若想对某一列进行排序，需要使用 sort_values() 方法，在 sort_values 后的括号中指明要排序的列名以及排序方式。

```
df.sort_values(by=["coll"],ascending=False)
```

上面代码表示 df 表按照 coll 列进行排序，ascending=False 表示按照 coll 列进行降序排列。ascending 参数使用默认值 True 时，表示升序排列。因此，如果要根据 coll 列进行升序排序，可以只指明列名，不需要额外声明排序方式。

```
df.sort_values(by=["coll"])
```

在进行数据处理的时候，有时需要根据多列数值排序，即同时依据多列数据进行升序、降序排序，当第一列出现重复值时按照第二列进行排序，当第二列出现重复值时按照第三列进行排序，以此类推。

在 Python 中实现按照多列数值排序，使用的同样是 sort_values() 方法，只是需要在后面的括号中以列表的形式指明要排序的多列列名及每列的排序方式。

```
df.sort_values(by=["coll"], ["col2"],ascending=[True,False])
```

上面代码表示 df 表按照 coll 列进行升序排列，当 coll 列出现重复时，再按照 col2 列进行降序排列。下面通过一个案例了解其具体实现情况。

```
>>>df
      订单编号    客户姓名    唯一识别码    成交时间         销售 ID
0     A1       张通       101        2020-03-05    1
1     A2       李谷       102        2020-03-06    2
2     A3       孙凤       103        2020-03-07    1
3     A4       赵恒       104        2020-03-07    2
4     A5       王娜       105        2020-03-08    3
>>>df.sort_values(by="销售 ID", "成交时间",ascending=[True,False])
      订单编号    客户姓名    唯一识别码    成交时间         销售 ID
2     A3       孙凤       103        2020-03-07    1
0     A1       张通       101        2020-03-05    1
```

3	A4	赵恒	104	2020-03-07	2
1	A2	李谷	102	2020-03-06	2
4	A5	王娜	105	2020-03-08	3

第四节　数据透视表的使用

数据透视表是一种类似于数据分组的操作方法，常见于 Excel 与类似的表格应用。数据透视表可将数据表中的各字段进行快速分类汇总，它是一种交互式报表。

数据透视表有机地综合了数据排序、筛选、分类汇总等多项数据处理分析功能；同时数据透视表也是解决函数公式速度瓶颈的有效手段。因此，数据透视表不管在 Excel 中还是在 Python 中都是一个非常重要且应用较多的数据处理分析工具。

数据透视表是一种交互式表。之所以称为数据透视表，是因为一张数据透视表仅靠鼠标拖动字段位置，就可以动态地改变它的版面布局，变换出各种类型的分析报表，以便按照不同方式展示数据特征。使用时只需指定所需分析的字段、数据透视表的组织形式，以及要计算的类型（求和、计数、平均、方差等）。如果原始数据发生更改，则可以刷新数据透视表以更改汇总结果。

一、数据透视表的创建

（一）数据透视表的基本构造

在学习数据透视表创建和使用之前，我们先了解一下数据透视表的相关术语和基本构造（见表 3-3、图 3-40）。

表 3-3　数据透视表相关术语

术　语	内　容
轴	数据透视表中的维度，如行、列
数据源	创建数据透视表的数据来源，如数据表或数据库等
字段	数据信息的种类
字段标题	描述字段内容的名称，可通过拖曳字段标题对数据透视表进行透视分析
透视	通过改变一个或多个字段的位置重新布置数据透视表
汇总函数	计算表格中数值的函数，包含求和、计数、平均、方差等十多种
刷新	更新数据透视表，反映当前数据源状态下的数据透视情况

筛选字段：数据透视表中最上边的标题，在数据透视表中被称为"筛选字段"，对应"数据透视表字段"对话框中"筛选"区域的内容。单击筛选字段的下拉按钮，在下拉列表框中选择"选择多项"选项，可以全部选择，也可以选择其中的几个字段项在数据透视表中显示。

行字段：数据透视表中最左边的标题，在数据透视表中被称为"行字段"，对应"数据透视表字段"对话框中"行"区域的内容。我们可以拖动字段名到数据透视表的最左侧，也可以将字段拖至"数据透视表字段"列表的"行"标签里。

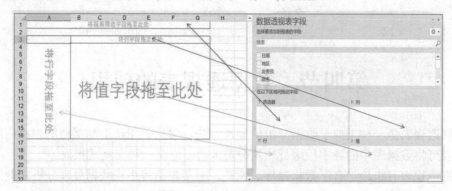

图 3-40　数据透视表基本构造

列字段：数据透视表中位于筛选字段下方的标题，在数据透视表中被称为"列字段"，对应"数据透视表字段"对话框中"列"区域的内容。

值字段：筛选字段数据透视表中的数字区域，执行计算，在数据透视表中被称为"值字段"，默认数值显示"求和项:"。

（二）在 Excel 中创建数据透视表

1. 原始数据要规范

在创建数据透视表前，我们要查看原始数据是否规范，以免创建时出错。

（1）所有数据均放置在一个工作表中，因为数据透视表的数据基础是同一张工作表中的数据。如果需要处理的数据处在不同的工作表中，需要先将多个工作表进行合并处理。

（2）数据透视表的原始数据应该是一维表格，即表的第一行是字段名，下面每一行都是第一行字段对应的数据。二维表格将无法顺利创建数据透视表，如果原始数据不符合要求，要先将其转换为一维表格再创建。

（3）原始数据不要出现空行或空列，这样会导致创建表格错误。如果发现数据表中有空值，应先按照本章第二节"填补缺失数据"方法进行处理后再创建。

（4）原始数据表中不要出现合并单元格的情况，否则容易出现数据透视分析错误。如果原始数据表中出现合并单元格现象，可以通过取消合并单元格→定位空值单元格→输入公式→按 Ctrl+Enter 组合键，重复操作直至所有单元格内容与原始数据表中表述的内容一致。

（5）原始数据表中的数据格式要保证设置正确，尤其是日期数据，不能设置为文本格式，否则无法使用透视表中汇总统计日期数据的功能，也不能进一步使用切片器分析数据。

2. 创建数据透视表

用 Excel 2016 建立透视表有两种方法：一种是使用系统推荐的透视表，可以省去字段设置的过程；另一种是自定义建立透视表，可以灵活选择数据区域并进行字段设置。下面以全国餐饮点评数据为例（见图 3-41），讲解数据透视表的创建步骤。

（1）使用推荐的透视表。在不熟悉透视表的前提下，可以使用系统推荐的透视表，分析系统是如何对字段进行设置的，以增加对透视表的理解程度。

在原始数据表中，单击"插入"选项卡下"表格"组中的"推荐的数据透视表"按钮，即可出现一系列推荐的透视表，如图 3-42 所示。选中不同的透视表，可以在右侧窗格中看到透视表的明细。

	A	B	C	D	E	F	G	H
1	城市	类型	店名	点评	人均	口味	环境	服务
2	北京	私房菜	梧桐宇私房菜	45	80	7.3	7.3	7.1
3	北京	私房菜	小东北私房菜	1	35	6.9	6.9	6.9
4	北京	私房菜	辣家老私房菜	1	0	6.9	6.9	6.9
5	北京	私房菜	原点老板娘私房菜	2	0	6.9	6.9	6.9
6	北京	北京菜	紫光园(常营街)分店	4420	74	8.9	8.5	8.3
7	北京	北京菜	府膳(回龙观店)	894	86	8.6	8.8	8.4
8	北京	北京菜	京门小院儿	46	62	8.3	8.5	8.4
9	北京	北京菜	我家春饼(龙潭大兴天街店)	1098	44	8	8.2	7.6
10	北京	台湾菜	小明同学(当代商城店)分店	465	65	8	9	8.9

图 3-41 全国餐饮点评数据截图

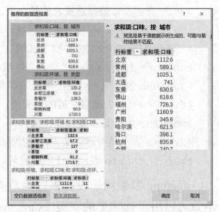

图 3-42 推荐的数据透视表

系统会根据透视表中的字段进行组合设置，选中其中一种透视表类型，如图 3-43 所示，以菜品类型为行标签，分别对不同类菜品的服务、环境、口味评分进行求和计算。

（2）使用自定义建立透视表。使用系统推荐的透视表常常不能满足实际需求，尤其是透视表字段较多时，系统对字段进行自由组合，容易组合出对分析没有太大意义的数据。而自定义建立数据透视表则可以满足个性化的分析需求。

自定义建立透视表的方法是，单击"插入"选项卡下"表格"组中的"数据透视表"按钮，出现如图 3-44 所示的对话框，从上到下依次设置各项内容完成创建。

行标签	求和项:服务	求和项:环境	求和项:口味
⊞北京菜	163.4	166.2	167.1
⊞本帮江浙菜	67.2	69.3	66.8
⊞茶餐厅	127	128.3	127.4
⊞茶馆	0	0	0
⊞朝韩料理	61.2	60.9	62.3
⊞川菜	1959.2	1964.3	1966
⊞串串香	56.8	56.1	57.1
⊞创意菜	172.4	175.7	171.4
⊞大连海鲜	55.2	56.2	56.4
⊞大闸蟹	60.9	60.7	60.4
⊞东北菜	677.2	675.8	681.5
⊞东南亚菜	158.4	159	152.3
⊞粉面馆	512.1	512.7	516.4
⊞赣菜	86.8	86.3	87.4
⊞广西菜	28	27.9	28

图 3-43 选中推荐的其中一个数据透视表

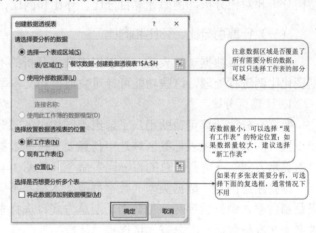

图 3-44 "创建数据透视表"对话框

（三）在 Python 中创建数据透视表

在 Python 中创建数据透视表的制作原理与在 Excel 中创建数据透视表的制作原理相同，在 Python 中创建数据透视表使用的是 pivot_table()方法。

以下为 DataFrame 的 pivot_table()方法的全部参数。

```
DataFrame.pivot_table(data, value=None, index=None, columns=None, aggfunc=
'mean',fill_value=None, margins=False,dropna=True, margins_name='All')
#data 表示要做数据透视表的整个表。
#value 对应 Excel 中"值"区域。
#index 对应 Excel 中"行"区域。
#columns 对应 Excel 中"列"区域。
#aggfunc 表示对 values 的计算类型。
#fill_value 表示对空值的填充值。
#margins 表示是否显示合计列。
#dropna 表示是否删除缺失，如果为真，则将一整行作为缺失值删除。
#margins_name 表示合计列的列名。
```

aggfunc 参数用于设置累计函数类型，默认值是 mean()。与 groupby 的用法一样，累计函数可以用一些常见的字符（sum, mean, count, min, max 等）表示，也可以用标准的累计函数（np.sum(), np.min(), sum()等）表示。另外，还可以通过字典为不同的列指定不同的累计函数。

此外，Python 数据透视表中的合计列的功能默认是关闭的，只有 margins=True 时才可以显示出来。

二、数据透视表的使用技巧

数据透视表不仅能动态、便捷地改变数据表的组织结构形式，还能将数据进行多样的结构分析和对比分析，例如计算百分比、环比和同比，分组统计，使用筛选器，等等。

（一）计算百分比、环比和同比

在创建完成数据透视表后，可以根据数据分析的不同需要对现有数据的占比情况和数据变化比例进行处理。这些功能可针对数值型和文本型数据进行分析。

1. 计算百分比

数据百分比计算可帮助用户了解组织结构中各部分的成分大小。计算百分比的方法是在设置好的数据透视表标签区域选中任意要分析的数据并右击，在弹出的快捷菜单中选择"值显示方式"→"列汇总的百分比"命令（见图 3-45）。

需要注意的是，数据类型（数字型或文本型）不同，其值的汇总方式也有所不同。如果是销售额、销售量等数字型数据，汇总方式可选择求和；如果是商品名称、店铺名称、姓名等文本型数据，汇总方式可选择"计数"。

2. 计算同比或环比

同比和环比都用于表示某一事物在对比时期内发展变化的方向和程度。同比计算和环比计算的原理相同，但在使用之前我们要明确二者的区别。同比是本期与同期做对比；环比是本期与上期做对比。例如，2020 年 2 月与 2019 年 2 月、2020 年上半年与 2019 年上半年的比较，就是同比。以前一个统计时间段为基期，如 2020 年 3 月与 2020 年 2 月、2019

年四季度与 2019 年三季度的比较，就是环比。

计算同比或环比的方法是选中值汇总区域中任意一个单元格右击，在弹出的快捷菜单中选择"值显示方式"→"差异百分比"命令（见图 3-46）。

图 3-45　计算百分比　　　　　图 3-46　计算同比或环比

在弹出的"值显示方式"对话框中，设置要计算差异百分比的基本字段、基本项。基本项选择"上一个"就是环比的意思（见图 3-47）。如果有两年以上的数据，并且有"年份"字段，可将"年份"和"月份"字段拖入数据透视表"行"标签，在"值显示方式"对话框的"基本字段"中将出现"年份"和"月份"两个字段供选择，选择"年份"即可计算每月的同比数据。

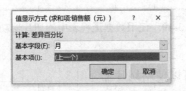

图 3-47　"值显示方式"对话框

（二）分组统计

本章第三节介绍过数据分组的方法，其实在数据透视表中有一个"创建组"功能，它可以对日期型、数值型、文本型数据进行分组。将日期型、数值型或文本型数据的字段拖至数据透视表中的行区域，任意选择一个数值右击，在弹出的快捷菜单中选择"创建组"命令，设置"起始于""终止于"和"步长"，单击"确定"按钮，即可得到字段分组，如图 3-48 所示。在分好的字段基础上，可以结合其他字段进行数据分析。

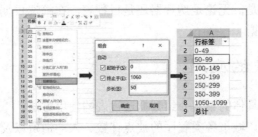

图 3-48　在数据透视表中进行数据分组

（三）使用筛选器

数据透视表可对数据进行全面汇总，如果想灵活查看某分类、某日期下的数据，实现交互式数据展示效果，就需要使用"筛选器"功能下的切片器和日程表，它们可以实现类别筛选和日期筛选，从而排除无关标题数据的干扰，使数据处理得更加精确，便于后续分析。

1. 切片器

数据透视表的切片器功能非常强大，可以让数据筛选更加精准、便捷，帮助后续的数据分析从不同的维度进行呈现和对比。

使用切片器的方法是，单击"数据透视表工具—分析"选项卡下的"插入切片器"按钮，打开"插入切片器"对话框。切片器显示了透视表中所有字段的名称，选中需要的字段。如图 3-49 右侧所示，选中"类型""店名"和"人均"三个字段，切片器可以从不同维度同时进行筛选，对"类型"下各个店铺的人均消费进行一一展示。

图 3-49 使用数据透视表中的切片器功能

2. 日程表

对日期的筛选虽然同样可以使用切片器，但切片器更适合筛选日期跨度不大的数据，对于日期跨度大的数据，有专门的日期筛选器——日程表。单击"数据透视表工具—分析"选项卡下的"插入日程表"按钮，打开"插入日程表"对话框，选中表示时间的字段，如图 3-50 所示，在日程表中可以自由选择"年""季度""月""日"四种方式查看数据。

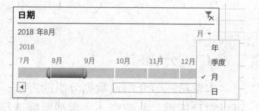

图 3-50 使用数据透视表中的日程表功能

使用日程表功能可以实现日期维度上的数据交互显示，可以查看自定义日期下的数据筛选结果。需要注意的是，无论是切片器还是日程表，在筛选日期前应确保原始数据表中的日期格式为日期型数据。

三、数据透视表的应用

下面我们通过一个具体的案例介绍数据透视表的使用方法。下文以某城市餐厅的点评数据为例，分别展示了该城市各类餐厅的被点评数、人均消费以及在口味、环境和服务方面的平均评分（完整数据见本书附录 A）。以下为我们需要解决的问题。

Q1：点评数最高的饭店是哪家？

Q2：哪个类型的餐饮评价最好？

Q3：人均消费低于 100 元的餐厅有几家？

Q4：每种类型的餐厅市场分布如何？

首先，我们按照第四节第一部分讲解的内容创建一个数据透视表，依次解决上述问题。

Q1：点评数最高的饭店是哪家？

步骤一：将"店名"字段拖至"行"标签，将"点评"字段拖至"值"汇总区域，默认为求和项（见图 3-51）。

图 3-51　数据透视表设置字段

步骤二：选中"值"字段的各项内容，进行降序排列，如图 3-52 所示，排名第一的"汤城小厨（长楹天街购物中心店）分店"的点评数为 6081，为该城市点评数最高的饭店。

Q2：哪个类型的餐饮评价最好？

步骤一：将"类型"字段拖至"行"标签，将"口味""环境""服务""评价总分"四个字段分别拖至"值"汇总区域，在"值"字段中设置计算类型为求和。透视表区域显示出各个类型的餐饮的各项评分。

步骤二：餐饮评价最好为各项评价的总和，因此，在透视表区域最后一列的 F2 单元格中输入公式"=B2+C2+D2+E2"，得出"北京菜"的评价总分，然后向下拖曳单元格，复制公式得到每种类型餐饮的评价总分。

步骤三：选择"评价总分"这一列，在"开始"选项卡的"条件格式"下拉菜单中选择"数据条"→"实心填充"，即可得到评价总分高低的标注，我们可以清晰地看到"海鲜"类的总评分是 203.2，位列总评分第一，是该城市评价最好的餐饮类型（见图 3-53）。

行标签	求和项:点评
汤城小厨(长楹天街购物中心店)分店	6081
舌尖记忆(王府井银泰in88店)	5695
木屋烧烤(北京欢乐谷店)分店	5048
王品牛排(北京西单店)分店	4886
紫光园(常营店)分店	4420
兰溪小馆(东直门簋街店)分店	3906
皇后饼店(三里屯店)	3887
铁木真(堡头店)分店	3497
太熟悉家常菜(右安门店)分店	3007
黔道老坛酸菜鱼火锅(国鹏大厦店)	2920
星期五餐厅(金融街店)分店	2847
管氏翅吧(地安门店)分店	2659
聚乐港(西直门凯德店)分店	2354

图 3-52　降序排列后的数据表

行标签	求和项:口味	求和项:环境	求和项:服务	评价总分
北京菜	40.8	40.4	38.8	120
川菜	24.7	24.8	24.5	74
创意菜	24	25.1	24.5	73.6
东北菜	14.2	13.7	13.9	41.8
东南亚菜	22.5	24.6	24.1	71.2
粉面馆	44.4	43.3	41.9	129.6
贵州菜	23.4	21.9	22	67.3
海鲜	69.2	66.8	67.2	203.2
韩国料理	47.7	46.5	47.2	141.4
徽菜	15	15.6	15.5	46.1
火锅	53.3	52.5	52.1	157.9
家常菜	29.9	30.1	28.5	88.5
江浙菜	22.1	21.5	21.8	65.4
咖啡厅	56.1	57.4	55.9	169.4
面包甜点	31.6	31.3	30.8	93.7
其他	32.5	31.6	30.8	94.9

图 3-53　数据透视表显示各项总评分

Q3：人均消费低于 100 元的餐厅有几家？

步骤一：将"人均"字段拖至"行"区域，将"店名"字段拖至"值"区域，汇总方式选择"计数"。

步骤二：任意选中"人均"字段的一个数值，右击，在弹出的快捷菜单中选择"创建组"命令，将"起始于"设置为 0，"终止于"设置为 1060，即所有餐饮人均消费上限，"步长"设置为 100，单击"确定"按钮（见图 3-54）。

图 3-54　创建组设置

步骤三：查看"0-99"元人均消费的组共有 112 家店铺。

Q4：每种类型的餐厅市场分布如何？

步骤一：将"类型"字段拖至"行"区域，将"店名"字段拖至"值"区域，汇总方式选择"计数"。

步骤二：选中"计数项：店名"列中任意一个单元格，右击，在弹出的快捷菜单中选择"值显示方式"→"列汇总的百分比"命令（见图 3-55）。

图 3-55　值显示方式设置

步骤三：更改"计数项：店名"列的名称为"百分比"。

习　题

1. 简述数据清洗解决的主要问题。
2. 简述数据清洗的主要方法。
3. 简述数据加工的主要方法。

4. 简述数据透视表的基本构造。

实 践 任 务

1. 通过什么方法可以快速检测出数据表中存在的逻辑错误？

2. 公司为了增加销量，想通过制定奖金制度提高销售部门员工的工作积极性。图 3-56 是员工上半年的销售数据，应该如何加工数据，才能制定出合理的奖金制度呢？

	A	B	C
1	业务员	所属部门	销售额（十万元）
2	张欢	A部	56.25
3	李红	B部	69.45
4	赵奇	A部	85.78
5	刘东	B部	132.56
6	张琦	C部	326.45
7	王璐	C部	425.26
8	郝蕾	A部	124.26
9	赵东	A部	78.66

图 3-56　员工销售数据

案 例 讨 论

网店作为电子商务的一种形式，是一种能够让人们在浏览的同时进行购买，且通过各种在线支付手段进行支付、完成交易的网站。网店大多数都是使用淘宝、易趣、拍拍、京东、拼多多、唯品会等大型网络贸易平台完成交易的。成熟的网店从客服、包装、装修、拍照、商品上架到采购等各个流程都由专门的人员负责。其中，客服是连接消费者和网店的枢纽，一个优质的客服不仅会给消费者带来很好的购物体验，还可以为网店创造更大的收益。

某网店 2020 年第一季度的总销售额为 126.8 万元，较 2019 年第一季度同比增加 15%，该网店共有 12 名客服人员，平均客单价为 2180.2 元。请运用本章所学的数据透视表工具对该网店销售数据（见图 3-57）进行处理分析（完整数据见本书附录 B）。

1	日期	客服	成交客户数（位）	客单价（元）	销售额（元）
2	2020年1月	王海东	256	95.5	24448
3	2020年1月	罗成	957	125.5	120103.5
4	2020年1月	刘梦露	854	66.7	56961.8
5	2020年1月	李小兰	859	55	47245
6	2020年1月	周梦	1265	85	107525
7	2020年1月	李刚	524	95	49780
8	2020年1月	罗发成	569	78.5	44666.5
9	2020年1月	赵企	857	68.9	59047.3
10	2020年1月	王哲	458	65.4	29953.2

图 3-57　某网店 2020 年第一季度的销售数据

思考：

1. 2020 年第一季度各客服中谁的业绩（销售额）最好？谁的业绩（销售额）最差？

2. 2020 年第一季度各客服中谁的平均客单价最低？

3. 2020 年 2 月较 1 月销售额环比变化多少？

参 考 资 料

[1] 张文霖，刘夏璐，狄松. 谁说菜鸟不会数据分析（入门篇）：纪念版[M]. 北京：电子工业出版社，2016.

[2] 王佳娴. 新媒体数据分析[M]. 北京：人民邮电出版社，2020.

[3] 段峰峰. 新媒体数据分析与应用[M]. 北京：人民邮电出版社，2020.

第四章

新媒体数据的分析

引言

　　随着大数据和人工智能的发展，各类新媒体平台的数据呈现幂次增长，数据分析是必不可少的环节。新媒体平台的数据分析有助于更为高效地运营新媒体，在了解运营质量、预测运营方向、控制运营成本以及评估运营结果上具有重要作用。本章的学习将提高数据分析者的四方面能力，分别是数据加工处理能力、数据二次整合能力、通过数据进行评估研判的能力以及通过数据进行总结反思的能力。数据分析需要经过单一分析、复合分析以及多重分析最终得出科学的结论。本章以阐述新媒体数据分析的基本方法为基础，介绍常用的新媒体数据分析工具，以及不同类型新媒体平台的数据分析的框架结构和实施过程，在各类新媒体平台数据分析的基础上对常见的新媒体数据分析误区做出总结。

　　数据分析的目的是把隐没在一大批看起来杂乱无章的数据中的信息集中、提炼出来，以找出所研究对象的内在规律。在实用中，数据分析可帮助人们做出判断，以便采取适当行动。数据分析是有目的地收集、分析相关条据，使之成为有用信息的过程，这一过程离不开数据管理体系的支持。在数据收集、加工、整理的周期中，包括前期的数据收集、整理、整合和最终数据处理，各个过程都需要适当运用数据分析的方法和手段，以提升有效性。例如，开普勒通过分析行星角位置的观测数据，找出了行星运动规律。又如，一个企业的领导要通过市场调查，分析所得数据以判定市场动向，从而制订合适的生产及销售计划。因此数据分析有极其广泛的应用范围。

第一节　新媒体数据分析的基本方法

　　新媒体数据在经过加工和处理后，具有了可分析性，可以尝试进行分析并且掌握其背后的运营情况。通过数据分析可以知晓各渠道的推送效果，将相同的内容投放于不同渠道，可以通过数据分析出各平台的推荐量和阅读量，以此判断目标群体集中领域。通过将不同的内容投放于相同的渠道，可以了解目标用户的内容偏好，以便更集中地输出和优化内容，提高用户黏性。通过数据分析及时优化内容；通过数据对比，可以发现相关问题所在，如标题不合适、图片没吸引力、内容不够好、目标用户不在此平台等，然后根据数据反馈的问题，及时做调整，避免粉丝流失。数据能客观反映当前内容的推广效果和状态好坏，为上级或公司提供可参考的决策、战略依据，从而找到最佳路径。常见的数据分析方法有九种，包括直接评判法、对比分析法、分组分析法、结构分析法、平均分析法、矩阵分析法、漏斗分析法、雷达分析法和回归分析法。

一、直接评判法

直接评判法，即根据经验值直接判断数据的好坏并予以评判，通常用于内部过往运营状况评估，如评估近期阅读量是否过低、评判近期销量是否异常、评估当日文章推送量是否正常等。直接评判法有两个必要的条件：一是运营者有一定的新媒体运营经验，能对跳出率、阅读量等做出正确的评估；二是经过加工处理的数据足够直观，可以直接反映某项数据的优劣。

二、对比分析法

对比分析，顾名思义至少有两组及以上数据才能使用。它用以分析两组数据的差异进而深度了解这些数据所代表的规律。对比分析法分为纵向分析法和横向分析法，横向对比是指同一时间段不同指标的对比，而纵向对比是指不同时间段同一指标的对比，通过对比分析可以直接了解运营质量，以及目前运营的水平。通过了解目前的运营水平总结出优点和缺点，优点要继续保持甚至更进一步，缺点则要调整、改变、重点突破，所以对比分析法更适用于对运营质量进行考核。通过对比分析可以看出基于相同数据标准，由其他影响因素所导致的数据差异，而对比分析的目的在于找出差异后进一步挖掘差异背后的原因，从而找到优化的方法。图 4-1 是一张常见的柱状图。

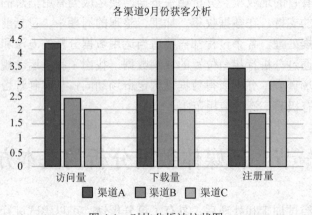

图 4-1　对比分析法柱状图

对比要点一：对比要建立在同一标准维度上，在图 4-1 中，各项数据的对比要基于同一维度。这张图是针对 9 月渠道推广效果的对比统计，9 月就是第一个对比标准，也就是时间维度。在时间维度下，后续对比的结果都是基于这个标准产生的，也就是在 9 月这个时间范围内的数据对比，不能用 10 月的数据与这个图表中的数据进行对比。当然，除了时间维度，也可以使用空间维度，如渠道 A 在 1—12 月每月的数据对比。无论使用什么维度，对比要建立在一个大的标准下。

对比要点二：拆分出相关影响因素。在时间这个大维度下，对各渠道的获客效果进行拆分，也就是将获客效果衡量分为访问量、下载量和注册量这三个维度的数据，从对比中找出各渠道的优劣。例如，通过图 4-1 可以看出，渠道 A 的访问量最高，渠道 B 的下载量最高，渠道 A 的注册量最高，那么这样的对比结果能够说明渠道 A 从访问到下载的流失比较严重，渠道 B 从下载到注册的流失比较严重，而渠道 C 在访问量、下载量都低于其他渠道的基础上，注册量与渠道 A 并没有相差太多。提出一个假设：渠道 C 的获客效果更好，为了印证这个假设，在影响因素中再加入渠道投放花费这个维度，如果渠道 A 的高访问是因为高花费，渠道 C 的低访问是因为低花费，那么基本可以印证这个假设。

对比要点三：各项数据对比需要建立数据标准。渠道 B 的下载量比访问量高。在这张图表中加入了一个中间标准数据，对各项数据进行了一次标准换算。假设访问量的真实数据为 10 000，标准数据为 1；下载量的真实数据为 1000，标准数据为 1；注册量的真实数据为 100，标准数据为 1。经过标准数据的换算，将各项数据放在一张图表上，对比的差异化会更加明显。

对比分析法可以分为同比、环比、定基比等不同的对比方法。

同比：去年 9 月与今年 9 月的对比。同比一般被看作基于相同数据维度的时间同期对比，也可以被看作基于时间维度的影响因素对比，比如相同的营销活动在不同的渠道投放所带来的转化数据，还可以被看作同比。

环比：9 月数据与 8 月数据的对比，这是时间维度的对比，也可以以周期性维度进行对比。例如，第一阶段推广投放了 10 个渠道，第二阶段推广投放了 15 个渠道，那么可以得出第二阶段与第一阶段环比的升降情况，进而找出数据变化的原因。

定基比：定基比是指针对一个基准数据的对比。例如，在各推广渠道中，渠道 B 与渠道 A 相比，渠道 C 与渠道 A 相比，而两者的比值是渠道 B 与渠道 C 的定基比。通过对比分析可以看出基于相同数据标准，由其他影响因素所导致的数据差异。对比分析的目的在于找出差异后进一步挖掘差异背后的原因，从而找到优化的方法。

三、分组分析法

分组分析法是根据目标数据的性质、特征，按照一定指标，将数据总体划分成几个部分，分析其内部结构和相互关系，从而了解事物发展的规律，用于更深入地了解要分析对象的不同特征、性质以及相互关系的方法。根据指标的性质，分组分析法分为属性指标分组和数量指标分组。属性指标所代表的数据不能进行运算，只是说明事物的性质、特征，如人的姓名、部门、性别、文化程度等。数量指标所代表的数据能够进行加减乘除运算，说明事物的数量特征，如人的年龄、工资水平、企业的资产等，如图 4-2 所示。

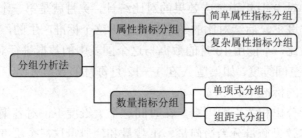

图 4-2　分组分析法

1. 属性指标分组分析法

按属性指标分组一般较简单，分组指标一旦确定，组数、组名、组与组之间的界限也就确定了。例如，人口按性别分为男、女两组，具体到每一个人应该分在哪一组是一目了然的。对一些复杂问题的分组，称为统计分类。统计分类是相对复杂的属性指标分组方法，需要根据数据分析的目的，统一规定分类标准和分类目录。例如，反映国民经济结构的国家工业部门分类，是先把工业分为采掘业和制造业两大部分，然后再分为大类、中类、小类三个层次。

2. 数量指标分组分析法

数量指标分组分析法是指选择数量指标作为分组依据，将数据总体划分为若干个性质不同的部分，分析数据的分布特征和内部联系。

它分为单项式分组和组距式分组。单项式分组一般适用于离散型数据，且数据值不多、变动范围较小的情况。每个指标值就是一个组，有多少个指标值就分成多少个组，如按产品产量、技术级别、员工工龄等指标进行分组。例如，某企业成立三年，现有员工 300 人，以员工工龄指标为分组依据，可以分成三组，工龄一年的员工 75 人，工龄二年的员工 135 人，工龄三年的员工 90 人。组距式分组是指在数据变化幅度较大的条件下，将数据总体划分为若干个区间，每个区间作为一组，组内数据性质相同，组与组之间的性质相异。组距式分组需要确定几个关键的分组要素，即组数、组限、组距、组中值。

（1）组数：分组个数。通过总体数据的多少来分析确定，组数既不能太少，也不宜太多，应该保证各组都有足够的单位数据。如果组数太少，数据分布会过于集中；如果组数太多，数据的分布就会过于分散。两种情况都不能正确反映数据的分布特征。

（2）组限：用来表示各组之间界限的数据值。其中，每一组中最小的数据值为下限，最大的数据值为上限。

（3）组距：每一组上限与下限之间的距离，即组距=上限-下限。组距式分组中，各组组距都相等的分组称为等距分组，各组组距不相等的分组称为不等距分组。

（4）组中值：每组上下限的中点值，是各组数据值的代表值。在假定各组数据在本组内呈均匀分布的情况下，组中值=(上限+下限)÷2。

综上所述，分组的目的并不是单纯确定各组在数量上的差别，而是要通过数量上的变化区分各组的不同类型和性质，运用对比等分析方法研究事物的数量表现和数量关系，从而正确地认识事物的本质及其规律。在分组的同时注意区分离散型数据和连续型数据。离散型数据也称不连续数据或计数数据，其在一定区间内的取值是固定的，不能无限细分，一般用自然数或整数表示，如员工人数、机器台数等数据。连续型数据是指在一定区间内可以任意取值的数据，也就是说可以无限细分到任意小数位，如尺寸、重量、高度等数据。

四、结构分析法

结构分析法是反映某个体占总体比重的一种分析方法。结构分析法是在统计分组的基础上，计算各组成部分所占比重，进而分析某一总体现象的内部结构特征、总体的性质、总体内部结构依时间推移而表现出的变化规律性的统计方法。一般某部分的比例越大，说明其重要程度越高，对总体的影响越大。结构分析法的基本表现形式是结构指标。结构指标的计算公式为

结构指标=总体中某一部分/总体总量

例如，微信运营团队可以有效利用微信后台数据有组织地进行微信运营。如图 4-3 所示，运营团队通过分析用户来源增长的各部分占比可以有的放矢地开展增粉活动。

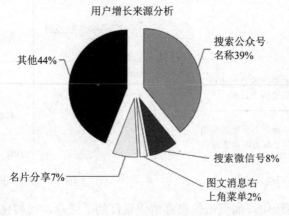

图 4-3　结构分析法

五、平均分析法

平均分析法是通过特征数据的平均指标反映事物目前所处的位置和发展水平，再对不同时期、不同类型单位的平均指标进行对比，说明事物的发展趋势和变化规律的分析方法。在运用平均分析法时，对不同的特征数据所采用的平均指标有所不同，如图 4-4 所示。

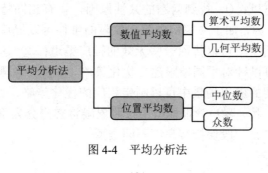

图 4-4　平均分析法

在数据集合中，所有数据都参与计算得到的平均数称为数值平均数，包括算术平均数、几何平均数等。在数据集合中，按照数据的大小顺序或出现的频率选出一个代表值，称为位置平均数，包括中位数和众数等。在数据分析中，平均分析法一般要结合分组和对比等分析方法，对不同时期、不同企业、不同区域等平均指标进行对比，说明事物的发展趋势和变化规律。

六、矩阵分析法

矩阵分析法是一种定量分析问题的方法，它是指用两个重要数据指标作为分析依据，并将这两个指标定为横坐标和纵坐标，构成四个象限，从而更直观地找出解决方法，为运营者提供数据参考，如图 4-5 所示。

例如，通过图 4-6 进行分析，针对每次营销活动的点击率和转化率找到相应的数据标注点，然后将这次营销活动的效果归到每个象限，四个象限分别代表不同的效果评估。

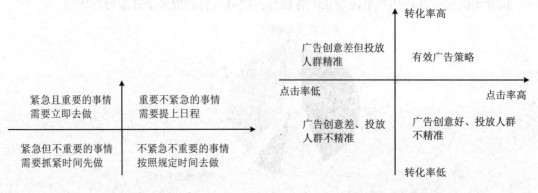

图 4-5　矩阵分析法（1）　　　　　　　　图 4-6　矩阵分析法（2）

象限一：高点击高转化，高点击代表营销创意打动了受众，高转化代表被打动的受众是产品的目标用户；象限二：高转化低点击，同样地，高转化代表被打动的受众是产品的目标用户，但低点击代表的是营销创意没有打动用户；象限三：低点击低转化，这个象限的营销活动非常糟糕，投放广告点击少，点击用户转化低，创意无效，用户不精准；象限四：高点击低转化，出现这种营销效果说明策划和文案的工作完成得非常出色，但相关渠道人员的工作则完成得略显逊色。另外，这种象限的营销活动在一定程度上也有靠标题吸引人的嫌疑。

通过矩阵分析法可以：① 找到问题的共性原因，将有相同特征的事件进行归因分析，总结其中的共性原因，如上文案例中第一象限的事件可以提炼出有效的推广渠道与推广策略，第三和第四象限可以排除一些无效的推广渠道；② 建立分组优化策略，根据投放的象限分析法可以针对不同象限建立优化策略，如提升象限二的投放创意、象限四的投放渠道。在不同的应用场景中可以制定相应的优化策略，如 RFM（衡量客户价值和客户创利能力的工具）客户管理模型中按照象限将客户分为重点发展客户、重点保持客户、一般发展客户、一般保持客户等不同类型。

七、漏斗分析法

漏斗图是一个倒立的金字塔（见图4-7），漏斗分析是一套流程式数据分析，能够科学反映用户行为状态，是从起点到终点各阶段用户转化率情况的重要分析模型。通过漏斗图可以分析用户行为路径在每一步的转化和流失，对流失较多路径进行细化多维度分析，找出漏点提升转化。应用场景包括用户注册转化分析、企业用户分析转化。漏斗分析模型已经广泛应用于网站用户行为分析和 App 用户行为分析的流量监控、产品目标转化等日常数据运营与数据分析的工作中。

图 4-7 漏斗分析法

漏斗分析最常用的是转化率和流失率两个互补型指标。用一个简单的例子来说明，假如有 100 人访问某电商网站，有 30 人点击注册，有 10 人注册成功。这个过程共有 3 步，第一步到第二步的转化率为 30%，流失率为 70%，第二步到第三步的转化率为 33%，流失率为 67%；整个过程的转化率为 10%，流失率为 90%。该模型就是经典的漏斗分析模型。

漏斗分析对用户行为分析来说是不可或缺的功能，因此数极客单独为漏斗分析开辟了一个模块，帮助用户分析产品中关键路径的转化率，确定整个流程的设计是否合理、各步骤的优劣以及是否存在优化的空间等。

漏斗分析系统可以满足所有的漏斗分析需求，并配有筛选、时间分析、地域、人群等对各维度进行数据分析，可直观展示多维度多步漏斗分析转换过程。以下为漏斗分析操作步骤。① 在转化分析-漏斗分析中，选择注册会员漏斗模型。例如，我们选择上一步设置好的首页转化漏斗。② 漏斗分析可以按照时间粒度（昨日、7 日、30 日）分析，也支持按照用户属性（用户属性、会话属性、渠道属性、推广属性）进行漏斗分析。③ 按照时间维度对比分析漏斗。④ 按照访客类型（回访访客、新访客）进行漏斗分析。⑤ 按照用户画像的对比进行漏斗分析，如用户的年龄、受教育程度、婚姻、收入状况等。

八、雷达分析法

雷达分析法是对新媒体运营情况进行系统分析的一种有效方法。这种方法是从运营的收益性、安全性、流动性、生产性、成长性五个方面分析运营成果，并将这五个方面的有关数据用比率表示出来，填到一张能表示各自比率关系的等比例图形上，再用彩笔连接各自比率的节点，恰似一张雷达图表。从图上可以看出新媒体运营状况的全貌，一目了然地找出运营上的薄弱环节，为下一步操作打下基础。雷达分析法通常用于指数分析，是自媒体平台对账号权重的一种评判，如图4-8所示。

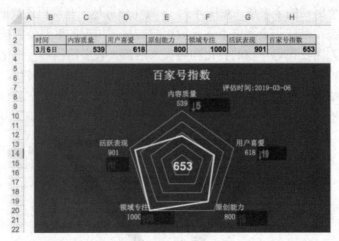

图 4-8　雷达分析法

九、回归分析法

回归分析法指利用数据统计原理，对大量统计数据进行数学处理，并确定因变量与某些自变量的相关关系，建立一个相关性较好的回归方程（函数表达式），并加以外推，用于预测因变量的变化。回归分析法根据因变量和自变量的个数，分为一元回归分析和多元回归分析；根据因变量和自变量的函数表达式，分为线性回归分析和非线性回归分析。回归分析法主要解决的问题有：① 确定变量之间是否存在相关关系，若存在，则找出数学表达式；② 根据一个或几个变量的值，预测或控制另一个或几个变量的值，并估计这种控制或预测可以达到何种精确度。回归分析法的一般步骤如下：① 根据自变量与因变量的现有数据以及关系，初步设定回归方程；② 求出合理的回归系数；③ 进行相关性检验，确定相关系数；④ 在符合相关性要求后，即可将已得的回归方程与具体条件相结合，确定事物的未来状况，并计算预测值的置信区间。

第二节　常用的新媒体数据分析工具

数据分析工具不只是满足业务分析和报表制作，而是做全平台全方位的数据处理，外源数据更新、实时抽取、性能优化等。按照数据分析的步骤，常用的新媒体数据分析工具可分为以下四类：网站分析工具、自媒体分析工具、第三方分析工具、Excel 工具。

一、网站分析工具

网站分析工具可以帮助用户收集、预估和分析网站的访问记录，对于网站优化、市场研究来说，是一个非常实用的工具。每一个网站开发者和所有者都想知道自己网站的完整状态和访问信息，目前互联网中有很多分析工具，这里选取了四个使用较普遍的分析工具，可以为网站开发者和网站所有者提供实时访问数据。

（一）Google Analytics

这是一个使用非常广泛的访问统计分析工具，Google Analytics 推出了一项新功能，可以提供实时报告。用户可以看到自己网站中目前在线的访客数量，了解他们观看了哪些网页、他们是通过哪个网站链接到该网站的、来自哪个国家等，如图 4-9 所示。

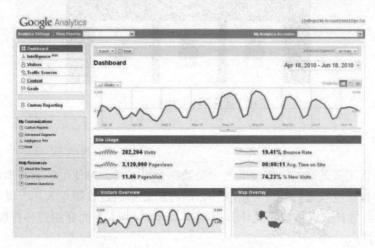

图 4-9　Google Analytics

（二）Clicky

与 Google Analytics 这种庞大的分析系统相比，Clicky 相对简易，它在控制面板上提供了一系列统计数据，包括最近三天的访问量、最高的 20 个链接来源及最高 20 个关键字，虽说数据种类不多，但可直观反映当前站点的访问情况，而且 UI（用户界面）也比较简洁清新，如图 4-10 所示。

（三）Woopra

Woopra 将实时统计带到另一个层次，它能实时直播网站的访问数据，用户甚至可以使用 Woopra Chat 部件与用户聊天。它还拥有先进的通知功能，可让用户建立各类通知，如电子邮件、声音、弹出框等，如图 4-11 所示。

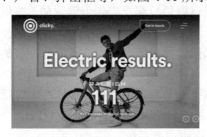

图 4-10　Clicky

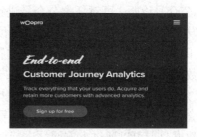

图 4-11　Woopra

（四）Chartbeat

Chartbeat 是新闻出版和其他类型网站的实时分析工具，是针对电子商务网站的专业分析功能所推出的。它可以让用户查看访问者如何与自己的网站进行互动，从而帮助用户改善网站，如图 4-12 所示。

图 4-12　Chartbeat

二、自媒体分析工具

自媒体分析工具是准入门槛较低的一类数据分析工具，对使用者的数理统计基础要求较低，无须掌握难度较高的统计分析软件。所有的数据通过收集导入，一键生成。微博、微信、今日头条等社交媒体自带统计分析功能，一键呈现。下面介绍三种自媒体分析工具。

1. 清博指数

清博指数拥有目前国内最大的第三方"两微一端"（微信、微博、App）数据库。其WCI（微信传播指数）、BCI（微博传播指数）、ACI（App 传播指数）的独特权威算法公式已成为行业领域标杆。通过这些庞大的数据，可以开展各种形式的数据分析、榜单制作，并撰写相应的分析报告。同时，还可以根据用户的需求，收集其他来源的数据进行分析。目前已有超过 19 000 家单位使用清博指数来制作榜单。清博指数提供的服务有指数评估、行业分析、舆情报告、营销推广、定制培训、数据新闻等。目前，可以通过微信公众号"清博指数"、微信小程序"小舆情"以及官方网站进行大数据查询及分析。

2. 西瓜数据

西瓜数据作为专业的新媒体数据服务提供商，系统收录并监测超过 300 万个公众号，每日更新 500 万篇微信文章及数据信息。

目前，西瓜数据提供的服务包括如下几项。

（1）公众号诊断。可对任意公众号进行运营质量检测及广告价值评估，提供公众号粉丝预估、发文分析、违规预警、广告报价预估、广告分析、公众号人群画像等服务。

（2）阅读数监控。可对公众号发文进行预约监控或即时监控。提供分钟级的文章阅读数、点赞数监测，掌握公众号文章阅读走向。

（3）公众号雷达。相似公众号匹配、地方公众号百科、公众号智能搜索等功能可为用户提供包含预估粉丝数在内的丰富的公众号数据，打造最有价值的公众号库。

西瓜数据目前可以通过官方网站进行大数据查询及分析。

3. 新榜

新榜是中国最早提供微信公众号内容数据价值评估的第三方机构，已遍历超过 1000 万个微信公众号，截至 2017 年 2 月，对超过 35 万个有影响力的优秀账号实行每日固定监测，据此发布微信公众号影响力排行榜（日、周、月、年），以及超过 20 个细分内容类别的行业榜和超过 30 个省（市区）的地域榜。

除了微信，新榜还受权独家发布包括微博、今日头条、腾讯媒体平台、腾讯微社区、腾讯兴趣部落、搜狐新闻客户端、网易新闻客户端、凤凰新闻客户端、喜马拉雅 FM、蜻蜓 FM、荔枝 FM、考拉 FM、优酷、爱奇艺、秒拍、知乎等平台的数据，构筑了中国独一无二的移动端全平台内容数据体系。

新榜向客户提供基于大数据的数据咨询、广告营销、版权经纪和孵化加速服务，包括微信数据情报分析、集群新媒体运营咨询评估、垂直行业新媒体咨询评估、投融资咨询评估；通过新榜广告平台，提供广告主和媒体主自助交易服务，开具增值税专用发票，提供资金担保服务。同时，新榜还提供广告营销增值服务，包括策略投放、产品组合、效果监测等，覆盖平台信息流、头部 KOL、中长尾自媒体等海量移动端广告资源，全面服务于品牌客户及渠道代理商；为内容创业者提供版权作品的代理、交易、开发、维权，以及围绕人格化 IP 开展经纪服务；新榜加速器联合新希望、罗辑思维、如涵电商、丽人丽妆、真格基金、高榕资本等顶级产业资源，瞄准消费升级领域，提供内容创业孵化加速服务。

新榜目前可以通过官方网站进行大数据查询及分析。

三、第三方分析工具

第三方分析工具是指非官方平台自带的、需要官方平台授权后才可以使用的数据分析工具。第三方分析工具与自媒体分析工具的主要区别在于前期的注册与授权，一旦授权完毕，后续操作与自媒体分析工具类似，直接通过网站即可查看。虽然微博、微信等自媒体平台已经具有统计功能，但是对于精细化数据，如单条微博转发效果、微博粉丝管理、微信公众号数据跟踪等，依然需要借助第三方分析工具。常见的第三方分析工具包括新榜数据、西瓜助手、孔明社会化媒体管理平台、考拉新媒体助手等。

四、Excel 工具

Excel 工具普及率高、门槛低，对于处理小型数据集非常有效且功能多样。利用 Excel 工具可以预测运营质量，控制运营成本，了解运营方向，评估方案的可行性。

通过数据统计，可以使用 Excel 对新媒体平台的用户数量、用户属性、用户兴趣、单篇分析、日报分析、小时报分析、自定义菜单、消息分析、关键词分析、指数分析、广告主分析、流量主分析等模块进行分析，每个模块都会涉及 Excel 的表格操作。

除此之外，通过 Excel 可以制作新媒体运营数据的表格，涉及的软件功能包括数据编辑、格式设置、自动填充、排序与筛选、数据透视表与数据透视图、图形与图表、公式与函数、表格打印等。

第三节　不同类型新媒体平台数据分析的框架结构及实施过程

一、微信公众号数据分析

目前公众号后台自带的数据分析包括用户分析、图文分析、菜单分析、消息分析等多个模块。

（一）用户分析

在微信公众平台选择"统计"→"用户分析"命令，可知用户分析数据包含用户增长和用户属性两块数据，通过它们可查看粉丝人数的变化和当前公众平台的用户画像。

1. 用户增长

（1）核心数据指标。

① 新增人数：新关注的用户数（不包括当天重复关注用户），如图 4-13 所示。

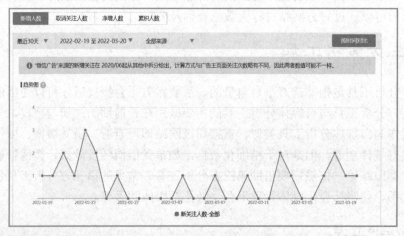

图 4-13　微信公众号新增关注来源分析

② 取消关注人数：取消关注的用户数（不包括当天重复取消关注用户）。

③ 净增人数：新关注与取消关注的用户数之差。

④ 累积人数：当前关注的用户总数。

其中，新增人数最能够直接反映公众号整体的质量。如果新增人数相比平时的数据有明显上升，说明上一篇文章的内容是用户喜欢的，或者采取的推广有效果，可以多准备相关方面的内容和推广。

（2）新增关注来源分析。目前，用户关注公众号的方式主要包括公众号搜索、扫描二维码、图文页右上角菜单、图文页内公众号名称、名片分享、支付后关注、其他合计。

这是容易被大部分用户忽略的高价值数据，我们可以先明确开源渠道，合理地利用开源渠道，有针对性地对开源渠道进行设计，通过内容、活动、运营等各种方式，在原来的基础上加大宣传力度。这样可以节省人力、物力，在有效的渠道上设计增长机制，增加用户。

① 公众号搜索。如果有40%的关注量来自公众号搜索，说明该公众号已经有一定的品牌知名度，定位也相对垂直，或者是在广告宣传方面比较到位。

想要提高公众号搜索的关注量，除了要做好推广，还要给自己取一个自带流量的公众号名称。

需要注意的是，如果公众号名称出现在业务关键词排名靠后的位置，可以选择申请认证、注册商标、提高粉丝互动率等方式提高公众号排名。

② 扫描二维码。这是一种十分常见的关注方式，用户通过二维码关注的渠道有很多种：在线上，可以通过公众号互推、图文文末的引导关注、二维码海报活动的宣传、PC端页面、视频广告等进行扫描关注；在线下，可以通过宣传单、促销活动海报等进行关注。

为了满足用户渠道推广分析和用户账号绑定等场景的需要，公众平台提供了生成带参数二维码的接口。使用该接口可以获得多个带不同场景值的二维码，用户扫描后，公众号可以接收事件推送。通过带参数二维码亦可做各个推广渠道的效果统计。

③ 图文页右上角菜单。在阅读文章界面的右上角菜单中选择"查看公众号"即可进入公众号主页进行关注。这个方式不够直观，所以通过该方式关注公众号的占比很低。

④ 图文页内公众号名称。通过文章标题下方的蓝色字体进行关注也是一种较为常见的关注方式，很多公众号也会在文章开头提示用户通过此方式关注公众号。

⑤ 名片分享。一般是用户主动将公众号推荐给朋友或者分享到群的口碑传播，如果这个渠道产生了新增用户，则说明公众号的质量非常好。

⑥ 支付后关注。必须是认证过的服务号，而且开通了微信支付功能。用户通过微信付款后会默认关注该公众号。

⑦ 其他合计。微信常见的几种关注方式，统计上已有相关说明，其他关注方式的数据量极小，官方没有给予说明。查阅相关信息后，可总结出以下几种常见的方式（参考）。

❑ 朋友圈广告。

❑ 广点通广告（广告主、图文底部广告）。

❑ 图文末尾快捷关注（针对被转载的文章）。

❑ 微信摇一摇周边领卡券关注。

❑ 通过关键词进行模糊搜索关注。

2. 用户属性

（1）性别和语言分布。每个公众号的男女比例与行业特性有关，据此可以对文章的风格进行侧重性调整，如图4-14所示。

（2）省份分布（城市分布）。这类数据的参考价值非常大，公众号运营者可以非常清晰地知道自己在各个城市的业务能力，依据此数据就可以做一些关键的决策。例如，选择10个城市做落地推广，那么自然会选粉丝基础好的城市去落地。

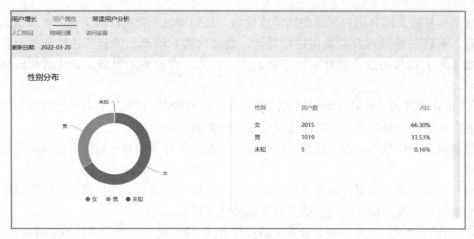

图 4-14 微信公众号性别分布

（3）终端分布（机型分析）。同样的标题和封面在不同手机上显示的效果不同。如果发现华为 Mate 30 的用户最多，那么整个图文的排版、图片尺寸的选择、标题的长度，运营者都应该在手机上调整到最满意的状态。

（4）其他。除以上数据，运营者还可以通过其他运营手段获取更多有效的用户画像数据。例如，通过社群运营、微博工具等拉近与用户之间的关系，近距离了解自己的用户。或者通过活动运营，适当地收集用户的相关数据。越了解用户，越能创作出符合用户需求的内容。

（二）图文分析

在微信公众平台，通过选择"统计"→"图文分析"→"单篇图文/全部图文"可以查看自己的微信文章送达多少人，有多少人阅读，有多少人点赞、转发，公众号的打开率也可以通过此处数据得知，如图 4-15 所示。

已群发内容 ⓘ　　下载数据明细

2022-02-18 至 2022-03-20

内容标题	时间	阅读次数	分享次数	阅读后关注人数	送达阅读率	阅读完成率	操作
"漫步绿茵场 青春耀阳光" 新传院 户外创意运动季开始	2022-03-18	493	20	0	6.87%	85.41%	详情
新闻传播学院师生学习习近平总书记考察调研山西重要指示精神	2022-02-28	240	0	0	7.18%	79.31%	详情
给被牵挂的人的一封信	2022-02-23	589	23	0	6.16%	78.64%	详情
常思节约勤而俭 莫让资源肆意流	2022-02-20	166	2	0	3.46%	78.63%	详情

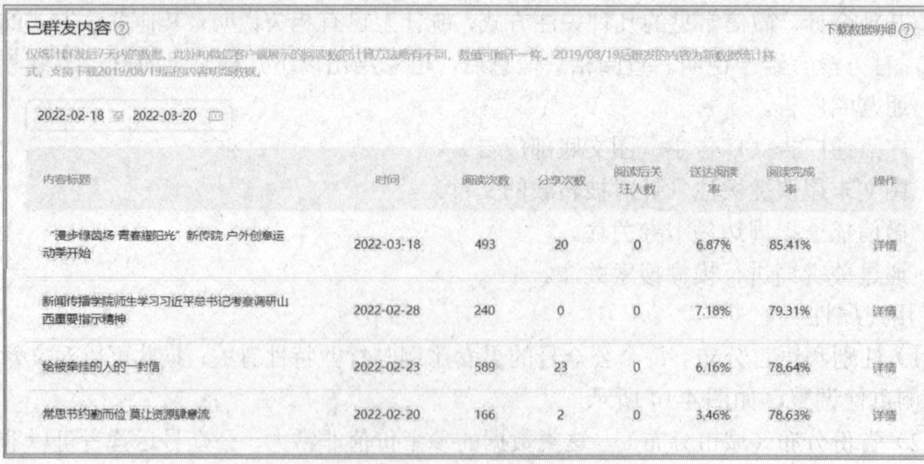

图 4-15 微信公众号图文分析

1. 核心数据指标

（1）送达人数：图文消息群发时，送达的人数。

（2）图文页阅读人数：点击图文页的去重人数，包括非粉丝；阅读来源包括公众号会话、朋友圈、好友转发、历史消息等。

（3）图文页阅读次数：点击图文页的次数，包括非粉丝的点击；阅读来源包括公众号会话、朋友圈、好友转发、历史消息等。

（4）分享转发人数：转发或分享到朋友、朋友圈、微博的去重用户数，包括非粉丝。

（5）分享转发次数：转发或分享到朋友、朋友圈、微博的次数，包括非粉丝的点击。

（6）微信收藏人数：收藏到微信的去重用户数，包括非粉丝。

（7）原文页阅读人数：点击原文页的去重人数，包括非粉丝。

（8）原文页阅读次数：点击原文页的次数，包括非粉丝的点击。

2. 图文详情

点击单篇图文详情分析可以查看公众号打开率、一次二次传播率、阅读来源以及阅读趋势，如图 4-16 所示。

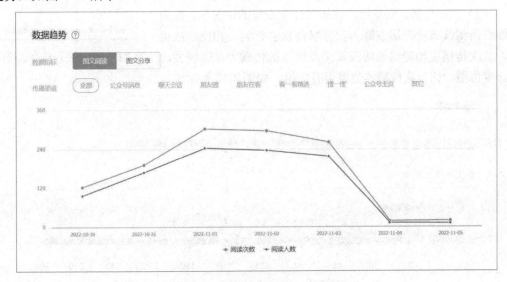

图 4-16　微信公众号图文分析详情

（1）一次传播数据，指关注该公众号的用户通过公众号会话阅读文章或者从公众号分享文章到朋友圈的行为数据。

"深夜发媸"徐老师曾说"选题大于一切"，一次传播转化率越高，说明公众号推送的文章内容越受现有粉丝的喜欢，有利于维护现有的粉丝，增强其黏性。从后台数据来看，一次传播共有两个核心数据。

① 公众号会话阅读率（俗称打开率）。公众号会话阅读人数/送达人数，如果想提升文章的打来率，那么就要着重考虑文章如何命名，有时候运营者做了高质量的内容，却被标题拖了后腿，这是得不偿失的。

除了标题，影响打开率的还有文章选题、文章封面图、内容摘要、发送时间等相对可控的主观因素。随着公众号数量越来越多，用户的信息渠道也越来越多。不同于早期，单个用户可能只关注几个公众号，现如今每个人的手机里都有数十个，甚至上百个公众号，扎堆的推文时间重叠，信息覆盖频率加快，必然会导致打开率的降低。在这种客观的大环境下，就要通过相应的运营手段提高打开率。

例如，微信于 2018 年推出的公众号标星功能（见图 4-17），用户可以自主选择感兴趣的公众号，将其显示在列表的头部位置，同时标星公众号的头条封面图可以用大图显示，以吸引用户。对运营者来说，抢占用户的置顶选择，就是在抢占用户的注意力，由此间接地提升公众号的打开率。

② 公众号会话分享率（图文转发率）。公众号被分享到朋友圈的人数/公众号会话阅读人数是衡量这篇推送文章价值的标准，图文转化率越高说明这篇文章传播效果越好。

（2）二次传播。它是用户在未关注公众号的情况下，在朋友圈点击阅读或者在朋友圈再次分享传播的行为。相比一次传播，二次传播更加能够说明该篇文章推送的传播力和影响力，是深度传播，比一次传播的数据更有价值，如图 4-18 所示。

图 4-17　微信公众号会话阅读率

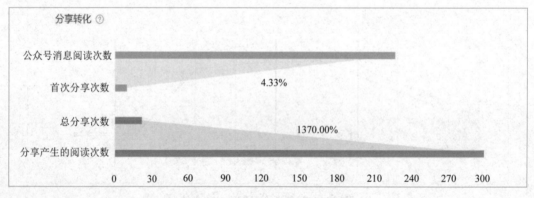

图 4-18　微信公众号二次传播

决定用户是否愿意进行传播的因素较多，其中主要几项按权重排列依次是文章选题、内容质量、标题、其他因素（诱导、技术等运营手段）。传播数是由一次传播和二次传播构成的，正常情况下这两者的构成比例趋于一个数值且比较稳定。如果突然某篇文章一次传播和二次传播的数值差距较大，则要考虑一方偏弱的缘由。例如，二次传播超过一次传播（数值大于 1），要么属于跟热点的效果，要么就是该文章的生命周期较长。

3. 阅读来源及趋势

这是图文分析中非常关键的数据。我们通过分析阅读来源，可以推测读者的阅读场景，知道他们是在哪个渠道看到文章的，以便做运营优化，如图 4-19 所示。

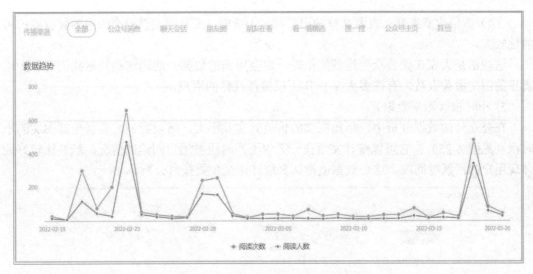

图 4-19 微信公众号阅读来源及趋势

目前，公众号阅读来源包含如下几个渠道。

（1）公众号会话。文章在选定的时间内通过公众号推送、预览、手动回复获得的阅读量统计。

（2）好友转发。将文章转发给好友或者推送到群的阅读量统计。

（3）朋友圈。将文章转发至朋友圈后文章的阅读量统计。

（4）历史消息。用户在公众号历史消息中点击文章的阅读量统计。

（5）其他。按照微信官方的解释，"其他"阅读来源包括以下几种。

① 微信自定义菜单，包括引用图文素材、引用历史消息等。

② 页面模板。原创开通后页面模板引用图文素材、引用历史消息等。

③ 微信搜索。在微信"发现"→"搜一搜"中搜索到的"相关文章"。

④ 朋友圈热文。在微信"发现"→"看一看"被推荐到朋友圈的文章。

⑤ 关键词回复。关键词自动回复时引用图文素材。

⑥ 文章内部链接。阅读原文链接。

⑦ 微信收藏。阅读微信收藏内的文章。

4. 全部图文

单篇图文是单次推送的图文数据分析，全部图文是对公众号整体内容质量的分析，指的是该公众号发出去的所有图文在该时间段的阅读数据总和。

全部图文主要包含 4 个核心数据指标：图文页阅读次数（见图 4-20）、原文页阅读次数、分享转发次数（见图 4-21）、微信收藏人数（见图 4-22）。

（1）图文页阅读次数：所有图文在某个时间段里的阅读次数（去重且包括非粉丝）。

（2）原文页阅读次数：就是点击一篇文章左下角的阅读原文的次数，这个数据很考验用户的黏度以及本篇文章的内容质量。

（3）分享转发次数：标题决定了读者要不要点击，而质量决定了文章的转发量，标题和内容会互相影响。

（4）微信收藏人数：收藏文章的用户数，干货类、工具类、教程类的内容被收藏的可能性较大。

这些都是大家在做公众号运营汇报时一定会用到的数据，通过这些数据我们可以知道真正的图文覆盖人数，有许多大 V 一年可以覆盖几亿的用户。

5. 小时报（彩蛋数据）

在公众号的数据分析中，单篇图文的价值其实并不大，所以我们主要看全部图文的小时报（见图 4-23）。它可以统计文章在一天内不同时段被用户阅读的情况，能够比较好地体现用户的活跃时间段。这个数据值得认真统计，至少要按月分析。

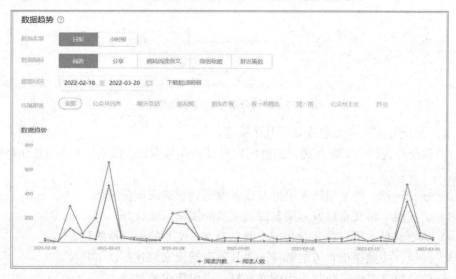

图 4-20　图文页阅读次数

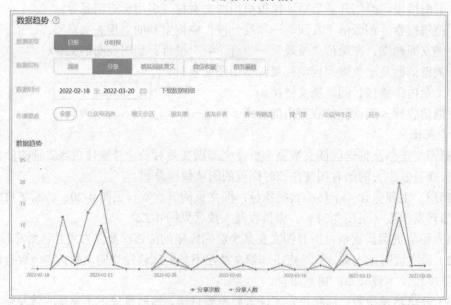

图 4-21　分享转发次数

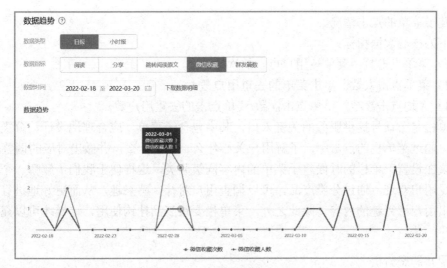

图 4-22　微信收藏人数

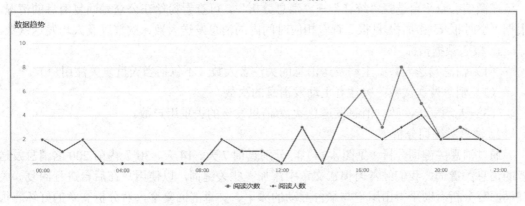

图 4-23　微信公众号小时报（彩蛋数据）

在分析变化的数据过程中，我们首先要明确常量，再用变量对比，这样才能找出规律。不要主观猜测用户什么时候有空看微信，什么时候发文最好。通过数据找出流量点，再通过流量点来测试，从而找出最适合的推文时间。

例如，某公众号在不推送的情况下，阅读行为集中在 8:00—10:00。如果一篇好的文章在合适的时间推送，肯定会比随意确定的时间推送效果好。如果推送时间固定，也会让用户形成一种阅读习惯，从而增加用户黏性。

下面列出了几点小提示，可供运营者参考。

（1）图文阅读量和选题质量相关度最强。

（2）图文是写给目标人群的，标题是写给潜在用户的。

（3）跟热点的最终效果体现在图文朋友圈的打开率。

（4）想要快速增加粉丝人数，除了跟热点，还要多做活动。

（三）菜单分析

在微信公众平台选择"统计"→"菜单分析"，即可查看微信公众号会话页里的一级菜单以及子菜单的点击情况。

以下为核心数据指标。

（1）菜单点击数：菜单被用户点击的次数。

（2）菜单点击人数：点击菜单的去重用户数。

（3）人均点击次数：菜单点击次数/菜单点击的去重用户数。

菜单栏是公众号提供服务的关键入口，其中包含子菜单。应合理地设计、分类子菜单的内容，通过菜单栏的点击率，了解用户关心什么、在乎什么，并做出对应的调整规划。

建议在设置菜单栏的时候将子菜单的内容同级分类，这样便于我们了解哪一个品类的产品更受用户欢迎。通过分类产品，可以调查用户对什么感兴趣，从而更好地进行内容运营，产出用户感兴趣的内容。除此之外，菜单栏要跟产品挂钩使用，这样才可以充分发挥作用。

（四）消息分析

在微信公众平台选择"统计"→"消息分析"，可查看粉丝在公众号回复消息的情况。根据"小时报/日报/周报/月报"查看相应时间内的消息发送人数、次数以及人均发送次数。

1. 核心数据指标

（1）消息发送人数：主动发送消息的关注者人数（不包括当天重复关注用户）。

（2）消息发送次数：关注者主动发消息的次数。

（3）人均发送次数：消息发送总次数/消息发送的去重用户数。

2. 消息关键词分析

通过消息关键词分析（见图4-24）可分别查询7天、14天、30天内前200名消息发送者的消息关键词。我们经常习惯在文章中添加一些关键词，以便用户在后台进行回复。关键词回复分析有助于得出用户与平台互动的频率、文章的回复率，对分析文章的好坏有很好的帮助。除此之外，通过关键词的分析，还可以找出用户的主要疑惑点，做好常见问题解答（frequently asked questions，FAQ），通过FAQ提高客服的工作效率。

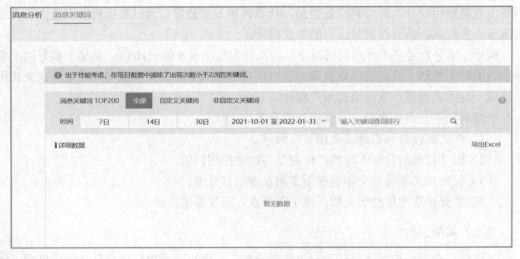

图4-24　消息关键词分析

（五）额外的数据分析

1. 阅读完成率

如果用户的账号开通了流量主，在流量主功能的"报表统计"里可以查看底部广告的当日曝光量，然后用当日曝光量除以当日阅读量，即可得到阅读完成率。当然，这个算法是有很多干扰项的，所以这只是一个粗略的数值，通过以时间为坐标进行对比评估什么样的标题、内容、选题读者更愿意读完。

2. 留言阅读比

一篇文章发出去，我们不仅要看它的阅读量，也要查看它的留言量，计算留言阅读比，即留言量/阅读人数。相比于粉丝量，很多时候粉丝质量更加重要，而留言率就是粉丝质量的一个很好体现。

仅仅计算留言阅读比还不够。更进一步地，我们还需要计算正向留言阅读比，也就是正向留言量/阅读人数。正向留言阅读比更好地体现了文章内容与粉丝的匹配度，也体现了文章内容对粉丝留言的调动与激发能力。另外，它也能体现粉丝的质量、现在公众号粉丝的活跃度，以及公众号长期以来对粉丝的影响力。

3. 点赞阅读比

点赞阅读比（点赞数/阅读人数）其实已经被很多公众号使用，主要用来判断粉丝对文章的喜欢程度、认可度等。

4. 粉丝互动数

除留言、点赞、分享等，粉丝互动情况也是衡量一个公众号粉丝活跃度的重要参考。而做公众号互动，不仅仅是看有没有促进阅读量、转发量提升等，还可以在公众号后台，查看粉丝对于话题、活动、文章互动中关键词的回复情况。

5. 竞品数据

竞品和产品的用户画像重合度越高，竞品的星级就越高。可以将自己的公众号竞品按第一梯队和第二梯队进行分类。竞品是以同等量级的标准进行选择的，行业领域内的标杆大号也是观察的对象。

观察竞品是为了给自身的运营做参考，同样包括内容选题上的参考。确定竞品对象后，需要对相应的数据以及日常的一些运营动作进行监控。这些能够观察到的数据其实也是有限的，包括阅读数、点赞量、留言质量等表面的图文数据，这个工作可以借助新榜等内容平台进行，或者自己建立监控表格。

6. 行业数据

互联网是一个瞬息万变的世界，附着于互联网上的产业自然时刻充满着变化。新媒体亦如此，所以了解最新的行业资讯有助于我们把握整体的运营方向。同时，对切合公众号调性的热点进行实时跟进，也是了解行业、社会动态的重要因素之一。

目前对新媒体行业资讯的了解，可以关注新榜、微果酱、微互动等微信公众号，另外多加一些同行社群及好友，有助于获取最新的行业资讯，至于内容热点，则少不了微博这个平台。

除了热点，行业数据的关注点主要在于行业的主流趋势、最新的业内政策、黑马的运营方法、成功的变现模式、有效的资源渠道。

（六）总结

综上所述，我们信息获取的场景、产品可能不同，但是做数据分析的角度是相同的，主要从四个方面入手。

（1）用户分析：找到关键用户属性，找到主要开源渠道。

（2）图文分析：找到关键流量点，找出内容规律。

（3）菜单分析：找到用户感兴趣的内容，合理化菜单与产品充分结合。

（4）消息分析：找到用户集中访问时间，找到关键词，做好 FAQ。

数据分析最重要的是找出规律，并将规律用于迭代工作。

二、微博数据分析

（一）微博基本数据分析

微博管理后台提供了丰富的数据分析模块，有些数据分析模块需要运营者付费，但大部分服务都为运营者提供了 7 天试用期，便于运营者分析微博数据的基本情况，如图 4-25 所示。

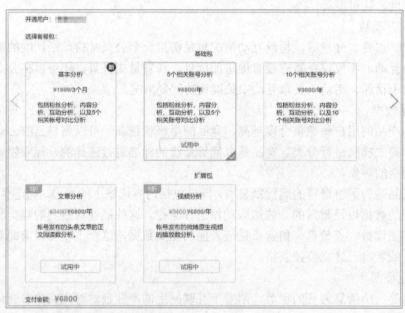

图 4-25　微博基本数据分析

试用期结束，运营者可以选择有用的数据分析模块进行付费订阅，以便更好地掌握微博数据，提升运营效率。运营者进入个人微博主页，单击"管理中心"→"数据助手"→"数据概览"，就可以对微博基本数据进行整体分析。运营者进行数据分析前，首先选择需要分析的时间段，如图 4-26 所示。在"数据概览"中，运营者可以对"昨日关键指标""粉丝变化""互动""我的主页""我发布的内容""文章"等进行整体分析。

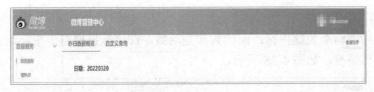

图 4-26　微博管理中心

1．"昨日关键指标"

运营者需要留意净增粉丝数、阅读数、互动数、主页浏览量、文章阅读数、视频播放量、不同时间数据对比情况，从而通过客观数据找出差异，以提升运营效率。

（1）净增粉丝数：账号昨日净增加的粉丝数。

（2）阅读数：账号近 30 日内发布的微博在昨日被阅读的次数。

（3）互动数：账号发布的微博在昨日被转发、评论和点赞次数的累加。

（4）主页浏览量：账号的个人主页在昨日被浏览的次数。

（5）文章阅读数：账号近 7 日内发布的头条文章在昨日被阅读的次数。

（6）视频播放量：账号近 7 日内发布的视频在昨日被播放的次数。

（7）不同时间数据对比情况：分别计算昨日数据相比 1 天、7 天和 30 天前的变化情况。

2．"粉丝变化"

净增粉丝数能够帮助运营者监测粉丝增长情况。如果粉丝数据增长，运营者需要根据发布内容、数量、发布时间等进行总结，整理运营经验以提升粉丝增长速率；如果粉丝增长数据下降，运营者应查看近期微博数据，查找原因、总结教训，从而规划以后的运营。

同理，运营者也可对阅读数、互动数、主页浏览量、文章阅读数、视频播放量进行分析。例如，运营者发现互动数呈明显增长趋势，通过查阅微博发现，近期在微博里由于添加了互动引导语，从而提升了互动效果，因此这可作为日后运营经验加以利用。

"粉丝变化"中有两个关键指标：新增粉丝数和减少粉丝数。其中，减少粉丝数既包含粉丝主动取消对账号的关注，又包括账号主动移除粉丝的关注。在"粉丝分析"中，运营者可以看到粉丝变化的具体情况，如图 4-27 所示。

图 4-27　微博粉丝数据

3. "互动"

"互动"中有两个关键指标：阅读数和互动数。在"数据概览"中，运营者可以看到互动数据的具体情况，如图 4-28 所示。

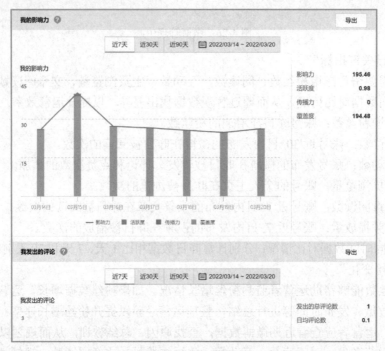

图 4-28　微博互动数据

4. "我的主页"

"我的主页"模块有两个关键指标：主页浏览量和主页访问人数。在"数据概览"中，运营者可以查看主页的详细数据，运营者主页被浏览的次数和人数越多，说明运营策略越好。运营者可以分析波峰、波谷数据，进而找到提升浏览量的方法，以增强运营效果。

5. "我发布的内容"

"我发布的内容"模块共包括两个关键指标，即发博数和发出的评论数。发博数是指账号发出微博的条数，发出的评论数指账号发出评论的条数。

6. "文章"和"视频"

通过"文章"和"视频"模块，运营者可以分析文章阅读数和视频播放量。同样，运营者可以分析文章和视频数据的波峰和波谷位置，进而总结运营规律，以提升运营效率。

（二）微博内容数据分析

微博内容数据分析主要包括内容分析和文章分析。其中，内容分析指对所发博文进行数据分析，文章分析指对微博头条文章进行数据分析。

1. "博文分析"

运营者单击"管理中心"→"数据助手"→"博文分析"，即可对所发博文进行数据分析，如图 4-29 所示。在"博文分析"模块，可对发布内容做详细分析，包括微博阅读趋势，微博阅读人数，微博转发、评论和赞。

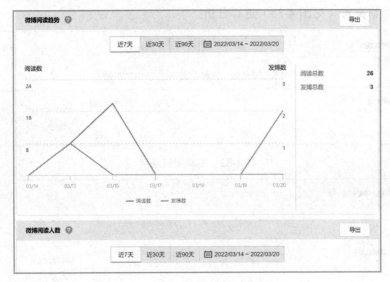

图 4-29　微博博文分析

2. "单条微博分析"

在"单条微博分析"模块中，运营者可以选择任意指标进行显示，可对阅读数、阅读人数、点击数、互动数进行数据分析，将光标放在相应位置，即可显示这些指标的具体数值，如图 4-30 所示。单击右上角的"导出"按钮，将数据导出至 Excel 中，对数据进一步分析，以探索提高运营效率的方法。

图 4-30　微博的单条微博分析

3. "文章分析"

运营者单击"管理中心"→"数据助手"→"文章分析"，即可对所发博文进行数据分析，如图 4-31 所示。

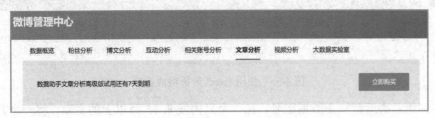

图 4-31　微博的"文章分析"

在文章分析模块，可以对微博文章阅读趋势（见图 4-32），文章转发、评论和赞（见图 4-33），单篇文章（见图 4-34）进行分析。

图 4-32　文章阅读趋势

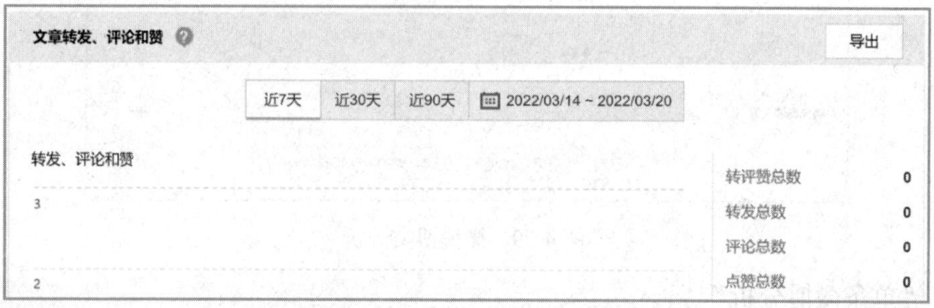

图 4-33　文章转发、评论和赞

图 4-34　单篇文章分析

与"博文分析"类似，运营者可将详细数据导出至 Excel 中。运营者可对文章阅读数和点赞数进行数据分析，找出点赞数高的文章，总结文章相同点，并分析满足了用户哪些需求，进而总结运营规律；同理，运营者可对高阅读量文章在文风、排版、发布时间等方面进行详细分析，进而制订合理的运营措施。

将数据导出后，运营者在 Excel 中选中"阅读数"，并选择"开始"→"条件格式"→"最前/最后规则"→"前 10 项"，如图 4-35 所示，可以突出显示阅读量位于前 10 的文章。

![使用 Excel 分析微博数据的界面截图]

图 4-35　使用 Excel 分析微博数据

实战训练：请运营一个微博账号，在一个月内发布 15 篇以上的文章，将一个月的文章导出至 Excel 表格中进行数据分析，并进行运营策略的调整分析。

（三）微博粉丝数据分析

微博粉丝数据分析主要包括粉丝分析和互动分析。对微博粉丝属性进行分析，便于掌握粉丝的喜好，利于运营规划。

1. 粉丝分析

粉丝分析可对"当前粉丝数""粉丝增加总数""粉丝减少总数""粉丝净增总数""主动取关粉丝总数"与"平均粉丝增长率"进行观察与分析，如图 4-36 所示。除了粉丝增加数，还可对"近 7 日取关粉丝列表"进行 Excel 导出分析，如图 4-37 所示。通过数据分析图，运营者可以快速获得粉丝增长和减少情况，从而利于对当天内容进行分析，找出数据变化原因。

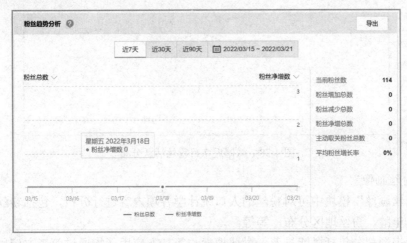

图 4-36　粉丝分析指数

图 4-37　微博近 7 日取关粉丝列表

2. "近 7 日粉丝活跃分布"

在"近 7 日粉丝活跃分布"模块中，运营者可对活跃粉丝数进行分析。粉丝在某一天或某个时间段中登录过微博，即可将其视为活跃粉丝。

在"近 7 日粉丝活跃分布"中，运营者可以查看以柱形图分布的活跃粉丝情况，进而合理评估自己账号的价值。

运营者可以查看近 7 日平均活跃粉丝数按小时的分布情况，进而总结出合理发文时间，如图 4-38 所示。

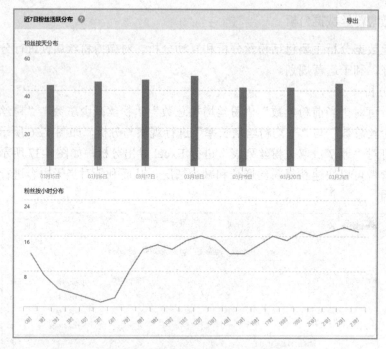

图 4-38　微博近 7 日粉丝活跃分布

3. "粉丝画像"

在"粉丝画像"模块中可对粉丝的人口统计学各项内容进行分析，包括粉丝来源，粉丝的性别、年龄，粉丝地区分布，等等。

在粉丝来源部分包括微博推荐、微博搜索与第三方应用（指通过第三方应用关注账号的粉丝数量，如通过简书、今日头条等渠道关注）。粉丝的性别和年龄会影响运营者的选题及语言风格，毕竟提供容易理解、对用户有价值的内容才是提高阅读量的有效措施。运营者可以以直方图形式查看不同年龄阶段男女粉丝的占比，也可将数据导出至 Excel 中统计男女整体占比，如图 4-39 所示。关注粉丝的地区分布有利于规划线下活动和运营内容。

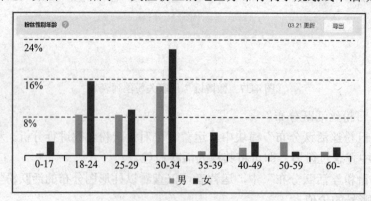

图 4-39　微博的粉丝性别和年龄

4. 其他类型的粉丝信息

此类粉丝信息中包含关注我的人的粉丝量级、粉丝兴趣标签、粉丝星座、粉丝使用手机系统、粉丝使用最多的手机型号。运营者可以对关注我的人的粉丝量级进行数据分析，如图 4-40 所示。粉丝中，粉丝量级大的人数越多说明运营者的影响力越大。除此之外，可对粉丝兴趣标签进行分析，如图 4-41 所示，以便于根据粉丝需求提供合适的内容，进而提高粉丝黏性。不同星座的人，性格和喜好可能会不同。微博后台提供了粉丝星座分布的雷达图，如图 4-42 所示，运营者将鼠标悬浮在图上任意一点即可看到当前星座所占的比例。运营者也可以将数据导出至 Excel 表格中，以便进一步对数据进行分析。

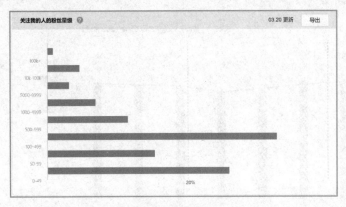

图 4-40　粉丝量级

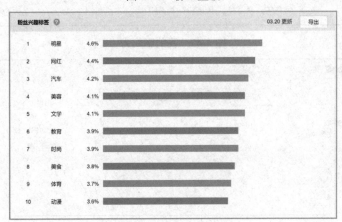

图 4-41　粉丝兴趣标签

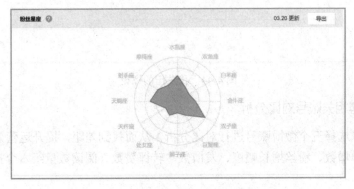

图 4-42　粉丝星座分布雷达图

5. "互动分析"

"互动分析"模块主要包括"近7天账号互动TOP10"、"我的影响力"（见图4-43）和"我发出的评论"（见图4-44）。通过我的影响力指数与我发出的评论数可以得知一个阶段内微博运营的情况与账号活跃度，账号活跃度直接影响账号的运营与推广情况，要时刻关注。

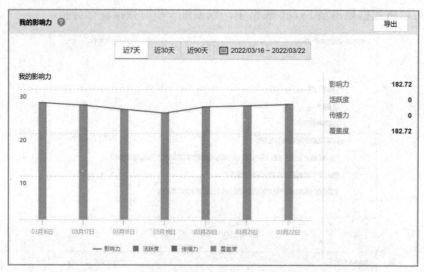

图 4-43　我的影响力

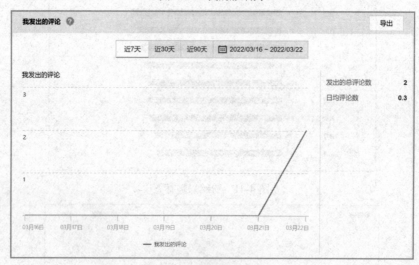

图 4-44　我发出的评论

（四）微博相关账号对比分析

运营者可以选择五个微博账号进行对比分析，从而找到差距，提升运营效果；可对当前粉丝数、粉丝净增数、粉丝增长幅度、发博数、转评赞数、阅读数量级六个指标进行分析。

1. 概览

选择"管理中心"→"数据助手"→"相关账号分析"后，添加要对比分析的微博账号即可看到对比结果概览，其中对比账号最多可添加 5 个，如图 4-45 所示。

图 4-45　微博相关账号分析

2. 对比分析

添加账号之后可对"当前粉丝数""粉丝净增数""粉丝增长幅度""发博数""转评赞数""阅读数量级"六个指标进行分析，如图 4-46 所示。数据助手自带"近 7 日关键指标趋势"数据分析，可对比相关账号的增长数据，如图 4-47 所示。

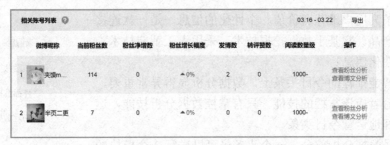

图 4-46　账号对比列表

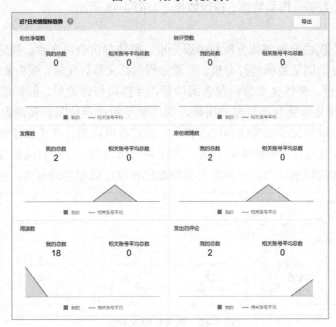

图 4-47　相关指数对比

三、今日头条数据分析

（一）今日头条数据分析概述

今日头条是北京字节跳动科技有限公司开发的一款基于数据挖掘的推荐引擎产品，为用户推荐信息，提供连接人与信息的服务。其最大特点在于基于个性化推荐的引擎技术，根据每个用户的兴趣、位置等多个维度进行个性化推荐，推荐内容不仅包括新闻，还包括音乐、电影、游戏、购物等资讯。根据用户社交行为、阅读行为、地理位置、职业、年龄等挖掘用户兴趣。通过社交行为分析，5 秒计算出用户兴趣；通过用户行为分析，用户每次动作后，10 秒内更新用户模型。目前已覆盖大多数中央媒体、省级媒体、地市级媒体以及各行业媒体超过 3700 家，如新华社、光明网、《解放军报》、《新京报》、澎湃新闻等。随着技术的不断推进与发展，截至 2022 年 3 月 15 日，今日头条已上线算法关闭键，允许用户在后台一键关闭"个性化推荐"。

（二）头条号文章数据分析

今日头条为用户推荐有价值、个性化的信息，是一款连接人与信息的产品。它基于数据挖掘技术，采用人工智能技术为用户推荐个性化信息。

在基于智能推荐的今日头条上，数据分析显得异常重要，也是每位运营者应该掌握的技能。只有掌控数据分析技能，运营者才能更好地运营今日头条。

在头条号数据分析部分，一个头条号可以进行 3 个模块的数据分析，即收益数据、作品数据、粉丝数据，如图 4-48 所示。

图 4-48　头条号数据统计分析

1. 作品数据

"作品分析"模块分为整体分析与单篇分析。整体分析会对文章、视频、微头条、问答与小视频各个部分的浏览数据进行分析。单篇分析包括文章、视频、微头条、问答与小视频。

（1）整体分析。整体文章分析包含阅读量、点赞量与评论量。阅读量对运营者而言至关重要，它是衡量文章受欢迎程度的指标，阅读量是粉丝定位是否精确及获得高收益的保障；点赞量与评论量是文章被关注程度的指标，运营者可以通过评论量收集读者需求进而优化选题，增强文章互动性，如图 4-49 所示。除了基础阅读量，还可对流量数据进行观察与分析，同时包含读者的性别分布、年龄分布与地域分布以及机型终端分布，如图 4-50 所示。

图 4-49　头条号概况分析

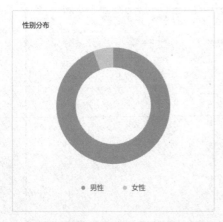 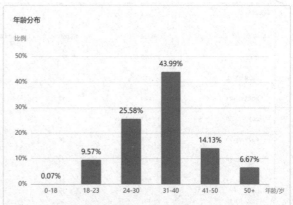

图 4-50　读者人口统计学数据

可以从整体分析中的"文章""视频""微头条""问答""小视频"等各分支数据获取流量的来源趋势（见图 4-51）与读者的人口统计学数据。运营者可以根据流量来源与人口统计学数据改善运营内容，根据读者的人口统计学特征有的放矢地进行内容发布。

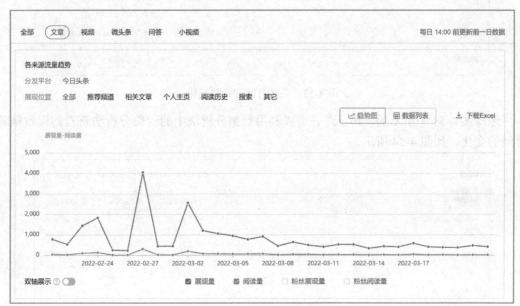

图 4-51　各来源流量趋势

由于数据以天为单位进行回收与发布，运营者可以对两天不同的数据进行对比，从而确定有利的运营措施。例如，针对某情感类头条号，可以根据图 4-52 所示的"展现量""阅读量"，利用上文讲述的漏斗分析法和对比分析法，对数据进行分析。

（2）阅读趋势分析。在"整体"选项卡中可进行时间选择，可选择"7 天""30 天"或选择任一时间段查看阅读趋势的变化，如图 4-53 所示。

数据趋势					✓ 趋势图　⊞ 数据列表　⬇ 下载Excel
时间	展现量 ⑦	阅读量	粉丝展现量	粉丝阅读量	点赞量
累计	24,099	1,377	0	0	11
2022-03-22	412	12	0	0	0
2022-03-21	469	13	0	0	0
2022-03-20	371	9	0	0	0
2022-03-19	378	18	0	0	0
2022-03-18	403	12	0	0	0
2022-03-17	576	38	0	0	1
2022-03-16	401	14	0	0	0

图 4-52　头条号数据对比分析

昨日展现量 ⑦	昨日阅读(播放)量	昨日点赞量	昨日评论量
450	**12**	**0**	**0**
粉丝展现量 0	粉丝阅读(播放)量 0		

流量分析　　　　　　时间　7天　30天　🗓 2022-02-21 ～ 2022-03-22

数据趋势　　　　　　✓ 趋势图　⊞ 数据列表　⬇ 下载Excel

图 4-53　头条号阅读趋势变化

选择图 4-53 中所示的"30 天",可以利用数据分析法中的回归分析法查看阅读数据随时间的变化,如图 4-54 所示。

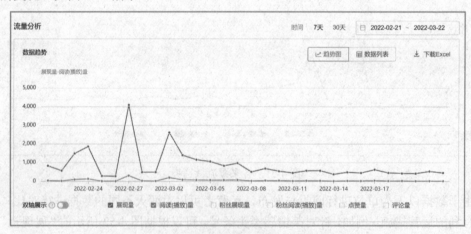

图 4-54　头条号阅读数据随时间的变化

分析波峰位置可以找出有利于运营的因素;分析波谷位置有利于规避运营中的不利因素,进而提升头条文章阅读量。波谷位置是阅读量较差的情况,通过统计质量较差文章的共同点可以找到阅读量差的原因,为以后的运营规划方向。通过分析文章 7 天、30 天的阅读趋势,合理之处继续发扬,不合理之处注意调整,要通过分析找到运营下滑的原因。

（3）单篇分析。单篇分析包括“文章”“视频”“微头条”“问答”与“小视频”分析。参数数据包括“展现量”“阅读量”“点击率”“阅读时长”“点赞量”“评论量”与“收益”七项。可以将某一时间段的文章数据用 Excel 导出，便于进一步进行数据分析，如图 4-55 所示。

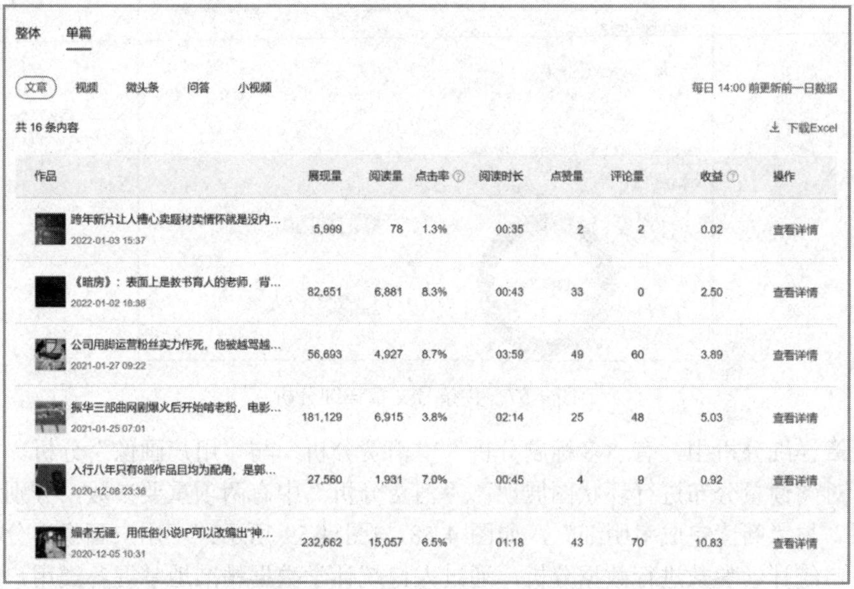

整体 单篇

文章 视频 微头条 问答 小视频 每日 14:00 前更新前一日数据

共 16 条内容 下载Excel

作品	展现量	阅读量	点击率	阅读时长	点赞量	评论量	收益	操作
跨年新片让人糟心卖题材卖情怀就是没内… 2022-01-03 15:37	5,999	78	1.3%	00:35	2	2	0.02	查看详情
《暗房》：表面上是教书育人的老师，背… 2022-01-02 18:38	82,651	6,881	8.3%	00:43	33	0	2.50	查看详情
公司用脚运营粉丝实力作死，他被越骂越… 2021-01-27 09:22	56,693	4,927	8.7%	03:59	49	60	3.89	查看详情
振华三部曲网剧爆火后开始啃老粉，电影… 2021-01-25 07:01	181,129	6,915	3.8%	02:14	25	48	5.03	查看详情
入行八年只有8部作品且均为配角，是郭… 2020-12-08 23:36	27,560	1,931	7.0%	00:45	4	9	0.92	查看详情
媚者无疆，用低俗小说IP可以改编出"神… 2020-12-05 10:31	232,662	15,057	6.5%	01:18	43	70	10.83	查看详情

图 4-55　头条号单篇文章分析

在导出的 Excel 表格中，通过具体数据对文章发布与阅读情况进行观察，可通过上文讲到的直接评判法进行数据分析，如图 4-56 所示。借助 Excel 导出的数据，可以快速分析阅读量大于平均值的文章，从而分析这些文章阅读量高的原因，利于进一步规划运营。

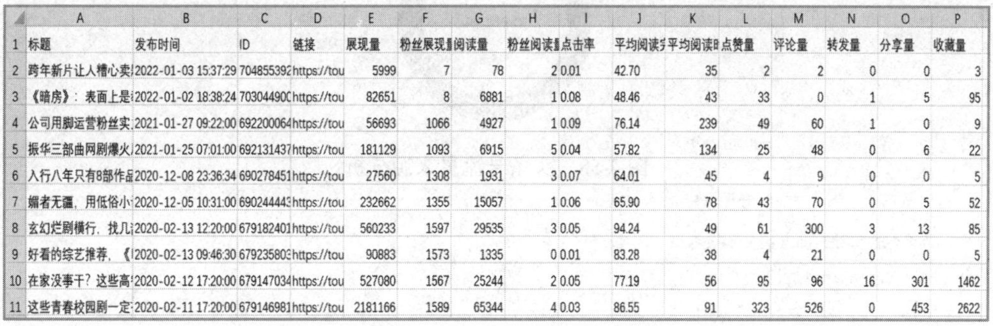

	A	B	C	D	E	F	G	H	I	J	K	L	M	N	O	P
1	标题	发布时间	ID	链接	展现量	粉丝展现量	阅读量	粉丝阅读量	点击率	平均阅读	平均阅读时	点赞量	评论量	转发量	分享量	收藏量
2	跨年新片让人糟心卖	2022-01-03 15:37:29	704855392	https://tou	5999	7	78	2	0.01	42.70	35	2	2	0	0	3
3	《暗房》：表面上是	2022-01-02 18:38:24	70304490C	https://tou	82651	8	6881	1	0.08	48.46	43	33	0	1	5	95
4	公司用脚运营粉丝实	2021-01-27 09:22:00	692200064	https://tou	56693	1066	4927	1	0.09	76.14	239	49	60	1	0	9
5	振华三部曲网剧爆火	2021-01-25 07:01:00	692131437	https://tou	181129	1093	6915	5	0.04	57.82	134	25	48	0	6	22
6	入行八年只有8部作品	2020-12-08 23:36:34	690278451	https://tou	27560	1308	1931	3	0.07	64.01	45	4	9	0	0	5
7	媚者无疆，用低俗小	2020-12-05 10:31:00	690244443	https://tou	232662	1355	15057	1	0.06	65.90	78	43	70	0	5	52
8	玄幻烂剧横行，找几	2020-02-13 12:20:00	679182401	https://tou	560233	1597	29535	3	0.05	94.24	49	61	300	3	13	85
9	好看的综艺推荐，《	2020-02-13 09:46:30	679235803	https://tou	90883	1573	1335	0	0.01	83.28	38	4	21	0	0	5
10	在家没事干？这些高	2020-02-12 17:20:00	679147034	https://tou	527080	1567	25244	2	0.05	77.19	56	95	96	16	301	1462
11	这些青春校园剧一定	2020-02-11 17:20:00	679146981	https://tou	2181166	1589	65344	4	0.03	86.55	91	323	526	0	453	2622

图 4-56　头条号导出 Excel 数据

实战训练：将自己最近 7 天的阅读数据导出至 Excel 表格，并快速找出阅读量低于平均值的文章，从标题、排版及发文时间等角度分析、总结阅读量低的经验教训。

除了借助 Excel 工具进行分析，还可以进行详细分析，在单篇分析中单击“查看详情”按钮可对单篇文章进行详细分析，以获取流量、收益、互动等信息，如图 4-57 所示。

图 4-57 头条号文章详细分析

在文章详细分析中,有"多标题分析""消费分析"与"用户画像"分析。"多标题分析"可对阅读量分布进行环状图展现;"消费分析"中有两项重要参数,分别是"流量来源分析"与"阅读完成率明细",如图 4-58 与图 4-59 所示;"用户画像"分析是对阅读者的人口统计学参数进行数据分析,通过人口统计学数据精准地掌握各类用户的文章偏好,在下一步运营中更好地进行查漏补缺。

图 4-58 头条号流量来源分析

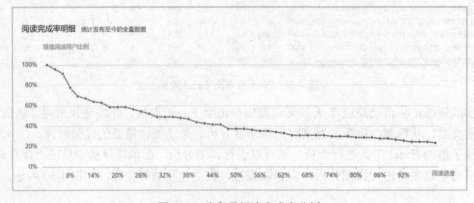

图 4-59 头条号阅读完成率分析

通过阅读来源，运营者可以单击相关区域查看每个部分所占的比例。通过分析数据得知，首先是推荐量所占的比例最高，故运营者需要努力提高头条指数，进而确保阅读量提升；其次是应用所占比例较高，故运营者需要及时将文章分享至个人主页，如微信朋友圈、微博等第三方社交网络，进而提升文章阅读量。同理，运营者可以通过阅读完成率分析，查询阅读完成率在 20%以下的文章所占的比例，进而分析原因，找到提升文章吸引力的方法，引导读者完成阅读。

2. 粉丝数据

（1）概况。粉丝数据包含了"核心数据"、粉丝"数据趋势"、"粉丝特征"与"粉丝偏好"。"核心数据"中包含粉丝变化数、活跃粉丝数、活跃粉丝占比与粉丝总数四类数据，如图 4-60 所示。

图 4-60　粉丝核心数据

运营者可以自行输入起止时间对新增粉丝数做进一步分析，如图 4-61 所示。运营者主要分析新增粉丝中曲线的波峰位置，探寻粉丝快速增长的原因，进而提高头条运营效率。运营者也可以分析整个增长趋势，便于了解当前运营状态，合理规划后期运营。

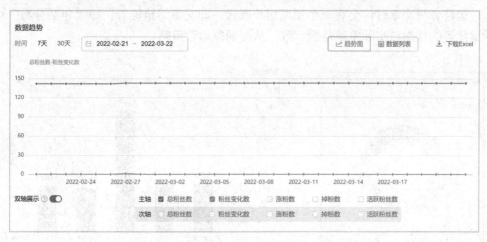

图 4-61　头条号数据详情

由于头条后台仅给出了新增粉丝的曲线图，运营者若想分析其他数据，如累计粉丝数等，可以将数据导出至 Excel 中进行详细分析，如图 4-62 所示。

时间	总粉丝数	粉丝变化数	涨粉数	掉粉数	活跃粉丝数
2022-02-21	142	0	0	0	51
2022-02-22	142	0	0	0	50
2022-02-23	142	0	0	0	49
2022-02-24	142	0	0	0	53
2022-02-25	142	0	0	0	51
2022-02-26	142	0	0	0	49
2022-02-27	143	1	1	0	54

数据趋势　时间　7天　30天　2022-02-21 ~ 2022-03-22　趋势图　数据列表　下载Excel

图 4-62　头条号导出 Excel

粉丝特征包括 4 个部分，即"性别分布""年龄分布""地域分布"和"终端分布"。

①"性别分布"。"性别分布"在粉丝特征中至关重要，它决定了运营者的选题和写作文风。运营者可在今日头条后台"数据"→"粉丝数据"→"概况"→"粉丝特征"中查看粉丝性别比例，如图 4-63 所示。

课后演练：观察头条后台发现粉丝中男性占比较高，达到 60%，那么在垂直领域内应结合哪些热点来提升文章阅读量呢？理由是什么？

②"年龄分布"。运营者可在粉丝特征中查看头条粉丝的"年龄分布"，如图 4-64 所示。运营者写文章时，会有一个预期用户画像，即文章写给谁看，而"年龄分布"可以显示运营者的预期与实际粉丝是否一致，从而调整运营策略。

图 4-63　头条号粉丝性别分布

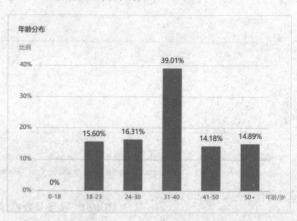

图 4-64　头条号粉丝年龄分布

③"地域分布"。"地域分布"采用的是数据分析法中的结构分析法，即粉丝按地域占总体数据比例的分析方法。运营者可以在头条后台看到粉丝在各个地域的分布比例，如图 4-65 所示。

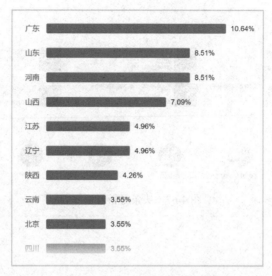

图 4-65　头条号粉丝地域分布

④"终端分布"。"终端分布"主要显示了粉丝所用手机机型的占比情况，如图 4-66 所示。

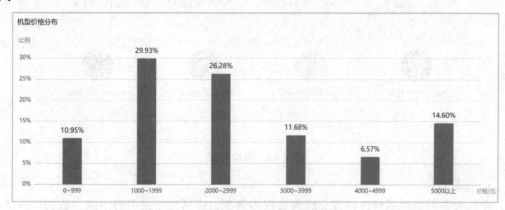

图 4-66　头条号粉丝终端分布

分析用户手机机型占比，对于运营来说也有很大的启发意义。不同机型的版式设计与排版理念各不相同，运营者要根据实际的机型版式要求创作出更受用户欢迎的文章及版式。

⑤"粉丝偏好"。运营者可在头条后台查看"粉丝偏好"（见图 4-67），运营者可以在文章中加入相应关键词，从而满足用户的需求，在下一步文章发布与运营中增加相应主题的文章量，提升粉丝黏性，满足粉丝偏好。在后台还可以看到粉丝喜欢的其他头条号作者，通过对这些头条号进行分析，运营者可以了解这些头条号的文风、内容形式等，进而对粉丝有更多了解，便于日后加速粉丝运营，提升文章传播度。

（2）粉丝列表。运营者可在后台查看粉丝列表，如图 4-68 所示。运营者可以单击用户头像进入粉丝个人主页，查看粉丝发表的文章，进而对粉丝有全方位的了解；也可以在粉丝主页查看粉丝关注的其他头条号作者，通过分析这些头条号作者，帮助自己提升粉丝对自己公众号的好感度。

图 4-67　头条号粉丝偏好

图 4-68　粉丝列表

3. 收益数据

今日头条可通过后台进行媒介经营数据的评判，即通过单击平台中的"数据"→"收益数据"进行媒介营销效果的查看。收益数据包含三个参数，即"整体收益""创作收益"和"自营广告"，如图 4-69 所示。

图 4-69　今日头条收益数据

在"整体收益"参数下可以通过对"7天""14天""30天"的参数选择查看收益趋势，如图4-70所示。波峰收益的文章内容可以为下一步文章发布与平台运营提供有益的借鉴。文章收益与文章关注度成正比，收益较高的文章必然受到读者的广泛关注。内容越优质，看到的人越多，传播度也会越高，在此基础上，文章收益也会越高。

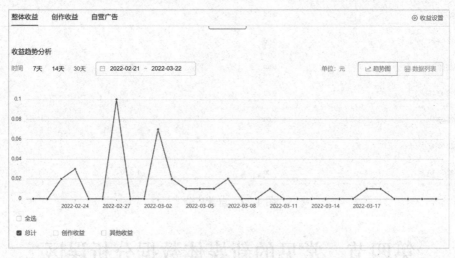

图4-70　文章收益趋势分析

"创作收益"包含"全部"、"文章"、"问答"、"微头条"和"视频"收益，如图4-71所示。与"整体收益"相同，"创作收益"同内容关注度成正比。"自营广告"收益可自行进行参数（参数包含7天、14天和30天）选择与设置，如图4-72所示。平台收益对于内容要求很高，从垂直度来讲，要保持在垂直领域内的每日更新；从原创度来讲，要减少摘抄，尽量手动发文，坚持在今日头条上首发。

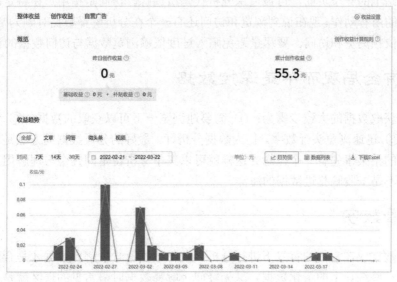

图4-71　创作收益

整体收益　创作收益　自营广告　　　　◎ 收益设置

时间　7天　14天　30天　2022-03-16 ~ 2022-03-22

日期	展示量	点击量	点击率
2022-03-22	0.00	0.00	0.00
2022-03-21	0.00	0.00	0.00
2022-03-20	0.00	0.00	0.00
2022-03-19	0.00	0.00	0.00
2022-03-18	0.00	0.00	0.00
2022-03-17	0.00	0.00	0.00
2022-03-16	0.00	0.00	0.00

图 4-72　自营广告

第四节　常见的新媒体数据分析误区

一、混淆访问数据与浏览数据

不管是否为新手数据分析师，都会陷入交替使用访问数据和浏览数据这两个概念的陷阱。现在，让我们定义“浏览”和“访问”，并一次性将它们区分开。浏览（页面浏览）是指浏览网站上的一个页面，可被追踪分析代码所追踪。访问是指用户在特定时间内，在网站上进行的所有动作。现在说到浏览和访问还有一个在分析解释数据时颇为常见的错误，那就是过于依赖浏览和访问。要尽量避免陷入过度依赖浏览数据与访问数据的误区。

二、要有全局观而不是深挖数据

现在，获取数据的大致步骤为：① 简要地浏览一下可以获取的数据；② 快速评估手头的数据；③ 迅速浏览头行数字。作为数据分析师，最好的分析数据的方法是对要分析的数据所产生的结果事先有一个概念。这样就可以集中分析特定的几个与理解用户行为有关的指标，而不是一股脑扎进数据的海洋。

三、只看数字

没有把数据放在它们的背景下进行分析。基于数据背景去解释数据才是合理的，否则就只能分析一些统计上的量化数据。毫无疑问，解释数据时最常见的误区就是进入数字的“咒语”。这些数据表示的是真实用户的行为，一旦忽略了它们的来源，那么数据就失去了它们的价值。数据只有与用户体验联系在一起解释才能真正体现其价值。

四、忽略用户划分

当解释定量和定性数据时，不要忽略有价值的因素对用户体验的影响。在匆忙地做出错误假设、读取分析数据前，应把这些数据分解成多个相关部分。移动用户、桌面用户、来自不同国家的用户、不同年龄组的用户等，用户群的基础划分将更好地为数据分析流程服务，目标明确，划分合理。通过用户群体划分可以有的放矢地实现目标群体的数据分析需求，提高数据分析的效率与速率。

五、在分析之前没有制订清晰的目标

每天回收的数据是海量的，但如果一开始就花时间制定目标，就会知道从数据分析中想获得的是什么，数据指向哪些具体对象，专注于用数据解释用户行为的相关度。用通俗的话说：如果不知道要去什么地方，又怎么知道如何到达那个地方。

习　题

1. 在新浪微博平台寻找一个粉丝数大于 30 万人的微博账号（大 V、企业微博均可），分析其微博账号的运营规律。

2. 分析一个自己喜欢的公众号类型，收集、整理三个月内排名前十位的该类型的公众号，并且对点击量最高的文章做内容分析。

3. 在今日头条上注册账号，发布一则时事热点的相关文章。根据自己的文章，对后台数据进行分析说明，角度自选。

实　践　任　务

围绕（网络）媒体或企业进行新媒体平台运营——微博微信运营、头条抖音运营等，类型自选。要求至少有 3 个月以上的运营文档、具体执行方案，并给出执行效果评价。

不限定主题，通过市场调研分析、问卷调查等形式确定主题。作品选题可涉及政治、经济、环境、教育、时政、娱乐、文化等多个领域。

具体要求：在运营过程中有执行，有日常运营的记录，有最终的运营效果，有相关系统进行的 BCI 或 WCI 指数统计，或政务新媒体指数统计，等等。至少有 3 个月以上的效果文档，根据所学知识进行内容分析。

案例讨论

2020 年 7 月 8 日，海南警方推出全网首个抓捕 VLog，记录海南警方打击电信诈骗犯罪"蓝天二号"行动的收网现场，行动中皆是真枪实弹。7 月 9 日，海南警方称，收网行动共到案犯罪嫌疑人 265 名，且行动次日就有多名在逃人员发视频自首，仅 40 多小时 82 人全部投案。视频发出后获得了网友的一致好评。短短几天，就收获了网友 300 多万次点赞，播放量达到 6500 多万次，10 天时间，火遍全网。

7 月 8 日至 10 日，相关信息的全网信息量达到 1.7 万条，其中微博成为事件的主要传播平台。"警方硬核抓捕 VLog""首个抓捕 VLog 刷屏幕后故事"等微博话题的总阅读量为 2032.5 万次，讨论数为 5791 条。对相关信息微博传播层级进行统计，可见一次转发占比为 57.38%，二次转发占比为 17.67%，三次转发占比为 5.61%，四次及以上转发占比为 19.35%，侧面说明相关信息的传播较为深入。

截至 7 月 10 日 10 时，海南警方官方微博发布的警方抓捕 VLog 共收获 1.0 万次转发、2647 条评论，点赞数 2.4 万个。经分析，这条微博在传播中共形成了 19 个转发层级，覆盖的微博用户数达 2.6 亿人次，单条微博传播指数为 99.43。第 1 层级转发者共转发 3853 次，占总转发数的 37.40%，是微博传播的主要力量。

据媒体报道，海南警方官方微博 2020 年 2 月曾记录过，VLog 系列已经推出了 20 多期，除了抓捕现场，还有反诈骗系列、法医系列等多个主题。这一 VLog 系列表现形式活泼，语言轻松幽默，警务宣传更加接地气、贴近群众，在讲好警察故事、增进警民互动、传播正能量方面取得了良好的传播效果。

思考：

在政务新媒体平台运用中，如何通过新媒体平台的数据分析进行运营内容的调整，以期达到更好的传播效果？

参考资料

[1] 中国互联网络信息中心. 第 49 次《中国互联网络发展状况统计报告》[EB/OL]. （2022-02-25）. http://www.cnnic.net.cn/gywm/xwzx/rdxw/20172017_7086/202202/ t20220225_ 71724.htm.

[2] Pew Research Center, https://www.usnews.com/topics/organizations/pew_research_center.

第五章

新媒体数据的可视化呈现

> **引言**
>
> 随着大数据时代的到来，互联网进入了一个数据量飞速增长的阶段。人们逐渐在新媒体数据的海洋中迷失，这给新媒体数据的可视化带来了机遇，也带来了新的挑战。如何让数据"从看不见变成看得见，人们从不愿意看变成愿意看"，成为数据可视化要解决的突出问题。本章介绍从非视觉的数据向视觉化转化的基本原理和技巧，提供柱形图、折线图、树图等13种图表的选择和设计方法，介绍时序数据、空间数据、层次和网络数据、文本数据的可视化方案。

微信、微博、头条号、抖音等新媒体平台每天都在产生大量的新媒体数据。仅仅采集、分析这些新媒体数据远远不够，只有将这些新媒体数据高效、直观、生动、准确地进行视觉呈现，才能使大家共享数据带来的红利。人的大脑有一半以上的神经与视觉有关，而人从外界所获得的信息中，70%以上是通过视觉得到的，并且人类具有高效的、大容量的图形和图像信息通道。数据可视化将数据以图表的形式呈现出来，提供直观的可视界面，用户通过视觉器官获得经过可视编码后的信息，经大脑解码并形成认知，在交互和分析过程中洞悉信息内涵，获得解决问题的方法。因此，科学、合理地利用图表呈现数据成为各行业人才的必备技能。

第一节 新媒体数据呈现的基本原理

随着数据获取技术的飞速进步，人类社会步入了大数据时代，信息社会无时无刻不在产生大量的数据。直接处理数据的能力已经远远落后于数据获取能力，处理数据的能力或者数据可视化能力已经成为一种至关重要的技能。

一、可视化基本理论

（一）可视化定义及分类

《卫报》"数据博客"的创始人兼主编西蒙·罗杰斯（Simon Rogers）2011 年在其著作《事实的神圣：数据的力量》（*Facts are Sacred: the Power of Data*）中提出：数据可视化（visualization）是利用计算机图形学和图像处理技术，将数据转换成图形或图像在屏幕上显示出来，并进行交互处理的理论、方法和技术。它涉及计算机图形学、图像处理、计算机视觉、计算机辅助设计等多个领域，是一项研究数据表示、数据处理、决策分析等一系列问题的综合技术。数据的采集、分析是数据可视化的准备阶段，是前提和基础，最后通过可视化的效果呈现出来。

可视化分为四个类型，分别为科学计算可视化、数据可视化、信息可视化和知识可视化。科学计算可视化是指通过将图形学、计算机学与数学的理论和技术相融合，把在科学生成与工程计算等行为中产生的海量数据转化为更利于理解的图形、图像，用简洁易懂的表达形式呈现出来。科学可视化常以三维立体图形出现，多应用于医学、气象学、生物学等学科。数据可视化技术是指运用图形学理论辅以图像图形合成技术，将大量数学数据或统计数据转化成图形或图像，并在计算机屏幕上呈现出来，进而实现人机交互合成的技术和方法。信息可视化是将计算机与人脑这两个高速运行、功能完备的信息处理器相互连接并融合，借助计算机将非结构化的数据集合转化得有结构层次和逻辑规律，把抽象难辨的数据变成易于视觉接受的可视化形式，进而利用人类能更快分辨视觉形象的特性，发现隐藏于数据下的问题，找出事物之间的联系以及未来的发展趋势。知识可视化指的是一切能够帮助建构、解释和记忆复杂知识的图解形式。除了传达图形表面呈现的信息，知识可视化更致力于传达观点、想法、态度和价值观，传授经验、能力、技巧，通过这种方式帮助他人准确地重组、构建、学习并应用这些知识。

数据可视化和信息可视化在研究数据新闻过程中经常看到，也是新媒体数据呈现涉及的主要内容，因此作为本章学习的重点。从广义上看，数据是数字、文字、图画、声音和活动图像等对客观事物的记录，而信息则是对人们有意义的数据，数据包含了信息。但是，数据可视化和信息可视化并非简单的包含与被包含的集合关系，数据可视化对象侧重于结构性的数值型数据，而信息可视化对象则主要为非结构性的抽象数据。新媒体数据包罗万象，处理对象既有结构性数据也有非结构性的信息，因此，研究新媒体数据的可视化呈现既包括数据可视化，也包括信息可视化。

（二）数据可视化生产模式

弗莱在其著作《可视化数据》中，将数据可视化分为七个阶段：获取、分析、过滤、挖掘、表述、修饰和交互，同时也提出，在实践过程中，不能一味地模仿这些步骤，而应该根据具体需求选择合适的可视化流程，有可能只有其中的某几步，也有可能会用到全部。孙品一、周峰从数据预处理、映射、绘制、显示四个环节出发，介绍了数据可视化的具体设计流程。邱南森在其著作《鲜活的数据：数据可视化指南》中，将数据可视化分为收集数据、设置数据格式以及选择可视化工具三部分，并根据这些工作流程，以章节形式先后介绍了如何处理数据、如何选择可视化工具等问题。方洁、王若需从 2015 年 3 月"信息之美奖"关于"食物中毒"的六个获奖作品出发，探究了数据可视化的五个步骤：厘清数据集、明确可视化目标、选择呈现方式、构建可视化场景、完善视觉效果。方洁等人认为，数据可视化是一种高效的沟通媒介和传播媒介，应始终以用户信息的易获率和阅读体验的愉悦度为追求目标。

（三）可视化图表

陈为等人在《数据可视化》中，将可视化设计的基本图表分为柱状图、直方图、饼图、等值线图、走势图、散点图和散点矩阵、维恩图、热力图等。而邱南森与其他人的分类不同的是，他在其著作《鲜活的数据：数据可视化指南》中，通过数据与不同维度的关系，将可视化图表分为有关时间趋势的可视化、有关比例的可视化、有关关系的可视化、有关空间关系的可视化等不同类型。木村博之在其著作《图解力：跟顶级设计师学作信息图》中，将可视化信息图表分为图解、图表与表格、统计图、地图、图形符号等不同类型。斯坦福大学 2013 年的纪录片《数据时代的新闻学》在第三集《用数据来讲故事》中，提到的可视化图表包括杂志风格的图表、加注释的图表、科学展览海报式图表、动态流程图、连环漫画图、幻灯片、动画等。

本章我们将重点学习各种可视化图表，包括饼状图、柱状图、条形图、堆积图、散点图、气泡图、词云图、雷达图、玫瑰图、地图、示意图等，同时我们将重点学习时序数据、空间数据、文本数据、网络层次数据这 4 种数据类型的可视化方法，以掌握不同类型图表的不同特点，也同时了解不同图表的局限性，如地图必须是与地理位置相关的数据，时间轴必须有时间跨度上的变化，等等。

（四）可视化设计

可视化设计是数据可视化非常重要的环节。当选择了合适的可视化图表后，还要对这些图表进行色彩设计、场景设计、视觉层次设计、动态交互设计等，以此提升视觉冲击力和用户体验。

色彩设计是可视化设计过程中一个很重要的部分。合理运用色彩能够高效地表现可视化设计的内容。如何确定图表展示中的色彩分配、色彩选择、色彩表达及色彩区域，将会直接影响设计的可视化程度。只有理解与把握色彩的感知与认知，才能更好地运用色彩辅助可视化图表中的数据、视觉元素呈现。

很多数据可视化相关的资料都把研究重点放在了如何选择图表、图表应该如何设计等更细节的问题上，往往忽略了一个环节——场景设计。在可视化过程中通常需要创意场景，将场景和数据所反映的主题和内容相匹配，使读者产生共鸣，以便以最快速度融入数据所呈现的内容和情景中，将抽象的数据更加具象、形象化。

充足的视觉层次设计是可视化作品成功的基础。它有助于以有效的方式组织元素、数据、页面，以便内容易于理解和令人愉快。建立良好的视觉层次能够提高识别效率，激发受众兴趣，提升用户体验，尤其能够突出重点，按优先级呈现数据，建立视觉上的层次感、秩序感、呼吸感。

可视化图表设计正朝着动态化和交互设计的方向发展，因此动态交互设计显得尤为重要。动态交互的可视化图表具有以下几个特点。

（1）传播性。研究表明，人对于运动的画面印象更为深刻，动态视觉能够调动多种感官接收信息，使信息的传播更为有效。动态交互图表比传统图表更具广泛、及时和有效的传播性。

（2）生动性。动态交互图表的故事性使其对于信息展现具有生动性。数据是枯燥无序的，图表设计者在自己理解的基础上以图表形式将其动态呈现，赋予整个图表视觉上的生命力。

（3）交互性。动态交互图表的交互性首先体现在对于数据显示的控制，通过与人交互控制其进度；其次体现在对于用户体验的注重，让用户能够按照自己的喜好进行更丰富的选择；最后体现在用户的参与感，使用户从一个被灌输的视角转变成参与者的视角。

（4）秩序性。静态的可视化图表将数据高度概括总结，通过最为简洁的形式表现出来，但是大量的数据在同一个平面展出，单纯依赖人的视觉顺序并不能使所有人以我们期望的顺序接受数据，个体的差异也会带来一定的视觉紊乱。动态视觉让可视化图表秩序井然，通过时间轴的限定，数据在什么时候出现、出现多长时间都是一致的，受众接收的信息和数据是统一的、可被预设的。

二、数据属性与视觉通道

（一）数据属性

可视化视图由数据映射而来，数据是可视化的对象，可视化设计由输入数据的类型所驱动。数据由"属性+值"两部分组成，如"10001，圆领T恤，S，70"是一组数据，由4个数据项组成，其中的每一个数据项都由"属性+值"构成，在语义上需要确定该组数据在现实世界中的含义，也就是需要确定每个数据属性的物理含义。采集数据之后，经过各种数据处理手段，形成规范的表格，如表5-1所示，表格第一行"订单号、品名、尺码、单价"确定了数据表格中所有数据的属性。

表 5-1　商品信息

订　单　号	品　　名	尺　　码	单　　价
10001	圆领T恤	S	70
10002	翻领T恤	M	120
10003	长袖衬衫	L	230
10004	短袖衬衫	XL	190

表 5-1 中的数据属性可分为 3 类，分别为类别型、有序型和数值型。类别型数据是只能归于某一类别的非数字型数据，属于定性数据或品质数据。类别型数据是对事物进行分类的结果，数据表现为类别，是用文字来表达的。它是由分类尺度计量形成的，用于区分物体，如"订单号"和"品名"。有序型数据用于表示对象的顺序关系，只能归于某一有

序类别的非数字型数据。它是由顺序尺度计量形成的，如表 5-1 中的"尺码"。数值型数据则表示某一种量级的测量值，属于定量数据或数量数据。数值型数据是使用自然或度量衡单位对事物进行测量的结果，其结果为具体的数值，如表 5-1 中的"单价"。

（二）数据类型与视觉通道

将数据信息映射成可视化元素的技术被称为可视化编码。可视化编码由标记和视觉通道两部分组成。标记包括点、线、面等各类图形元素。通道则是标记的视觉特征，包括形状、大小、位置、方向、饱和度、亮度等，通道蕴含着对数据数值信息的设计编码。由于各个视觉通道的特性具有差异，所以可视化结果呈现于用户时，各用户获得信息的难度和需要时间各不相同。数据可视化过程中，要将表现力最强的通道预留给最重要的属性。

当遇到某一种数据时，选用什么视觉通道进行编码？哪一类数据应该用哪一类视觉通道呢？图 5-1 展示了常见的视觉通道，包含位置、长度、角度、面积、色调、饱和度等。

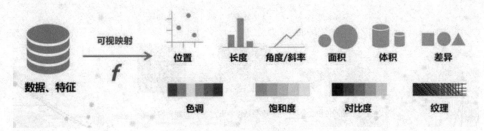

图 5-1　常见的视觉通道

1. 类别型数据的视觉通道

类别型数据描述、感知对象是什么或在哪里，适宜用空间位置、形状、色调等进行编码（见图 5-2）。

图 5-2　用于分类的视觉通道

形状所代表的含义很广，一般理解为对象的轮廓，或者对事物外形的抽象，如圆形、正方形等，可以用不同的形状代表不同的类别。颜色的色调往往用来呈现类别的不同，而具体数值的不同可以用同一色调不同亮度和饱和度的颜色进行呈现。

平面位置在所有的视觉通道中比较特殊。一方面，平面上相互接近的对象会被分成一类，所以位置可以用来表示不同的分类；另一方面，平面使用坐标标定对象的属性时，位置可以代表对象的属性值大小，即平面位置可以映射定序或者定量的数据。

平面位置又可以被分为水平和垂直两个方向的位置，它们的差异性比较小，但是受到重力场的影响，人们更容易分辨高度，而不是宽度，所以垂直方向的差异能被人们很快意识到，这就解释了为什么计算机屏幕被设计成 16∶9 和 4∶3，这样的设计可以使两个方向的信息量达到平衡。

图案也被称为纹理，大致可以分为自然纹理和人工纹理。自然纹理是自然界中存在的有规则模式的图案，如树木的年轮；人工纹理是指人工实现的规则图案，如中学课本上求阴影部分的面积示意图。由于纹理可以看作对象表面或者内部的装饰，所以可以将纹理映射到线、平面、曲面、三维体的表面中，以给不同的事物分类。

2. 有序型、数值型数据的视觉通道

有序型数据和数值型数据描述、感知对象某一属性的具体数值是多少。饱和度、亮度、长度和面积等通道适宜于编码有序型、数值型数据信息（见图 5-3）。

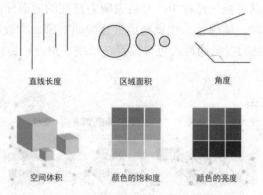

图 5-3　用于有序型、数值型数据的视觉通道

长度也可以被称为一维尺寸，根据史蒂文斯幂次法则，人们对一维的尺寸，即长度或宽度，有清晰的认识。随着维度的增加，人们的判断越来越不清楚，如二维尺寸（面积）。因此，在可视化的过程中，我们往往将重要的数据用一维尺寸编码。

面积也适合编码有序型、数值型数据信息。图 5-4 以面积为视觉通道，7 月洪涝灾害最严重，受灾人数最多，因此蓝点最大。尺寸面积的大小代表数据值的大小。

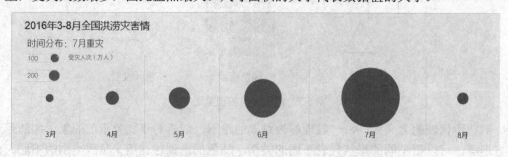

图 5-4　用面积作为视觉通道展示全国洪涝灾害情况

角度还有一个名字叫作方向，方向不仅可以用来分类，也可以用来排序。角度的取值范围为 0°～360°，构成一个圆，有 90° 直角、大于 90° 的钝角和小于 90° 的锐角。

颜色的饱和度指的是色彩的纯度，也叫色度或彩度，是色彩三属性之一，如大红就比玫红更红，大红的色度高。饱和度与尺寸有很大的关系，区域大的适合用低饱和度的颜色填充，如散点图的背景；区域小的使用更亮、颜色更加丰富、饱和度更高的颜色加以填充，便于用户识别，如散点图的各个散点。

颜色的亮度是表示人眼实际感受到的发光体的发光强度或被照射物体表面反射光的强度的物理量。简而言之，在进行拍摄时，如果两个物体表面的最终结果一样亮或看起来一样亮，则它们的亮度相同。在可视化方案中，尽量使用少于 6 个可辨识的亮度层次，两个亮度层次之间的边界也要明显。颜色亮度的不同代表数据值的不同。

3. 分组型数据的视觉通道

分组型数据描述多个或多种标记的组合。分组型数据适合用位置接近、颜色相似、显式连接、显式包围等方式进行呈现（见图5-5）。

颜色相似，即属性类似的对象使用相同色调、不同亮度的颜色进行表示。

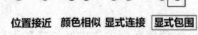

图 5-5　分组型数据的视觉通道

如果说颜色相似借用颜色来聚类属性相似、相同的对象，那么位置接近就是利用距离来表示这些对象。这体现了设计原则中的亲密性原则——相同性质的事物应该放在一起。

显式连接在表示网络关系型数据中使用。例如，在邮件收发关系中，收件人与发件人之间的关系使用线段进行连接，表示他们之间具有一定的联系。

显式包围是将相同属性的对象聚集在一起，并把它们囊括到一个区域，这个区域与其他区域具有明显的分界线，如方框、圆形等。

视觉通道的分类不是唯一的，如位置信息，既能区分不同的分类，又可以用来表示连续数据的差异，所以在数据可视化的过程中，我们应该根据需要做一定的调整。不同类型的数据视觉通道的表现力存在差异，必须根据数据类型选择最佳的视觉通道。

三、可视化组件

基于数据的可视化组件可以分为四种：视觉通道、坐标系、标尺和背景信息。可视化是基于数据和这四种组件创建的。有时它们是显式的，而有时它们会组成一个无形的框架。这些组件协同工作，对一个组件的选择会影响到其他组件。视觉通道前文已经介绍过，这里不再赘述。

（一）坐标系

编码数据的时候，需要把物体放在一定的位置。有一个结构化的空间，还有指定图形和颜色画在哪里的规则，这就是坐标系，它赋予 XY 坐标或经纬度以意义。有几种不同的坐标系——直角坐标系、极坐标系和地理坐标系，几乎可以覆盖所有的需求。

直角坐标系是最常用的坐标系。坐标的两条线垂直相交，取值范围从负到正，组成了坐标轴。柱状图用的就是直角坐标系（见图5-6）。

极坐标系由一个圆形网络构成，最右边的点是零度，角度越大，逆时针旋转越多。距离圆心越远，半径越大。极坐标系没有直角坐标系用得多，但在涉及角度和方向时它会更有用（见图5-6）。

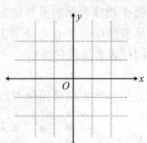

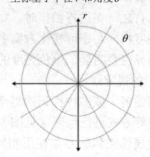

图 5-6　直角坐标系和极坐标系

位置数据的最大好处就在于它与现实世界的联系。这反过来能相对于自己位置的数据点带来即时的环境信息和关联信息。用地理坐标系可以映射位置数据。位置数据的形式有很多种，但通常都是用纬度和经度来描述的。纬度线是东西向的，标识地球上的南北位置。经度线是南北向的，标识东西位置。高度可被视为第三个维度。相对于直角坐标系，纬度就好比水平轴，经度就好比垂直轴。

（二）标尺

坐标系指定了可视化的维度，而标尺则指定了在每一个维度里数据映射到哪里。标尺主要有线性标尺、分类标尺和时间标尺等（见图 5-7）。

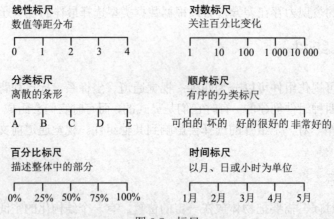

图 5-7　标尺

（三）背景信息

背景信息可以帮助我们更好地理解与数据相关的 5W 信息，即何人、何事、何时、何地、为何，可以使数据更清晰，并且能正确引导读者。它可以提醒读者这张图在说什么。

我们很难总是用熟悉的真实物体来得到背景信息，因此只能用其他方式提供类似标尺的感觉。最容易、最直接的方法就是标注坐标轴、制定度量单位，或者直接告诉读者每一种视觉暗示表示什么。否则，数据抽象出来后，就无法理解其形状、大小和颜色了，等于显示了一团乱糟糟的东西。

至少，可以很容易用一个描述性标题让读者知道他们将要看到的是什么。想象一幅呈上升趋势的汽油价格时序图，可以把它叫作"油价"，这样显得清楚明确；也可以叫它"上升的油价"以表达图片的信息；还可以在标题底下加上引导性文字，描述价格的浮动。

我们选择的视觉通道、坐标系和标尺都可以隐性地提供背景信息。明亮、活泼的对比色和深的、中性的混合色表达的内容是不一样的。同样，地理坐标系可以让我们置身于现实世界的空间中，直角坐标系的 XY 坐标轴只停留在虚拟空间中。

在一个直角坐标系里，水平轴用分类标尺，垂直轴用线性标尺，长度作为视觉通道，这时会得到什么？没错，是条形图。在极坐标系中，半径用百分比标尺，旋转角度用时间标尺，面积作为视觉通道，可以画出南丁格尔玫瑰图。

对于可视化来说，视觉通道、坐标系、标尺和背景信息都是我们拥有的原材料。视觉通道是人们看到的主要部分，坐标系和标尺可使其结构化，创造出空间感，背景信息则赋予了数据以生命，使其表达更贴切，更容易被理解，从而更有价值。

四、可视化目标和任务

除了明确数据属性和视觉通道，可视化及数据呈现的逻辑还必须明确可视化的任务和目标，即用户需要解决什么问题。然后根据可视化任务选择合适的图表、恰当的可视化表达方式及交互设计。

一般来讲，我们需要利用逆向思维，也就是根据我们要呈现的效果来决定如何从非视觉的数据转化为视觉数据。视觉转化的过程是创造性的过程，讲究逻辑性。在视觉转化环节中，需要将前期已经分析出的数据结论，结合对色彩、图形、版式等要素的思考进行设计。不同的读者意味着可视化的目标不同，目标取决于设计者想让读者接收和理解什么样的内容，因此这带来了许多不同的视觉形式。视觉转化需要在数据采集、信息架构的同时，找到新颖、独特、契合目标人群的可视化表达方法，以实现设计的有效性。

可视化必须是有逻辑、有设计、有方法的。在选择图表类型之前，要明确自己要呈现什么样的效果，要向读者表达什么。例如，需要呈现不同时间段的数据走势或者趋势预测，折线图比较适合；需要呈现不同类别的份额比例，可能饼图或者环形图更适合；需要呈现某一阶段的某些元素出现的频率，可能散点图更适合；某些时候，可能还需要应用组合图。

第二节　常用的新媒体数据呈现形式

可用性专家雅各布·尼尔森（Jakob Nielsen）的一项研究表明，一般人阅读网页，平均只会读到 20% 左右的文字。人们的注意力越来越碎片化，大量的文字容易让人产生阅读疲劳，而图表能够比较好地抓住人们的注意力。

图表是对数据的图形表达。高质量的图表能够快速传达各类数据信息，有效提高沟通效率。和文字、表格等其他表达方式相比，图表的独特优势在于能够以图形方式快速传达数据的"形态"信息。例如，图表能够清晰展现趋势、异常值、不同数据点之间的对比、不同数据系列的形态差异等。许多在表格中难以表达出来的重要信息借助图表可让人一目了然。

一、图表的目的和价值

（一）图表是解读数字的一种强有力的手段

数据是事实或观察的结果，是对客观事物的逻辑归纳，通常一个具体的数字比一个模糊的说法更加具有可信度和说服力。但是，单纯的数字本身并不能提供足够的影响力。假设一个淘宝女装卖家3月的成交金额是50万，这个数据本身并不能说明什么问题，但是如果加上4月的成交金额60万、5月的成交金额70万等多个月的数据，并通过折线图的方式呈现出来，则可以判断出成交金额处于上升趋势；再与去年同时段的销售曲线进行对比和结合其他维度的信息，可以推断出是换季带来的销量增长，店铺可以考虑加大夏季款的上新。所以我们说，图表是解读数字的一种强有力的手段。

（二）图表的解码快速、简单

相对于单纯的文本来说，大脑处理图形化的内容更加省力。每一个汉字都可以看作一个图形符号，在阅读文本时，大脑首先对其一一进行解码，将这些形状和头脑中存储的记忆进行匹配，从而理解它的含义。一段文本中，汉字的解码过程是线性依次进行的，而图表是作为一个完整的图形同步进行解码，所以比文本快得多。根据相关研究，一个高质量的信息图理解度比纯文字高30倍。

图5-8展示了一个简单的数据系列在表格和图表中的不同效果。从图5-8中可以看出，该数据系列具有鲜明的季节特征，在保持总体上升趋势的同时，每个季度内部呈现前低后高的特征，而这个信息在二维表格中是很难被发现的。

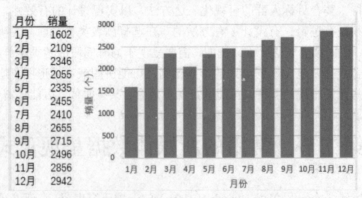

月份	销量
1月	1602
2月	2109
3月	2346
4月	2055
5月	2335
6月	2455
7月	2410
8月	2655
9月	2715
10月	2496
11月	2856
12月	2942

图 5-8　数据系列在图表和表格中呈现的不同效果

随着数据点或数据系列数量的增多，图表相对于表格的优势愈加突出，表现为沟通效率更高，对关键信息的表达更加充分。

二、图表的三大要素——where、what、why

二维图表的本质是在一个坐标轴平面上，通过各类图形对象及其视觉属性，展示特定的数据信息。这其实就是常规图表的三大要素，也分别代表了理解图表的 3W 问题的答案。

（一）where 问题：坐标轴平面

常规图表需要在由两个或更多坐标轴构成的平面空间上展现。坐标轴平面通常由横坐标轴和纵坐标轴组成。除极少数例外的情况，数值一般体现于纵轴刻度上，即所谓的数值轴；分类信息（日期或公司名、指标名、年份等文本标签）体现在横轴上，即所谓的分类轴。

坐标轴提供了关键的位置信息。数值的位置反映数量大小，分类位置则代表数据的类别标签，通常为时间或归属的实体。因此，坐标轴是图表的生存平台，离开了坐标轴，图表也就完全失去了意义。

（二）what 问题：图表的视觉机制

图表的力量来源于其视觉表达机制，要理解图表就要理解这个机制的原理。

图表使用各类图形对象表达数值数据。常见的图形对象包括点、线、柱形、面积等。某些非常规图表则使用颜色、角度等表达数据。在大多数可视化软件中，图表类型及其结构变化多由上述图形对象决定。不同的图形对象在展示数据信息方面各有特点。点、线和柱（条）形都是通过坐标轴平面空间内的位置表达数据的，饼图则用的是扇区面积，气泡图用的是位置和圆圈大小。不同的图形对象还拥有不同的视觉属性。

（三）why 问题：数据和图表的意义

对于相同的数据信息，不同图表的表达效果有所不同，最终给目标读者留下的印象也就大相径庭，并且数据越复杂，反差越显著。任何一张传递重要信息及观点的图表都值得认真追问：使用特定图形对象和视觉属性而非其他的原因为何？图表的背后有哪些关键数据信息，这些重要信息是否在当前图表中得到了清晰的表达？思考数据和图表的意义是理解图表的关键，也唯有如此，分析师才会不断尝试新的表达方式，进而在此过程中获得新的灵感和经验。

图表类型和数据类型之间的关系并非一一对应，重要的并不是时间序列数据该用何种图表类型表达，而是制图者期望传达的数据信息重心在何处。在这个问题上，任何软件都替代不了制图者对数据的挖掘和探索。

除了在"输出"环节将数据和观点展示给读者，视觉表达在数据探索阶段也能够发挥高效的信号过滤作用。作为理解图表的一般框架，where 问题揭示了图表的展现依赖于坐标轴平面。what 问题介绍图表表达所需的图形对象和视觉属性，正确理解和利用视觉机制是数据可视化的核心。why 问题则促使制图者专注关键的数据信息并探索与之匹配的图表表达形式。

三、图表选择：统计图及其他图表样式

最基础的数据可视化方法就是统计图。一个好的统计图应该满足四个标准：准确、有效、简洁、美观。由此对应的就是统计图的"实力派"（准确+有效）和偶像派（简洁+美观）。准确是统计图最基本的要求。

不同图表有不同的适用场合。用图表将数据可视化时，选用正确的图表类型是很重要的一项工作。因此，一个问题随之而来：我们应该选择哪种图表？问题的答案取决于我们想要可视化的数据究竟属于何种类型。不同的数据类型决定了不同的视觉通道选择，而不同的视觉通道又对应不同的图表类型。如果以位置为视觉通道，比较适合选择散点图；以长度为视觉通道，比较适合选择柱形图、条形图；以角度为视觉通道，比较适合选择饼状图；以方向作为视觉通道，比较适合选择折线图；以面积为视觉通道，比较适合选择面积图、气泡图、树图；以体积为视觉通道，比较适合选择三维立体图表；以饱和度和色调为视觉通道，比较适合选择热力图；等等。

接下来将介绍饼图、柱形图、折线图、面积图、散点图、气泡图、雷达图、南丁格尔玫瑰图、树图、弦图、词云图、示意图、组合图十三种图表的适用场合和范围，帮助大家理解不同类型的数据应匹配何种图表，以达到最适宜的展示效果。

（一）饼图

饼图是以圆心角的度数来表达数值大小的统计图表，常用于表现数据的占比关系，只有一个要绘制的数据系列，适合表现二维数据。饼图中各项的总和为100%。

饼图主要有以下三类：基础型饼图（包括常规型饼图和环形饼图）、半圆型饼图、复合型饼图（当饼图的扇形数量过多时，可以将最后的若干项合并为其他类图表，在二级图表中表现这些项目的构成），如图5-9所示。

饼图在应用时要注意以下几点。

（1）在绘制方向上，应按照用户的阅读习惯，从上到下，以时钟的12点为起点，顺时针排布扇形。

（2）用户视线的焦点在饼图的上半部，因此不能完全按照顺时针方向进行绘制，否则不重要的最小数据项和最大数据项就一起占据了视觉焦点。因此，可以时钟的12点为起点，先逆时针绘制最大切片，再回到12点，顺时针绘制出第二大切片，其余切片依次绘制，如图5-10所示。

图5-9 基础型饼图、半圆型饼图和复合型饼图　　　　图5-10 饼图的绘制方法

这样不仅符合用户的视觉习惯，也更易于数据的识别和比较。当然基于这个原理，我们也可以把需要强调的最重要的部分（不一定是最大的部分）放在最突出、重要的位置。

以下为对饼图的使用建议。

（1）饼图适合用来展示单一维度数据的占比，要求其数值中没有零或负值，并确保各分块占比总和为 100%。

（2）我们很难比较一个分块过多的饼图的数据，建议尽量将饼图分块数量控制在五个以内。当数据类别较多时，可以把较小或不重要的数据合并成第五个模块并命名为"其他"。如果各类别必须全部展示，选择柱状图或堆积柱状图或许更合适。

（3）饼图不适合用于精确数据的比较，因此当各类别数据占比较接近时，很难对比出每个类别占比的大小。此时建议选用柱状图或南丁格尔玫瑰图来获取更好的展示效果。

（4）可以添加一些装饰来强调饼图中的某一个数据。颜色、动效、样式、位置等元素都可以被用来突出显示一个扇区。但要注意适度，有时太多的装饰会让用户理解数据时分心。

（5）三维的饼图歪曲了各分块相对于整体的比例关系，会造成理解上的困扰。因此不建议使用 3D 饼图。

（二）柱形图

柱形图是一种以长方形的长度为变量的统计图表，它是最常见的图表类型之一，通过使用水平或垂直方向柱子的高度显示不同类别的数值，其中柱形图的一个轴显示正在比较的类别，而另一个轴代表对应的刻度值。柱形图不仅可以用于表现单一的数据，也可将多种数据进行并列比较。它的适用场合是二维的中小规模数据集，但只有一个维度需要比较。

垂直柱形图的柱是垂直方向的，水平柱形图的柱是水平方向的，又称条形图。条形图与垂直柱形图表达数据的形式是一样的，不过，当图表的数据标签很长或者有超过 10 个项目进行比较时，水平柱形图无法完全显示标签，或者只能倾斜展示，影响美观。因此当数据标签过长时，选择条形图可以获得比较好的展示效果。

除了垂直柱形图和水平柱形图，常见的柱形图还有簇状柱形图（用于多组数据比较，强调一组数据内部的比较）和堆叠柱形图（用于多组数据比较，和簇状柱形图不同的是，堆叠柱形图更加强调一组数据中部分与整体的关系），如图 5-11 所示。

1. 基础柱形图的注意事项及使用建议

（1）避免使用太多颜色，一般情况下一个柱形图表示一组相同的度量，所以建议使用相同的颜色或同一颜色的不同色调。如果需要强调某个数据，可以使用对比色或者通过变化色调突出显示有意义的数据点。

（2）零基线的颜色要比其他的网格线深（见图 5-12）。Y 轴数据应该从 0 基线开始，以恰当地反映数值。如果展示的是被截断的数据，就很可能会误导观众做出错误的判断。

（3）柱形图柱子间的宽度和间隙要适当。当柱子太窄时，用户的视觉可能会集中在两个柱中间的负空间内，而这里是不承载任何数据的。柱子与柱子的间距宽度推荐在 1/2 柱宽到 1 柱宽之间，但也要视情况而定。簇状柱形图两个柱子之间的间距建议为 1/8 柱宽（见图 5-13）。

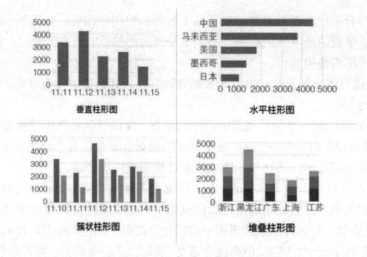

图 5-11 四种柱形图

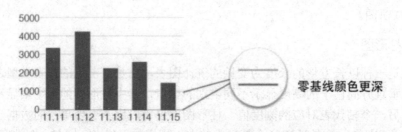

图 5-12 柱形图中的零基线

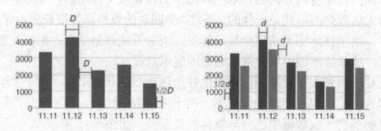

图 5-13 柱子之间的间距

（4）对多个数据系列排序时，如果不涉及日期等特定数据，最好能符合一定的逻辑，用直观的方式引导用户更好地查看数据。可以通过升序或降序排布，例如按照数量从多到少来对数据进行排序，也可以按照字母顺序等排布。总之，按照逻辑排序可以在一定程度上引导人们更好地阅读数据。

（5）一般情况下不建议使用三维柱形图，与三维饼图一样，对于数据传达不太精准，甚至还要辛苦用户去猜测到底哪个才是数据的顶端。

2. 堆叠柱形图的注意事项及使用建议

堆叠柱形图是基础柱形图的扩展，不同的是，柱形图的数据值为并行排列，而堆叠柱形图则是一个个叠加起来的。它可以展示每一个分类的总量，以及该分类包含的每个小分类的大小及占比，因此非常适合处理部分与整体的关系。

---- 174 ----

与饼图显示单个部分与整体的关系不同的是，堆叠柱形图可以显示多个部分与整体的关系。例如，一个班级体育课选课的各项目人数统计，既可以用柱形图也可以用饼图来展示。但是，当需要进一步区分男生和女生参与不同项目的人数分别是多少时，就需要把每个项目中包含的男生数和女生数都展示出来。如图 5-14 所示，选用堆叠柱形图，不仅能显示每个项目的总人数，还能展示每个项目中的部分与整体的关系。

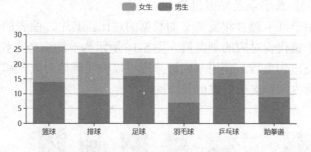

图 5-14　某班级体育课选课情况

以下为对堆叠柱形图的使用建议。

（1）遵循基本的柱形图使用原则。为了使图表易于理解，应避免使用太多颜色，不要刻意展示被截断的数据，以免误导读者。

（2）堆叠柱形图最好的展示效果是每个组只包含二到三个类别，最多不要超过六个，因为太多的数据系列会使数据的阅读和分辨变得非常困难。

（3）由于要分析部分数据在整体中的占比，因此要避免用堆叠柱形图展示包含负数的数据。

（4）大多数的堆叠柱形图都是垂直绘制的，但是如果数据标签特别长，想取得更好的展示效果，可以选择使用水平堆叠的方式。

3. 簇状柱形图的注意事项及使用建议

簇状柱形图也被称为分组柱形图，通常用于将包含相同变量或类别的几个分组进行比较。当两个或多个数据序列并排显示并在同一轴上时，将使用分组柱形图，相当于包含带有两个或更多图表的简单的柱形图。像柱形图一样，每个柱的长度用于显示类别的数值，每个数据系列被分配一个单独的颜色或相同色系的不同饱和度，以区分它们，每组数据之间相互间隔并进行对比（见图 5-15）。

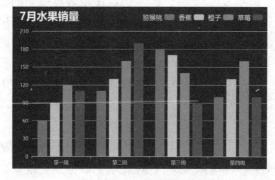

图 5-15　7 月水果销量

以下为对分组柱形图的使用建议。

（1）如果每个分组中拥有的系列过多，数据的阅读难度就会增加，因此不建议每个分组中包含过多的系列。在系列较多时，可考虑使用堆叠柱形图。

（2）每两个分组之间的间距要大于组内不同系列之间的间距，以免造成视觉上错误的归类和区分。

4. 双向柱形图的注意事项及使用建议

双向柱形图多用于展示包含相反含义的数据的对比。其中，图表的一个轴显示正在比较的类别，而另一个轴代表对应的刻度值。图 5-16 所示为一周内个人收入和支出的统计，其中收入为正数，支出为负数。使用双向柱形图可以很明确地对收入和支出做出对比，并能从单个系列中分析收入和支出的数值及波动。

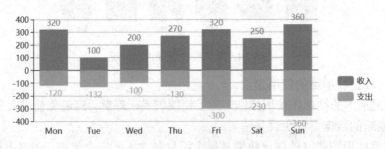

图 5-16　双向柱形图示例

双向柱形图可分为垂直方向的双向柱形图（见图 5-16）和水平方向的双向柱形图（又叫正负条形图）。以下为对双向柱形图的使用建议。

（1）双向柱形图正向和负向的数据具有对比性，因此一般选用差值较大的具有对比性的颜色。

（2）永远不要在 0 基线的右边画负值的水平条形图或在 0 基线的上边画负值的柱子，以免违背常识造成误解。

（3）双向柱形图多用于展示含相反含义的数据，因此要避免用于不具有正负含义的数据呈现。

（三）折线图

图 5-17　历届研究生考试报考人数和录取人数

折线图是通过线条的波动（上升或下降）来显示连续数据随时间或有序类别变化的图表，常用于强调数据的变化或者趋势。当我们要展示连续性的时间序列数据时，折线图是一个非常不错的选择，折线图适用于较大的数据集，适用于展示连续的二维数据，如某网站访问人数或商品销量、价格的波动。

折线图适用于强调趋势，在折线图中，趋势往往比单个数据点更重要。如图 5-17 所示，能够看出研究生考试录取人数逐年增多的大趋势。

以下为对折线图的使用建议。

（1）使用实线绘制数据线，要保证能够区分数据线和坐标轴线，并且要尽力让所有的数据清晰、可识别。

（2）建议不要绘制 4 条以上的折线，否则会使整张图表混乱且难以阅读。

（3）展示折线图的数据时，要避免刻意地歪曲趋势，尤其要注意坐标轴的设定。坐标轴设定对折线变化幅度有很大的影响。如图 5-18 所示，如果坐标轴的数值设定得太高，会使折线变化过于平缓，掩盖现实，无法清晰地表现折线的变化；如果坐标轴设定得太低，又会让折线变化过于陡峭，过于夸张，夸大了折线变化的趋势。推荐折线恰当的高度为图表区域的 2/3。

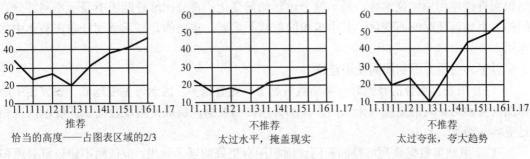

图 5-18　折线的绘制方法

（四）面积图

面积图与折线图相近，都可以用来展示随着连续时间的推移数据的变化趋势。区别在于，面积图在折线与类别数据的水平轴（X 轴）之间填充颜色或者纹理，形成一个面表示数据体积。相对于折线而言，被填充的区域可以更好地引起人们对总值趋势的注意，所以面积图主要用于传达趋势的大小，而不是确切的单个数据值。

以下为对面积图的使用建议。

（1）面积图要用填充区域来展示数据，当图表上有多个图层时，要尽量确保数据不重叠。如果无法避免重叠，可以通过将颜色和透明度设置为适当的值，使重叠的数据图变得可读。

（2）面积图适合展示二到三组数据，建议不要展示超过四组数据系列，否则就会因为数据系列过多而无法辨识数据，因此要避免在需要比较多个类别和确切的数据值的情况下使用面积图。超过四个系列的非堆叠面积图表是很难阅读的。

（3）当数据值相距很远时，区域是模糊不清的，此时不太适合使用面积图展示。

而堆叠面积图是一种特殊的面积图，可以用来比较在一个区间内的多个变量。堆叠面积图和面积图的区别在于，堆叠面积图每个数据系列都是基于前一个数据系列绘制的，也就是每度量一行就要填满行与行之间的区域。

如果有多个数据系列，并想分析每个类别的部分与整体的关系，展现部分量对于总量的贡献，使用堆积面积图是非常合适的。例如，图 5-19 显示了四种不同形式对总销售额的贡献。

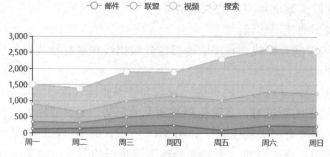

图 5-19 堆叠面积图示例

有两种不同的堆叠面积图类型：传统的堆叠面积图和百分比堆叠面积图。传统的堆叠面积图直接使用原始值堆叠，显示整个过程如何变化；百分比堆叠面积图显示不同部分之间的关系如何随时间而变化。其中累积的总数不重要，重要的是显示类别分布在整体中的作用。

以下为对堆叠面积图的使用建议。

（1）图表有重叠的数据时，类别数量越多，重叠越多，因此可见度越低。如果使用面积图时会因为系列的重叠而无法阅读。那么同样的数据，换成使用堆叠面积图展示，则相对更容易阅读。

（2）虽然多数据系列堆叠面积图比面积图有更好的展示效果，但依然不建议堆叠面积图中包含过多数据系列，最好不要多于七个，以免数据难以辨识。

（3）堆叠面积图要展示部分和整体之间的关系，所以不能用于包含负值的数据的展示。

（4）建议在堆叠面积图中把变化量较大的数据放在上方，变化量较小的数据放在下方，这样会获得更好的展示效果。

（五）散点图

散点图是以一个变量为横坐标，另一变量为纵坐标，利用散点（坐标点）的分布形态反映变量统计关系或坐标点分布模式的一种图形。它一般用来呈现二维或三维的数据，其中有两个维度需要比较。散点图能通过直观醒目的图形反映变量间关系的变化形态，当估计两个变量之间存在相关关系时，可以用散点图进行确认，并观察和确定两者的关系强度。散点图还可以用来表现大量数据的分布和聚合情况。如图 5-20 所示，能看出某个班级学生身高和体重的分布状况以及身高和体重的正相关关系。

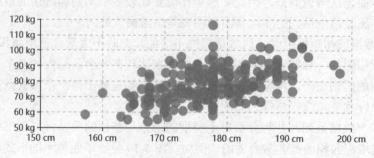

图 5-20 散点图示例

散点图的作用主要有：确认两个变量是否相关；发现变量之间除因果关系之外的其他关系；直接观察或用统计分析两个变量潜在关系的强度；如不相关，可总结特征点的分布模式。

散点图的形状可能表现为变量间的线性关系、指数关系或对数关系等。以线性关系为例，散点图通常会有正相关、负相关、不相关三种形状。正相关指数据点从低 x、y 值的点到高 x、y 值，一个变量增加，另一个变量增加；负相关指数据点从高 x、y 值的点到低 x、y 值，一个变量增加，另一个变量减少；不相关指数据点没有明显的方向性，一个变量变化对另一个没有影响（见图 5-21）。

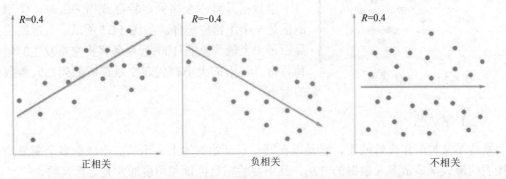

图 5-21 散点图与线性关系

需要注意的是，散点图能够有效地说明两个变量之间的相关性，但是并不能有力地证明其中存在因果关系。例如，广告投放量和点击率是正相关的，但是不能说点击率高一定是因为广告投放量多造成的。但是，如果有明显的正相关性，就有足够的理由去增加投放量，然后再去观察数据。

以下为对散点图的使用建议。

（1）如果一个散点图没有显示变量之间的任何关系，点的分布、聚合也毫无规律可言，那么或许该图表类型不是此数据的最佳选择。

（2）如果数据包含不同系列，可以给不同系列使用不同的颜色。例如，蓝色代表男性，红色代表女性，并增加图例标注出蓝色代表的含义；可以区分、了解男女不同性别、身高和体重的分布状况；还可以分别添加每个系列平均值的辅助线，从而更好地理解数据的分布情况。在观察两个变量之间的关系时，趋势线是非常有用的，趋势线的形状走向解释了两个变量之间的关系类型，还可以用来预测未来的值。但需要注意的是，趋势线最多只能使用两条，以免干扰正常数据的阅读。

（3）散点图只有足够多的数据点，并且数据之间有相关性时才能呈现很好的结果。如果一份数据只有极少的信息或者数据间没有相关性，那么绘制一个很空的散点图和不相关的散点图都是没有意义的。

（六）气泡图

气泡图可用于展示三个变量之间的关系。它是散点图的一种变体，绘制时将一个变量放在横轴，另一个变量放在纵轴，而第三个变量则用气泡的大小表示。气泡图适用于呈现三维或四维数据，其中有两维能精确辨识。

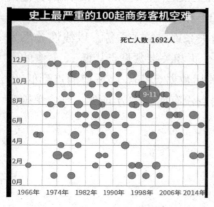

图 5-22　气泡图示例

气泡图是显示变量之间相关性的一种图表。与散点图类似，气泡图在直角坐标系中显示数据的两个变量（X 和 Y 轴）之间的关系，数据显示为点的集合。与散点图不同的是，气泡图是一个多变量图，它增加了第三个数值即气泡大小的变量，在气泡图中，较大的气泡表示较大的值。可以通过气泡的位置分布和大小比例来分析数据的规律。

当数据具有三个序列、特征或相关值时，使用气泡图是一个不错的选择。如图 5-22 所示，气泡的位置显示了史上最严重的 100 起商务客机空难发生的年份和月份，气泡的大小则代表空难造成的死亡人数数值的大小。

（七）雷达图

雷达图又被叫作蜘蛛网图，它是以在同一点开始的轴上显示的三个或更多个变量的二维图表的形式来显示多元数据的方法，其中轴的相对位置和角度通常是无意义的。

雷达图的每个变量都有一个从中心向外发射的轴线，所有轴之间的夹角相等，同时每个轴有相同的刻度，将轴到轴的刻度用网格线连接作为辅助元素，连接每个变量在其各自轴线上的数据点形成一个多边形。

雷达图可以同时对单个或者多个对象的不同性能进行比较，应用于不同对象的不同性能的对比以及单个对象不同性能的对比。雷达图对于查看哪些变量具有相似的值、变量之间是否有异常值都很有用。雷达图也可用于查看哪些变量在数据集内得分较高或较低。同样，雷达图也常用于排名、评估、评论等数据的展示。

表 5-2 是热火队首发的五名篮球选手的数据，除了姓名，每个数据点有五个维度，分别是得分、篮板、助攻、抢断、封盖。这样的数据非常适合用雷达图展示。

表 5-2　热火队五名篮球选手的得分表

篮 球 选 手	得　　分	篮　　板	助　　攻	抢　　断	封　　盖
Chris Bosh	17.2	7.9	1.6	0.8	0.8
Shane Battier	5.4	2.6	1.2	1.0	0.5
LeBron James	28.0	8.4	6.1	1.9	0.8
Dwayne Wade	22.3	5.0	4.5	1.7	1.3
Mario Chalmers	10.2	2.9	3.6	1.4	0.2
团队总分	**98.2**	**41.3**	**19.3**	**8.5**	**5.3**

使用雷达图之后（见图 5-23），各个选手的综合排名情况以及哪些方面有优势或不足变得一目了然。从图 5-23 中能够清晰地看出 LeBron James 的综合能力最强，除了封盖能力排第二，其他各项均排第一；Dwayne Wade 的综合能力仅次于 James，其中封盖能力十分突出，篮板能力略弱；Chris Bosh 综合能力排第三，篮板能力十分突出，其他各项比较平

均；Mario Chalmers 综合能力排第四，基本不具备封盖能力；Shane Battier 综合能力最弱，各项都比较弱，没有特别突出的能力。总体来说，整个团队得分和篮板能力强，封盖和抢断能力弱。

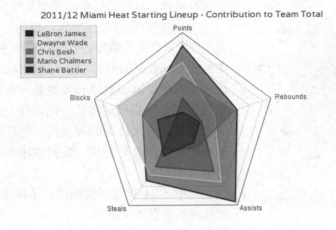

图 5-23　热火队选手数据雷达图

以下为对雷达图的使用建议。

（1）一个雷达图包含的多边形数量是有限的，如果有五个以上要评估的事物，无论是轮廓还是填充区域，都会产生覆盖和混乱，使得数据难以阅读。

（2）变量太多会产生太多的轴，也会使图表变得混乱，因此要保持雷达图的简单并限制其变量数量。

（3）由于径向距离很难判断，所以虽然有网格线的参考，但还是很难直观地比较图表内变量具体的值，如果需要比较具体的值，建议使用线图。

（八）南丁格尔玫瑰图

长得像饼图又不是饼图，这种有着极坐标的统计图有一个美丽的名字——南丁格尔玫瑰图。南丁格尔玫瑰图又名鸡冠花图，这种图表将柱形图转化为更美观的饼图形式，是极坐标化的柱形图，它夸大了数据之间差异的视觉效果，适合展示原本差异小的数据。不同于饼图用角度表现数值或占比，南丁格尔玫瑰图使用扇形的半径表示数据的大小，各扇形的角度则保持一致。

对照饼图，由于半径和面积的关系是平方的关系，南丁格尔玫瑰图会将数据的比例大小夸大，尤其适合对比大小相近的数值。对照柱形图，由于圆形有周期的特性，所以玫瑰图也适用于表示一个周期内的时间概念，如星期、月份。凭借这些得天独厚的优势，南丁格尔玫瑰图在数据可视化领域得到了广泛的应用。

尽管在数据可视化作品中随处可见南丁格尔玫瑰图的身影，但仍有许多用户给它打上了"华而不实"的标签。事实上和许多图表一样，南丁格尔玫瑰图有优点也有不足。下面列出了南丁格尔玫瑰图在使用过程中的技巧和建议。

（1）适合展示类目比较多的数据。通过堆叠，玫瑰图可以展示大量的数据。对于类别过少的数据，则显得格格不入。

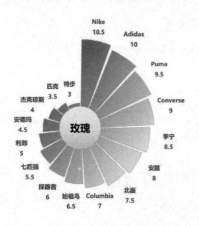

图 5-24 排序类南丁格尔玫瑰图

（2）展示分类数据的数值差异不宜过大。在玫瑰图中数值差异过大的分类会非常难以观察，图表整体也会很不协调。这种情况推荐使用条形图。

（3）将数据做排序处理。例如，想要比较数据的大小，可以事先将数据进行升序或降序处理，避免数据类目较多或数据间差异较小时不相邻的数据难以精确比较。为数据添加数值标签也是一种解决办法，但是在数据较多时难以达到较好的效果。有时对于看起来头重脚轻、不太协调的玫瑰图，也可以手动设置数据的顺序，使图表更美观。数据顺序不同，玫瑰图的效果也大不相同。

如图 5-24 就是对数据进行了排序处理，从而使不同品牌的数据非常清晰。

（4）层叠玫瑰图要慎用。像层叠柱形图一样，层叠玫瑰图也面临相同的问题，即堆叠的数据起始位置不同，如果差距不大则难以直接进行比较。

（九）矩形树图与圆形树图

树图是早期信息可视化研究的代表工作之一，最早由约翰逊（Johnson）等在 1991 年提出。由于在表现层次化数据上的有效性、呈现数据时高效的空间利用率和良好的交互性等，树图自诞生起就受到了广泛的欢迎，它在二十多年的发展中，已经从最初简单的形式发展成为流行的具有良好实用性的可视化方法，并得到了广泛的应用。

树图是一种利用包含关系表达层次化数据的可视化方法。树图通常用来将主要的类别逐渐分解成许多越来越详细的层，它把所属关系或要实现的目的与需要采取的措施、手段系统地展开，并绘制成图，以明确问题的重点，寻找最佳手段或措施。绘制树图有助于思维从一般到具体的逐步转化。树图是研究多元目标问题的一般工具。

树图能将事物或现象的构成或内在逻辑关系展示、分解成树枝状。它从一个项目出发，展开两个或两个以上分支，然后从每一个分支再继续展开，以此类推。它拥有树干和多个分支，所以很像一棵树，如图 5-25 所示，总体包含 a、b、c，c 包含 c1、c2、c3，c3 包含 c31 和 c32。

矩形树图用一种嵌套式矩形显示层次数据的关系，并通过每个部分的面积大小显示该类别的数量；圆形树图是由韦策尔（Wetzel）首次提出的一种空间划分类层次化数据的可视化方法。该方法用圆表示层次化数据的节点，将数据节点的值映射为对应圆的面积大小。最外围的圆表示根节点，下层节点的圆置于上层节点的圆内。与传统树图相比，圆形树图具有以下优点：各划分区域保持一致的纵横比；能够清晰地呈现节点间的层次结构；便于特定节点圆的选择操作，圆与圆之间的空白区域为用户提供了足够的交互空间。目前，已有很多圆形树图的实际应用。

圆堆积图类似矩形树图，但它将矩形改为圆形，用圆形面积的堆积展示层次数据。圆堆积图看起来漂亮，也能更有效显示层次数据，但是不及树形结构图节省空间。图 5-26 所示即圆形树图的应用。

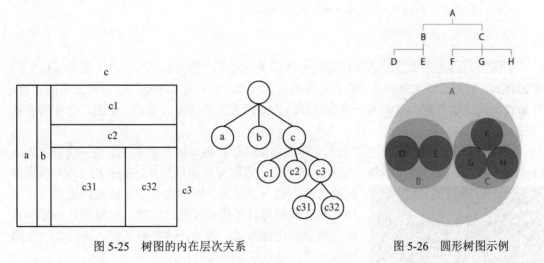

图 5-25　树图的内在层次关系　　　　图 5-26　圆形树图示例

（十）弦图

弦图是一种可视化数据关系的图表（见图 5-27），主要用于展示多个对象之间的关系，连接圆上任意两点的线段叫作弦。弦图虽然看起来眼花缭乱，但是它非常适合分析复杂数据的关联关系。

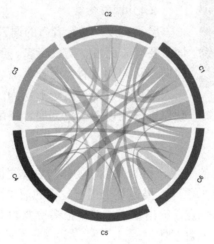

图 5-27　弦图示例

那么，为什么叫"弦图"呢？弦图的名称来自几何学的术语"弦"。在几何学中，圆的"弦"是端点均落在圆上的线段。在弦图中，数据围绕圆周径向布置（节点），数据点之间的关系通常绘制为连接两个数据点的弧（边）。因为弦图所表达的数据关系可以带有权重，所以无论是同一边还是不同边，边的宽度都粗细不一。

弦图主要有以下几个特点。

（1）用圆上两点的连线表示两者的关系。

（2）连接线的宽度可以表示两个数据之间的关联程度或者比例关系。

（3）弧线与圆的接触面积上的宽度也可以用来表示关联程度和比例关系。

（4）可以使用不同的颜色区分不同的关系。

（十一）词云图

词云图是将文本中出现频率较高的关键词予以视觉上的突出，形成"关键词云层"的图形样式。它能过滤大量的文本信息，使浏览者只要一眼扫过文本就可以领略文本的主旨。它适合呈现文本数据，已成为一种直观展现关键词术语的高级、美观、绚丽、个性的有效方法。

"词云"这个概念由美国西北大学新闻学副教授、新媒体专业主任里奇·戈登（Rich Gordon）提出。戈登做过编辑、记者，曾担任《迈阿密先驱报》（*Miami Herald*）新媒体版的主任。他一直很关注网络内容发布的最新形式，即那些只有互联网可以采用而报纸、广播、电视等其他媒体都望尘莫及的传播方式。通常，这些最新的、最适合网络的传播方式，也是最好的传播方式。

图 5-28　词云图示例

以下为词云图的制作步骤。

（1）装载词与词频。

（2）选择形状或自定义图形。

（3）调整色彩。

（4）调整参数。

展示抗疫"逆行者"的词云图如图 5-28 所示，装载的词主要有志愿者、防疫专家、解放军、护士等与主题有关的词。从词频上看，医护人员、逆行者、防疫专家、建筑工人等词频较高。所选形状为一个人的上半身剪影形状。颜色选择上以深蓝色为底，搭配黄色、浅蓝色等。

（十二）示意图

大体上描述或表示物体的形状、相对大小、物体与物体之间的联系，描述某器材或某机械的大体结构和工作的基本原理，描述某个工艺过程的简单图示都叫作示意图。示意图是一种简图，有简洁明了的特点，突出重点，忽视很多次要的细节。图 5-29 是武汉东西湖方舱医院内部结构示意图，一目了然。

（十三）图表的混合使用及优化变形

对组合图表大家都不陌生。组合图表的使用意义在于"节省空间"的同时"增加对比信息"，增加信息承载量。如图 5-30 所示，折线图与多组堆叠柱形图进行组合，共用纵坐标轴，既能看出总袭击数上升的大趋势，也能看出因袭击造成的死亡、受伤、被绑架人质人数总体增加的趋势，还可以进行各种对比，很大程度上节省了空间，信息量也很丰富。

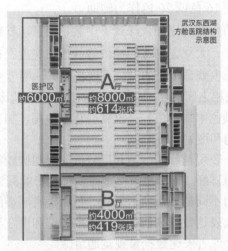

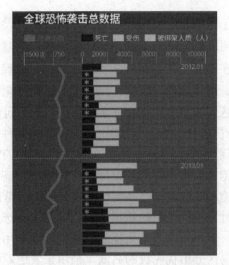

图 5-29　示意图示例　　　　　　　　　图 5-30　组合图示例

四、图表设计

可视化图表设计是数据可视化的一个分支领域，是对数据进行的二次加工，既要保证图表本身清晰易懂，尽可能减少用户获取信息的成本；又要找准用户关注的核心内容，进行适当的突显，帮助用户通过数据进行决策。

图表设计包含图表色彩设计、场景设计、视觉层次设计、动态交互设计多个方面。图表设计的首要任务是准确展示和传达数据所包含的信息，其次是兼顾易读性和传播性，突出重点信息，用更加有助于理解和引导的方式去表达信息。

我们的大脑善于处理可视化信息，这使我们更容易理解图表或图形中可视化的数据。一个伟大的数据可视化应该利用人们视觉系统的优势呈现数据，以便数据被吸收和理解。它应该考虑用户对视觉处理的了解，提高并简化用户的数据体验。

（一）色彩设计

在设计数据图表的时候，颜色是组成整个图表外观最为重要的元素，正确合理地选用颜色可以让图表表现得更加专业、美观。很多制作图表的人没有接受过系统的色彩训练，在配色方面始终不能随心所欲地发挥。不当的色彩使用也会给数据可视化带来阻碍甚至是错误的解读。

1. 色彩视觉通道（色相、亮度、饱和度）

在数据可视化所涉及的所有视觉通道中，色彩作为视觉第一感知因素，对数据进行的视觉编码和传达是最有效的。从可视化编码的角度对颜色进行分析，可以将颜色分为色相、亮度和饱和度三个视觉通道。

色相即色彩的相貌和特征。自然界中色彩的种类很多，色相指色彩的种类的名称，如红、橙、黄、绿、青、蓝、紫等颜色的种类变化就叫色相。色相较明度、饱和度具有更多的可区分层次，用户通常可以分辨 6～12 色，所以设计的时候建议以 8 色或 10 色为基础，但为了尽可能满足复杂场景的使用，可以设计 16 色或 20 色作为辅助。

明度指色彩的亮度。颜色有深浅、明暗的变化。比如，深黄、中黄、淡黄、柠檬黄等黄色在明度上各不相同，紫红、深红、玫瑰红、大红、朱红、橘红等红色在亮度上也不尽相同。这些颜色在明暗、深浅上的不同变化，也就是色彩的又一重要特征——明度变化。

色彩的明度变化有许多种情况：①不同色相之间的明度变化，如白比黄亮、黄比橙亮、橙比红亮、红比紫亮、紫比黑亮；②在某种颜色中加白色，亮度就会逐渐提高，加黑色亮度会逐渐变暗，但同时它们的纯度（颜色的饱和度）也会降低。

饱和度指色彩的鲜艳程度，饱和度越高，表现越鲜明；饱和度较低，表现则较黯淡。颜色饱和度取决于产品定位和特定用户人群的喜好，饱和度过高或过低都会影响阅读。

针对不同类型的数据，我们通常也会选用不同的颜色映射方式。色相没有明显的顺序性，一般不用来表达数据量的高低，而是用来表达数据列的类别。明度和饱和度在视觉上很容易区分出优先级的高低，被用来表达顺序或者表达数据量视觉通道。

一个经验法则是，让视觉上的变化跟现实世界中的变化相匹配，同时一如既往地公正地表达数据，让读者可以公正地做比较。

2. 色彩选择

图表的色彩设计要确定主色调和辅助色，尤其是设计一组图表时，在最开始就应该确定主色调和辅助色，使一组图表中的单个图表之间形成色彩的一致性和风格的统一性。

（1）主色、副色、点缀色。图表设计制作通常要有一个最主要和突出的颜色作为主角，其他辅助或衬托的颜色作为配角，按照各自的关系和强度呈现。我们把在色彩中占据主角地位的称为主色。

设计中的主色就好比人的面貌，是区别人与人的重要因素，同时也影响带给他人的第一印象，因此主色的确定可以为设计奠定一个基调，这个基调也影响着作品所要传达的信息和风格。而主色在色彩非常鲜明的情况下也可以起到吸引眼球的作用。

在一个设计当中只用一种颜色很难完美呈现所要传达的效果，而且也非常单调，因此就需要副色和点缀色。在设计中，副色最主要的作用就是突出主色以及更好地体现主色的优点，在完成传达信息的同时又使得整个画面更加饱满。副色在强调和突出主色的同时，也必须符合设计所需要传达的风格，如此才能最大化地体现副色的作用和意义。

从点缀色的名称上不难理解点缀色就是为了点缀画面而存在的，和副色一样，点缀色可以是一种色彩也可以是多种色彩，但是不及副色对主色作用那么强，点缀色可以装饰版面并为画面增添丰富的效果。

点缀色的特点主要是面积小、色相清晰、醒目突出，点缀色自身的特点决定了它的功能通常体现在细节上，对于配色有画龙点睛的作用，可以使整个画面的效果更加生动、不呆板，而针对文字信息量较大的版面，点缀色可以起到引导阅读的作用。

（2）颜色与情绪。色彩分为冷色调、暖色调和中性色调，简称"冷暖色"。暖色调由红、橙、黄等色组成，冷色调由蓝、绿、青等色组成，中性色调包含紫、黑、灰、白等几种颜色。在视觉感受上，暖色调让人感觉心里很温暖，因为看到暖色，容易让人联想到火焰、太阳、晚霞等很美好的事物；冷色调则给人一种清新凉爽的感受，让人联想到森林、天空、冰川等。

在图表设计中，不同的颜色会给人带来不一样的心理感受，颜色的选择必须与数据内容及主题相匹配，如对于一些爆炸、空难等灾害性数据，适合大面积中性色调或冷色调；而对于两会、奥运等数据，则适合用暖色调进行呈现。

3. 图表配色方案

配色会影响我们的理解力，色彩会提升我们想表达的内容的效果，大量的心理学研究结果也支持了这一观点。并不是所有的色彩方案都适用于可视化图表，即使它们在其他场景给人以绝佳的视觉感受。那么，什么样的配色规则更适合可视化图表呢？不同颜色之间如何进行搭配呢？我们考虑的原则主要有美学因素、色彩搭配、直观映射、隐喻、视觉通道等。

色相、饱和度、明度会造成视觉感官上的差异，不同配色方案会让用户形成不同的视觉感受。色彩搭配可以总结为三个核心要素。

（1）空间感。不同明度、色相会从心理上给用户带来不同的感受，高明度暖色会有靠前和胀大的作用，低明度冷色有后退、缩小的作用，从而造成不同的前后"空间感"。例如，在折线图中，同时存在红色与深蓝色，红色会有更靠前的趋势，深蓝色会有退后的倾向，因此，色彩在第一时间反馈给大脑的信息是"红色数据好像比深蓝色数据重要级更高"。在分类色板中，无法避免冷暖色同时出现的情况，所以建议在无特定语意的场景下，尽量避免因明度差异太大而造成太强的前后空间差异感。

（2）和谐度。高饱和度、高明度的色彩自然更受关注，夺人眼球。如荧光绿、荧光粉均属于高明度的颜色，但在使用时必须保证和谐，个别颜色的突兀会造成整体的不和谐感，这在堆叠柱形图或饼图中尤为明显。

（3）辨识度。我们可以通过选择更全的色相方式增强色彩的独特性，再通过增强明度差异增强色彩之间的辨识度，用一明一暗的方式巧妙地排列组合色彩，从而增强色相间的辨识度。

为了方便特定场景下的图表样式，这里介绍三种基本色彩搭配法则。首先根据数据主题和内容确定大致色系和风格，然后根据主色和风格对具体图表展开更细致的设计和色彩规划。

（1）单色搭配法。以某色为基准，与此色相隔 15°的为同类色。根据选定的主色调节透明度、饱和度和亮度，加深或者变浅。明暗层次的变化可以使页面有立体感，点缀些许对比色，可以使页面更有亮点。

（2）邻近色搭配法。邻近色指以某一色彩为基准，与此色相隔60°和-90°的颜色。例如，蓝色和绿色，红色和黄色。邻近色可以实现页面的统一，又能使页面看起来整洁干净。色彩搭配上的主次之分让图表更具有吸引力。

（3）对比色搭配法。以某一色彩为基准，与此色相隔120°或-150°的任意两色互为对比色。其效果更丰富、明显，网页具有张力，给人以视觉的冲击，能第一时间引起人们的注意，更有利于突出主题。所有色彩都是隔壁色彩的"朋友"，也是相反位置色彩的"爱人"，因此必须重视邻近色和对比色的使用。

4. 色彩使用建议

针对颜色堆积、对比不明显等常见错误，我们尝试提出一些图表用色上的标准方案。尽管这个标准方案不一定能满足所有业务需求或符合所有人的色彩感知，但是它在大多数情况下可以给出一些良好的建议和参考。

（1）使用一种颜色表达相同类型的数据。如果只展示月销售数据，那么只需一种颜色。如果要在一组图表上对比今年和去年的销售数据，那么可用不同颜色代表不同年份的数据。另外，还可使用一个强调色突出重点数据。

（2）注意积极和消极数据的表达。不要用红色表示积极数据或用绿色表示消极数据。这些颜色关联历来很强，它们早已在读者心中打上了标签。

（3）确保颜色间有足够的对比、颜色色相明度有足够的差异。如果颜色过于相似（如浅灰与更浅的灰），人们难以发现两者间的区别。相反，也要避免强烈的对比色，如红配绿或蓝配黄。为了更好地理解和识别，色板应该在色彩明度上赋予足够的变化，如合适梯度的渐变色色板。但是仅在明度上变化还不够，用户可以使用有差异的颜色通过视觉定位来理解数据，这正是数据可视化的意义所在，所以在明度鲜明的基础上加上合适的色相变化，会给用户带来更愉悦的体验。

（4）不要在一张图上使用六种以上颜色。在一个图表里堆砌太杂乱的颜色是常见问题。既要保证颜色的丰富性，又要保证颜色搭配得舒服、合理。

（5）注意背景色的挑选和使用。图表背景颜色必须很好地衬托图表主体，又不产生喧宾夺主的效果。目前，常见的背景色有深色系和浅色系两种。数据可视化的设计常用于大屏展示，由于背景面积过大，使用深色背景能够减少屏幕色差对整体表现的影响，也避免了观众觉得刺眼。深色背景更能聚焦视觉、凸显主体，利用色调与明度的变化，能够保证可视化图表的清晰辨识度，便于突出内容，缺点是可读性低、对配色水平要求较高。浅色系的优点是适用性广，可读性高；缺点是图表内容不易聚焦。

（6）注意透明度的使用。在线性面积图表中，也要重视透明度这个因素。通常使用透明度时，图表会有很多堆叠层次，我们需要做到使每一个前景层都能够在背景层之上良好地显示，并且不产生相互干扰。此时建议数据之间选择不同色相，面积区域使用 10% 不透明的标准色，建议数据叠加数量不超过四个。

（7）注意色彩的面积对比。面积对比是指两个或多个相对色域的大与小、多与少的对比。不同面积大小的色彩并列放置时，大面积的容易形成调子，小面积的容易成为视觉焦点。在验证色彩方案时，需充分验证色板在不同状态下的辨识度，如大小面积、线、图例、文字等。点、线是典型的小面积，适合以高饱和度、更明亮的颜色填充；柱形图、面积图是典型的大面积，适合以低饱和度颜色填充，以确保它们比较容易辨识。

（二）场景设计

1. 场景化的必要性

在设计可视化图表时，必须考虑进行场景化处理。因为人类感知系统更易理解有关联性的事物，关联性高有助于消化信息以及做出决策，实现从信息到知识的转化。如图 5-31 所示，通过图形、图表来表达 100 万元在中国不同城市能买到的房子的大小，这里是把面积和颜色作为视觉通道，把数据展示在户型图这一场景中，非常形象直观。这一案例也帮助我们理解了场景化处理的原则：遵循大脑解读规律、遵循常识和过往生活经验。

2. 场景化的方式

（1）使用真实物品替代图表中的基础元素。如图 5-32 所示，将真实的土豆呈现出来，在设计上是非常讨巧和新颖的。

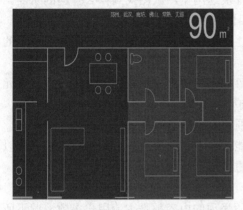

图 5-31　100 万元在郑州、武汉等城市能买　　　图 5-32　信息图——土豆的优势
　　　　　多少平方米的房子

（2）图表与场景照片相结合。有时候将图表与场景照片相结合，能够帮助读者很快融入图表背后的故事和背景信息，但要注意透明度的使用，避免场景照片喧宾夺主。图 5-33 将天空的场景照片作为背景，在这个背景上展示图表和数据。

（3）采用矢量图。学设计的人必须掌握用制图软件制作矢量图的技能或是通过各种矢量图素材库查找自己所需的矢量图的能力。矢量图的优点之一是它的放大或缩小不会失真。图 5-34 中用到了飞机的矢量图，更形象地展示了因副驾驶席风挡玻璃破裂而迫降的 A319 事故所涉及的数据，将抽象的数据进行了形象化展示。

（4）使用 icon 图形、具象标志。比起单纯用文字及语言，图和 icon 能够加快用户对内容的理解速度，从而节省时间。具体来说，可以将图表中的标签或数值用图形符号来表现。如图 5-34 所示，一个圆点代表一次飞机事故。

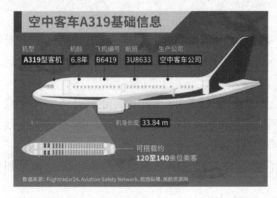

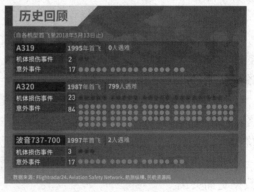

图 5-33　川航迫降客机 A319 基础信息　　　　图 5-34　各机型事故汇总

（三）视觉层次设计

1. 视觉层次设计的必要性

视觉分层系统可以更有次序地组织相关信息。一个好的视觉分层系统和构成可以使用户流畅地浏览整体布局。

第一次看可视化图表的时候，用户可能会进行快速浏览，试图找到什么有趣的东西。而实际上，人的眼睛总是趋向于识别那些引人注目的东西，如明亮的颜色、较大的物体等。高速公路上用橙色锥筒和黄色警示标识提醒人们注意事故多发地或施工处，因为在单调的深色公路背景中，这两种颜色非常引人注目。

用户可以利用这些特点来可视化数据。用醒目的颜色突出显示数据，淡化其他视觉元素，把它们当作背景。用线条和箭头引导视线移向兴趣点。这样就可以建立一个视觉层次，帮助读者快速关注数据图形的重要部分，并把周围的内容都当作背景信息。

更重要的是，有视觉层次的图表容易读懂，能把读者引向关注焦点。相反，读者难以理解，更难进行细致研究，这肯定不是我们想要的结果。

2. 视觉层次设计的指导原则

（1）决定不要展示什么。页面简约的前提是所呈现的内容都是主流用户多数情况下所必需的，这样可以让设计师专注于解决有限的重要问题，而不是大量的数据没有经过筛选就开始排列优先级。

（2）表达数据之间的关系。数据之间的关系有并列、关联、包含、因果等，每种关系都可以采用多种视觉表达形式传达。若要呈现数据的重要级别，可以在理顺数据之间的关系后，把握整体页面的重点，再和次要数据拉开层次并展现给用户，这是图表设计师在设计单个图表时发挥功力的重点。

（3）围绕用户行为设计层次。把握整体页面的重点是设计的前提，这需要我们了解用户特征，并了解用户来到该页面的主要任务，然后进行设计。

总结一下，建立有效的视觉层次要从四个方面着手：简约（有选择地展现信息，让用户在有限的信息中发现重点）、组织（预先对信息进行科学的分类，整理优先级）、呈现（多种表现方法结合，呈现最好的视觉层次效果）、引导（遵循用户习惯，同时给予适当的引导推荐）。

3. 视觉层次设计的具体操作

在构建可视化层次结构时，设计人员需要考虑各元素的功能以及它们在导航过程中扮演的角色，要充分利用留白、字体、颜色、分割线等突出视觉重点，进行界面分层，确定各层次展示的先后顺序和位置。

（1）合理利用留白。白色空间不仅仅是设计元素之间的区域，它实际上是每个视觉构图的核心组成部分。它是一种能够使用户注意所有界面元素的工具，也是创建视觉层次结构的有效工具，因此设计人员需要努力实现其均衡使用。

通过对留白等的合理运用，可以使页面有呼吸感，同时使主次更加分明，关键信息和数据更加突出。

（2）高亮显示重点部分。高亮显示可以引导读者在众多数据中一眼看到重点。它既可以加深人们对已看到东西的印象，也可以让人们注意那些应该关注的东西。

要把读者的视觉注意力吸引到数据点上，只需要像日常生活中所做的那样，突出重点。例如，说话要大声一点，可视化图表要做得亮一点。时时牢记数据、视觉暗示和可读性。用明亮大胆的颜色画出边框，把线加粗，引入能让关注点看上去不一样的视觉元素。高亮显示焦点，会使其在视觉上更为突出。

（3）使用网格。网格是应用于创作过程中不同阶段的关键工具之一，视觉层次结构也不例外。网格有助于构建所有组件并将它们设置为适当的大小和比例，有助于规划布局整体结构，这对用户来说是愉快的。

（四）动态交互设计

根据交互程度，我们可将可视化图表分为静态的可视化图表和动态的可视化图表。静态的可视化图表与受众之间没有互动。动态的可视化图表增加了动态和互动的效果，包括数据地图、时间轴及各类交互式图表等。其中，动态地图和时间轴是最常见的形式，动态地图强调空间，时间轴强调时间的延续。其他类型的交互式图表则根据设计元素的不同而具有多样的表现形式，如层级图、社会网络关系图等。根据互动的方式，动态可视化图表又可分为单向动态可视化图表和双向动态可视化图表。在单向动态可视化图表中，受众通过点击不同的维度和指标获取相应的信息和数据。在双向动态可视化图表中，受众不仅能自由选择新闻内容的呈现，还能上传数据，主动成为数据的创造者。

常用的网页可视化图表交互形式主要有点击、滚动、移动、输入。点击型交互通常需要用设计元素给用户以视觉指引，如箭头、按钮之类的元素，简单快速地引导用户，让他们明白如何使用。点击型交互能够承载丰富的数据内容，并提供探索数据的乐趣，但不宜过多使用，否则会使数据获取太过困难和烦琐，影响用户体验；也不宜在设计上太过隐藏，否则用户不知道需要点击，交互也就失去了意义。滚动型交互是现在非常流行的一种交互方式，只需要滚动鼠标就可以进入下一层次的内容，在单个图表上也可以使用这种方式不断赋予图表新的变化和动态。虽然这种滚动交互是被动式的交互（也就是说用户不可以选择跳过或通过其他操作不参与这种交互），但因为这种交互符合大家的阅读习惯和操作习惯，所以非常便捷、简单，非常受欢迎。移动式交互是指移动鼠标并将其放置在图表的某个位置上悬停的交互方式。当鼠标悬停时，图表会发生一些变化，这也是比较简约的一种交互形式。而输入式交互是用户参与程度很高的一种交互形式，通常用户需要输入自己的位置等信息，或是分享自己的故事，自己输入的内容会成为数据的一部分。如纪念汶川地震十周年的可视化作品需要每一位用户分享并输入地震发生时自己所在的位置、正在干什么以及发生在自己身边跟地震有关的故事。

移动端交互设计与网页的最大区别在于用户使用情景的不同，即移动端一般通过手势、触摸等直观的交互动作使用产品，而网页端则以鼠标的方式操作。在信息呈现上，移动端更加偏向简洁性与便携性，而网页端则更加全面与严谨。因此在版式中，具体的区别表现在移动端需要整体化、可视化。移动端交互和网页端交互对尺寸与尺度、设计风格、信息表达有着不同的要求。

总体来说，可视化设计应该遵循以下指导原则。

（1）使用（但不要依赖）交互促进探索。《纽约时报》网站上只有10%～15%参与可视化交互的访客实际点击了按钮，这表明，关于交互可视化设计，我们不能依赖交互来建立理解。关键数据不能隐藏在交互元素后面，而应该在没有交互的情况下可见。能够允许用户比较深入地研究数据集的交互是比较好的交互。交互也可以用作吸引点——一个引发关注的点。

（2）利用视觉突出性聚焦并引导体验。视觉突出性是使视觉元素从周围环境凸显的特性，是数据可视化的强大工具。它可以用于引导用户注意可视化中最重要的信息，以防止信息过载。通过使用视觉突出一些细节并压制其他细节，可以使我们的设计更清晰，更容易理解。一些视觉变量（颜色和大小）是我们创造和控制视觉显著性的关键。

色彩方案是优秀的数据可视化的关键。众所周知，色彩特别擅长打破伪装。我们可以使用温暖、高饱和度的颜色突出关键数据点，并应用冷色调、低饱和度的颜色将不太重要的信息放在背景中。

尺寸也很明显。较大的元素比较小的元素更有吸引力，因此要扩大希望读者首先阅读的元素，并缩小不太相关的文本和元素。

（3）使结构元素像刻度线和轴一样清晰但不显眼。极简主义，即从图表中消除视觉上的混乱，删除不起任何作用的结构元素使数据清晰（如背景、线条和边框），减弱必要的结构元素（如轴、网格、刻度线），否则这些元素会与数据争夺注意力。

（4）使用视觉层级创建叙事流程。最好的可视化讲述着引人入胜的故事。这些故事来自数据中包含的趋势、相关性或异常值，并且由于融入数据周围的元素而加强。这些故事将原始数据转化为有用的信息。从表面上看，似乎数据可视化完全与数字相关，但一个伟大的数据故事是无法用语言讲述的。只有信息传递具有清晰的视觉层次，才能一步一步地引导读者阅读数据。

第三节　不同类型数据的可视化处理方法和路径

不同的数据类型要匹配不同的可视化模式，设计之前应该先观察和分析数据属于哪种类型。时序数据是基于时间的一系列数据，数据随着时间的变化而变化；空间数据是带有物理空间坐标的、与地理位置信息相关的数据，可将数值映射在地理坐标系中，以展现不同地区之间的联系和差异；文本数据以文字为记录形式，可分为单文本、文档集合和时序文本数据；层次数据是表达个体之间的层次关系（包含或从属）的数据；网络数据指不具备层次结构的关系数据。

一、时序数据的可视化

人事变迁、沧海桑田、日出日落、钟声滴答，这些都让我们感觉到时间的存在。可视化时序数据时，目标是看到：什么已经成为过去，什么发生了变化？什么保持不变，相差程度又是多少？与去年相比，增加了还是减少了，造成这些增加、减少或不变的原因可能是什么？有没有重复出现的模式，是好还是坏，预期内的还是出乎意料的？

（一）时序数据的定义

时间是一个经常会出现在我们分析中的维度和属性，在数据分析中经常出现且占有较大比重。一般情况下，具有时间属性且随时间变化的数据可以称为时序数据，如股票交易变动的数据、每日安排的工作计划、每天销售的产品记录等。

时序数据也就是我们平时经常说的时间序列数据，在统计学课本中很常见。时间序列的定义是：同一统一指标按时间顺序记录的数据列。要求在同一数据列中数据之间具有可比性，也就是说各个数据的口径必须相同，数据可以是时期或者时间点。

时间序列数据的定义包含两个方面：一是数据与时间密切相关，并随时间变化；二是数据按时间的先后顺序排列。因此，时间序列数据的特征包含以下两个方面。

1. 时间属性

时间具有特殊的语义结构，被人为抽象划分为不同层次的时间尺度，如分、时、天、周、月等。各层次间的包含关系有的是规则的（如 60 分钟为一小时、7 天为一周等），有的是不规则的（如一个月可以是 30 天或 31 天）。时间隐含内在的周期性特征，如季节的更迭。时间还具有确定性和不确定性的特征，如列车经过站点的时间有一定的规律，但也可能因特殊情况晚点，导致时间不确定。

2. 数据属性

数据属性按统计尺度分为定性和定量特征；按参照标准分为非空间和空间特征；按变量个数分为单变量和多变量特征。

（二）时序数据可视化的目的

从用户任务的角度看，时间序列数据可视化有以下几个基本目的：分类、聚类、查询、模式发现和预测。从用户分析进程的角度看，概括起来有以下三个基本目的：探究分析、验证分析、分析结果表达。

1. 探究分析

探究分析的目的是洞悉数据，从时间序列数据中提取相关信息，并提出假设，即从问题出发，先分析数据，从数据中发现模式规律、异常值、离群值等，再从数据导出模型。探究分析包含两个方面的任务：发现数值的规律和发现时间的规律。探究分析的具体任务如表 5-3 所示。

表 5-3　探究分析任务举例

任　务	举　例
数值查询	查询某个感兴趣时间点的数据值； 查询某个感兴趣数值（数值范围）出现的时间点
数值比较	比较两条（以上）时间序列在某个感兴趣时间点的数值； 比较某个数值在两个时间点出现的先后顺序
寻找关系	何时序列 1 的数值高于序列 2 的数值

续表

任 务	举 例
发现模式	查询某个感兴趣时间点数值变化的趋势； 查询数值下降（上升）的时间
模式比较	比较两条序列在某个兴趣时段的行为； 比较某种序列模式与某个兴趣时段的关系
对象比较	两个学生的成绩时间序列的关系
属性比较	某学生学习成绩时间序列和体重时间序列的关系

2. 验证分析

验证分析的目的是证明或推倒假设（假设源于数据的探究过程或数据相关的模型）。

3. 分析结果表达

分析结果表达的目的是传递和分享数据分析结果。

随着计算机技术和可视化技术的发展，时间序列数据的可视化在图表可视化方法、表达方式、交互方式等方面不断丰富与发展。

（三）时序数据的可视化方法

呈现时序数据的可视化模式较多，最常见的是用折线图、柱形图、条形图、堆积图等传统统计图表。可将 X 轴或 Y 轴设计为时间轴，呈现数据变化的趋势等。图 5-35 用不同图表展示了 1995—2010 年数据随时间的变化。

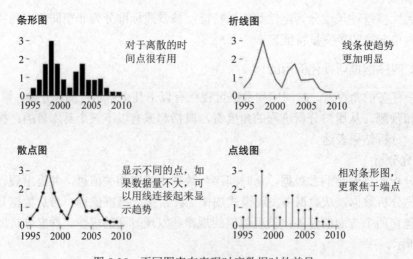

图 5-35 不同图表在表现时序数据时的差异

除了用统计图表呈现时序数据，还可以把时序数据作为一个大作品的整体架构梳理数据内容，搭建作品结构。这其实也是灵活运用各种图表、图形的一个表现。图 5-36 为财新网 2016 年中国楼市作品。该作品以时间为主线，梳理了从 2009 年 12 月至 2016 年 11 月中央和地方的房地产调控政策，政策出台的时间以及政策类型（刺激性政策还是调控性政策）决定了每个点的位置，并用一条折线呈现房价数据，从而可以很容易看出房价上涨之末和下跌过程之始政策最密的周期性特点，以及房地产活力不够时主要为刺激性政策、房价上涨过快时主要为调控性政策的特点。这张图表不属于严格意义上的柱形图，所处理的数据也是非结构化的数据，但是综合运用了双向柱形图、折线图等原理进行设计，将时间轴作为整体结构线。

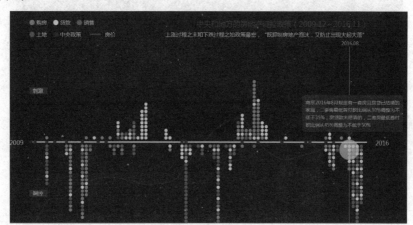

图 5-36　时序数据可视化房地产调控政策出台与房价走势的关系

注：作品链接为 http://datanews.caixin.com/mobile/fang2016/pc/。

如图 5-37 所示，《国家反腐战役》这个作品也是以时间轴为核心，呈现 2013.01—2014.02 这一时间周期内落马官员的情况。从图 5-37 中可以看出 1 月、12 月、7 月，也就是年初、年末、年中落马人数较多，而且 2014 年 1 月和 2 月落马人数远多于 2013 年 1 月和 2 月落马人数。从 2013 年 7 月开始，国家重拳出击，打击腐败，反腐力度更大，落马官员更多。因此，时序数据的可视化一定要围绕时间轴这个核心。

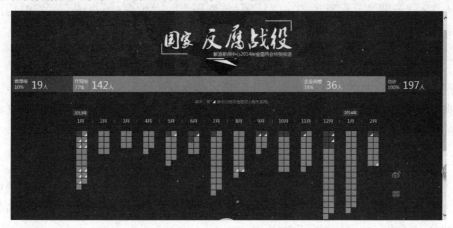

图 5-37　《国家反腐战役》

注：作品链接为 http://news.sina.com.cn/pc/2014-03-06/326/3077.html。

除了用静态方法呈现时序数据，还可以用动态方法显示随着时间变化的感觉和过程，因为动态的时序数据更加生动且能实时追踪数据变动情况，更加实用。图 5-38 为清华大学教师向帆带领团队完成的疫情可视化作品。该作品将时序数据与空间数据相结合，用 1 分钟的动态视频呈现了随着时间的推移疫情中心从中国武汉到意大利等欧洲国家再到美国的变化，形象直观又发人深省。

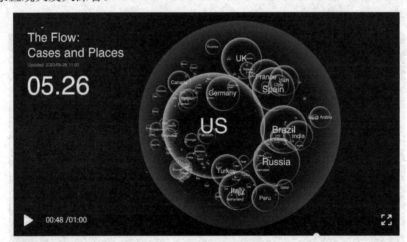

图 5-38　交互的圈层图可视化

注：作品链接为 https://mp.weixin.qq.com/s/3ua7vj8lySaYOyWLaXL25w。

二、空间数据的可视化

空间数据多为地理数据，往往通过地图呈现。可将数值映射在地理坐标系中，以展现不同地区之间的联系和差异。地图通常是展示地理数据的最好方式，也是最常用方式，如二维的、三维的、静态的、动态的、交互的地图等。它还经常与点、线、气泡等组合使用，形成"地图+词云图"、示意地图、"地图+气泡图"、"地图+散点图"、实时地图、地图着色等多种样式的地理数据可视化。

（一）类别图和渐进图（为地图着色）

类别图是指用色相的差异来渲染区分不同字段数据的地图形式，可用来展现点、线、面的数据。渐进图是按照一定的规律对地理数据的数值进行分段后再以不同色彩（色相或明度）的差异来渐次渲染的地图形式。

（二）散点地图

散点地图是指在地理区域上放置相等大小的圆点，旨在检测某地域的空间布局或数据分布。当数据量非常大，用地图和点的组合方式，既能不丢失数据细节，也能从整体上看出数据的分布规律，挖掘数据背后的故事。

（三）气泡地图

气泡地图是用气泡来渲染地理数据的图形，其中的气泡只适用于点的数据，不能用来展示线或面的数据。气泡图可以通过气泡的色彩和面积的不同展示数据的差异。它与散点地图相比多了一个变量。

在气泡地图中，地理区域上方会出现气泡圆形图案，气泡面积与其在数据集中的数值成正比。而气泡地图的主要缺点在于，过大的气泡可能会与地图上其他气泡或区域出现重叠。

（四）连接地图

连接地图是用直线或曲线连接地图上不同地点的一种图表，它非常适合用来显示地理连接和关系。此外，通过研究连接地图上的连接分布或集中程度，我们也可以用它来显示所连接地区的关系。这种"地图+连线"的形式能够使很多隐形关系显示出来。

而带有流向的线条呈现在地图中又叫 Flow Map，它显示信息或物体从一个位置到另一个位置的移动及其数量，通常用来显示人物、动物和产品的迁移数据。

三、文本数据的可视化

（一）文本可视化的定义及作用

文字是传递信息最常用的载体。在当前这个信息爆炸的时代，人们接收信息的速度已经小于信息产生的速度，尤其是文本信息。当大段大段的文字摆在面前时，已经很少有人能耐心、认真地把它读完，而是先找文中的图片来看。这一方面说明人们对图形的接受程度比枯燥的文字要高很多，另一方面说明人们急需一种更高效的信息接收方式，而文本可视化正是解药良方。

"一图胜千言"，我们从小就有体会，教材里的解释图、自己笔记里总结的知识结构图，一直到现在经常用的思维导图等，其实都是简单、实用的文本可视化。

文本可视化技术将文本中复杂的或者难以通过文字表达的内容和规律以视觉符号的形式表达出来，使人们能够利用与生俱来的视觉感知的并行化处理能力，快速获取文本中所蕴含的关键信息。

文本可视化的作用有以下四点：① 理解：理解主旨；② 组织：组织、分类信息；③ 比较：对比文档信息；④ 关联：关联文本的样式和其他信息。简单来说，就是让用户更加直观迅速地获取、分析信息。举个例子，针对一篇文章，文本可视化能更快告诉我们文章在讲什么；针对社交网络上的发言，文本可视化可以帮我们进行信息归类、情感分析；针对一个大新闻，文本可视化可以帮我们捋顺事情发展的脉络、人物之间的关系等；针对一系列的文档，我们可以通过文本可视化找到它们之间的联系。

一般来说，情报分析人员、网络内容分析人员、情感分析或文学研究者等相关职业更需要文本可视化。不过随着信息图等的普及，已经有越来越多的人接受并善用文本可视化。

（二）文本数据可视化的流程

文本可视化依赖于自然语言处理，因此关键词抽取、主题分析、情感分析等是较常用的文本分析技术。文本分析的过程主要包括特征提取，通过分词、抽取、归一化等操作提取文本词汇级的内容，利用特征构建向量空间模型并进行降维，以便将其呈现在低维空间，或者利用主题模型处理特征，以灵活有效的形式表示这些处理过的数据，以便进行可视化呈现。图 5-39 为文本可视化的基本流程图。

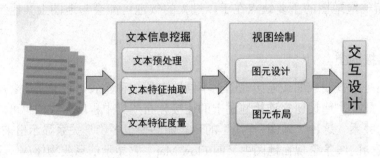

图 5-39　文本可视化基本流程

（三）文本可视化方法

1. 文本数据类型

文本数据的可视化在生活中较普遍，如思维导图、流程图、知识结构图等。对文本数据进行可视化需要对文本的词汇、语法、语义等不同级别进行信息挖掘。一般把对文本的理解需求分成三级：词汇级（lexical level）、语法级（syntactic level）和语义级（semantic level）。不同级的信息挖掘方法不同，词汇级当然是用各类分词算法，语法级用一些句法分析算法，语义级用主题抽取算法。以上这些都在文本信息挖掘中进行，其中文本数据预处理是将无效数据过滤，提取有效词；文本特征抽取是指提取文本的关键词、词频分布、语法级的实体信息、语义级的主题等；文本特征度量是指对从多种环境或多个数据源中抽取的文本特征进行深层分析，如相似性、文本聚类等。目前常见的文本数据挖掘多集中于词汇级，语法级和语义级的挖掘较少。

要理解文本数据可视化，就要先了解文本数据的特点，如何从文本中挖掘自己想要的信息，如何设计数据结构，最后再映射出实用又美观的视图，这些都是我们需要思考的问题。目前，文本可视化分析已经开始运用在各行各业，直观的交互将人类的智慧引入数据分析的过程，帮助我们从浩瀚的文字中跳脱出来，避免一叶障目。

2. 文本可视化类型

文本数据大致可以分为三种：单文本、文档集合和时序文本数据。对应的文本可视化也可以分为三类：文本内容的可视化、文本关系的可视化、文本多层面信息的可视化。

（1）文本内容的可视化。基于文本内容的可视化研究包括基于词频的可视化和基于词汇分布的可视化，常用的有词云图、分布图等。词云图在文本数据的可视化中使用最为普遍，多用于展示文本内容。图 5-40 通过"词云+地图"的形式展示中国博物馆名称中的高频词汇。

（2）文本关系的可视化。基于文本关系的可视化研究文本内外关系，帮助人们理解文本内容和发现规律。常用的可视化形式有树状图、节点连接的网络图等。

（3）文本多层面信息的可视化。基于多层面信息的可视化主要研究如何结合信息的多个方面帮助用户从更深层次理解文本数据，发现其内在规律。其中，包含时间信息和地理坐标的文本可视化近年来受到越来越多的关注。常用的有地理热力图、ThemeRiver、

SparkClouds、TextFlow 和基于矩阵视图的情感分析可视化等。

图 5-40　中国博物馆中的高频词汇

此外，还有文本中情感信息的可视化。情感分析是指从文本中挖掘心情、喜好、感觉等主观信息。现在人们把各类社交网络当作感情、观点的出口，所以分析这类文本就能掌握人们对于一个事件的观点或情感的发展。

四、层次和网络数据的可视化

层次数据是表达个体之间层次关系（包含或从属）的数据；网络数据指不具备层次结构的关系数据。

（一）层次和网络数据

层次和网络数据是生活、科研中的常见数据类型，也是对真实世界的一种抽象。生物世界中纷繁的物种被划分到门、纲、目、科、属、种的层级，社会机构中的层级化管理，计算机中文件的父子目录结构等都是层次和网络数据。通过将信息组织成粒度不同的层次，人们能够更好地掌握信息、理解知识、分配资源。我们通过分类来理解事物，层次结构是我们认知行为的基础。

图形化伊始，树图就是一种有效的视觉象征，体现人类对于秩序、平衡、统一和对称的渴望。不管是在物种分类（达尔文在其《物种起源》中，利用树图为物种做分类，后来在生物学中，用网络关系图表达生态系统中的物种关系）还是人际关系（传统的公司从上至下的等级制度，到现在全球化发展下全球的程序员相互协作工作的关系图）中都有树形图的应用。

随着人类面对的问题越来越复杂，已经无法用树图表达和叙述了。新的视觉传达逐渐成形，最终取代了树图。在各种图形化的系统中，新的系统面对复杂问题为人类提供了新的解决方法，称之为网络结构。

（二）层次和网络数据的可视化方法

层次化数据的可视化就是专门用于呈现具有层级结构的数据的可视化技术，尤其强调对其中层次和包含关系的呈现；采用不同的视觉符号表现这种层次关系决定了层次化数据可视化的主要不同类别。

节点链接图是表现层次化数据的一类代表方法。它采用二维或三维空间中的点、球或其他形式的节点代表数据中的个体，用节点之间相连的线段或曲线段代表个体之间的关系。节点链接图可用来表现任意图结构，但当用来表现层次化数据时，就退化为树形结构。它能够较清晰地呈现节点间的层次关系。

树图则是另一类层次数据可视化方法的代表。它使用具有一定面积的块、体表示数据中的个体，使用节点之间的空间位置包含关系表示个体之间的关系。作为空间高效型层次数据可视化方法，树图能够更充分地利用屏幕空间，以利于呈现更大的层次化数据，还能够通过其节点的大小、位置重点表现数据节点的量化属性和分布关系，让用户快捷地对整个数据的分布情况有所了解。其不足之处在于数据个体间的层次、包含和相邻关系不如节点链接图中呈现得明显。

关系网络图是表现网络数据的主要方法，通过关系网络图往往可以呈现两个或多个对象之间错综复杂的关系。把对象变成点，点的大小、颜色可以是它的两个参数，两个点之间的关系可以用连线表示。连线又分为有向连线和无向连线，有向连线适合表现负责网络数据，将连接和方向相结合，连线本身的方向代表了不同的连接关系；而无向连线则适合表现简单关系。

习 题

1. 比较分析饼状图、柱形图、折线图、面积图、散点图、气泡图、雷达图、南丁格尔玫瑰图、树图、弦图、词云图、示意图、组合图十三种图表的适用场合和范围。
2. 归纳总结时序数据的主要呈现方法。
3. 归纳总结空间数据的主要呈现方法。
4. 比较色彩三要素——色相、亮度、饱和度在可视化过程中的差异化应用。

实 践 任 务

1. 导出一组新媒体数据，试对这些数据进行可视化图表呈现。
2. 持续关注一个数据新闻栏目，对这个栏目的数据可视化作品进行鉴赏。

案 例 讨 论

《星空彩绘诺贝尔》（见图 5-41）是财新数据新闻与可视化实验室推出的一个数据可视化作品。该作品以数据可视化互动设计，以时间为主线，展现了诺贝尔奖 115 年的历史与发展，呈现了 771 位诺贝尔奖得主的国籍、性别、年龄等数据。该作品于 2014 年入围凯度信息之美——数据可视化设计大奖。

图 5-41 《星空彩绘诺贝尔》

从表面看，《星空彩绘诺贝尔》是一个设计感很强的可视化交互信息图，在合理的逻辑架构下，将庞大的信息量进行有效整合。向深里探寻，这不仅是一个优秀的新闻作品，更深刻地反映着全球科技力量的对比及变迁。例如，从中不仅可以看出 20 世纪以来，世界科学中心由欧洲大陆向美洲大陆的变迁过程，也可以从微观角度得出任何一个国家科技实力变化的细节和信息。

这个作品将一百年来诺贝尔奖的所有数据用环形散点图进行呈现，以方便受众的直观理解。除了美观，它还像一个数据库一样可以查询。用户可以点击任何一个年份，查看这个年份的获奖者、年龄、性别、姓名，同时点击中间的自动播放，还可以看到整个画面会一年一年地向前滚动。

将鼠标放在任意年份上，环形散点图会以散点的形式呈现诺贝尔奖获得者的国家和获奖领域，散点所处的区域划分体现国家信息，散点本身的颜色代表获奖领域。读者可以选择点击中间的自动播放或者自定义查看任意一年的诺贝尔奖获奖情况。当选择自动播放时，每出现一个诺贝尔奖获得者，国家名称下方的彩条就会相应增加。每过一年，图中圆环所呈现的色块会进行相应的积累。直到 2015 年，环形色块积累结束，形成一个彩色的闭环。彩色圆环的颜色代表的就是 115 年来各个领域获得诺贝尔奖的数量。国家名称下方的彩条的长短及颜色也能反映本国获得诺贝尔奖人数的多少和获奖领域的分布。环形图右边呈现每个年份中所有诺贝尔奖获奖者的具体信息，左下角是用不同颜色代表不同获奖领域的具体图示，用蓝色代表物理领域，用绿色代表化学领域，用橘色代表生理或医药领域，用红色代表文学领域，用紫色代表经济领域。

注：网址为 http://datanews.caixin.com/2013/nobel/index.html。

思考：

1. 这个案例中的数据哪些是类别型数据？哪些是数值型数据？哪些是有序型数据？
2. 分析这个案例中运用的视觉通道。
3. 总结这个案例中运用的可视化方法。
4. 归纳总结这个案例的色彩设计、动态交互设计、视觉层次设计方案。

参考资料

[1] 黄婷婷. 财新网数据可视化实践研究[D]. 重庆：西南大学，2017.

[2] 康剑，李轩. 运动的数据：基于动态视觉的信息图表设计应用与研究[J]. 设计，2015（19）：27-30.

[3] 数据可视化的基本原理：视觉通道[EB/OL]. （2019-09-28）. https://blog.csdn.net/weixin_39037804/article/details/101603286.

[4] 陈为，张嵩，鲁爱东. 数据可视化的基本原理与方法[M]. 北京：科学出版社，2013.

[5] 邱南森. 数据之美：一本书学会可视化设计[M]. 北京：中国人民大学出版社，2014.

[6] 如何设计实用易读的图表，https://wenku.baidu.com/view/76e6179d03d276a20029 bd64783e0912a2167ca0.html.

[7] 林斌. 数据可视化之道：数据分析中的图表制作思路与方法[M]. 北京：电子工业出版社，2020.

[8] 什么是散点图，https://wenku.baidu.com/view/880c9f1b85254b35eefdc8d376 eeaeaad 1f3169c.html.

[9] 教你用 Python 画出当下疫情最火玫瑰图！[EB/OL].（2020-03-17）. https://baijiahao. baidu.com/s?id=1661409560222413725&wfr=spider&for=pc.

[10] 南丁格尔玫瑰图：为敬畏生命而生[EB/OL].（2018-02-05）. https://www. sohu.com/a/221082306_416207.

[11] 张昕，袁晓如. 树图可视化[J]. 计算机辅助设计与图形学学报，2012，24（9）：1113-1124.

[12] 赵海森，吕琳，薄志涛. 面向层次化数据的变分圆形树图[J]. 软件学报，2016，27（5）：1103-1113.

[13] 数据实验室.可视化图表之弦图[EB/OL].（2019-04-11）. https://mp.weixin.qq.com/s/ tG0KYQNBF_4-Pv-rameTXw.

[14] 宇澳，刘雅菲，邵妍妍.浅谈网页设计中的色彩心理[J]. 科技风，2020（6）：1.

[15] 关于数据可视化设计中色彩的思考，https://mp.weixin.qq.com/s/ LHh0b NdpPOzwriGFBw3Bj.

[16] 数据可视化设计中颜色的巧妙用法[EB/OL].（2018-11-01）. https://www.datahunter. cn/aboutUs/news/20181101117.html.

[17] 深度解析可视化图表设计（一）[EB/OL].(2020-03-28). https://mp.weixin.qq.com/s/ wAsosiUG7Go JVRS4svTwCQ.

[18] 用户体验：有效可视化层次结构的最佳实践[EB/OL]. (2019-07-06). https://www. sanways.com/news/ 538.html.

[19] 方洁. 数据新闻概论[M]. 2 版. 北京：中国人民大学出版社，2019.

[20] 戚陆越，吴升. 时间序列数据可视化研究综述[J]. 微型机与应用，2015，34（12）：7-10.

[21] 陈淑晶，这些经典的地图可视化你一定要知道！[EB/OL].（2018-10-25）. https://www.sohu.com/a/271271477_610696.

[22] GeekPlux.文本数据可视化（下）：一图胜千言[EB/OL].（2017-06-27）. https://mp. weixin.qq.com/s/i6qVRXpUjp63JUr980fsFw.

[23] 了解数据必备的文本可视化技巧[EB/OL].（2019-01-28）. https://mp.weixin. qq.com/s/eR0AVEA-HTp-lZa7DCOvEw.

[24] 夏蕊. 数据可视化：复杂网络关系图的绘制[EB/OL].（2020-05-13）. https://mp. weixin.qq.com/s/6R_X4pX5B2OB7mNi-JThIQ.

第六章

新媒体数据报告的撰写

引言

在新媒体数据分析工作中，新媒体数据报告是最后一个步骤，对许多人来说，将分析过程与结果写成一份通俗易懂的报告是新媒体数据分析报告的终点。新媒体数据报告是在数据获取的基础上，根据服务单位的需求做出的最后的呈现。如果你还没有学习过与撰写数据分析报告相关课程，没有在工作中接受过相关训练和指导，并且也没有做过独立的相关性阅读，那么，你需要学习一些关于撰写技术报告的知识。新媒体数据报告作为调查报告的一种，具有和调查报告相似的部分，同时也有其独特之处。通过本章的学习，学生应该理解新媒体数据报告的分类和撰写要求；通过学习撰写数据分析报告的具体流程不断进行实践操作，熟练掌握新媒体数据报告的撰写标准。

在生活中，我们经常会发现优秀的分析师在描述一件事情的时候，逻辑很清晰，即使观看者是一个非专业人士也能理解其数据含义和数据分析的过程，那么分析师是怎样做到的呢？

要想做到报告逻辑清晰，分析有理有据，首先，要知道报告给谁看，即受众是谁，这一点非常重要，它决定了报告的深度和广度；其次，要清楚报告的预期目的，报告一定要逻辑清晰、有理有据；最后，要让自己思路清晰，这在一定程度上反映了撰写者的分析水平。本章内容是在前期数据分析整理的基础上，为达到某一特定目的而做的具有导向的陈述。当然，现今新媒体数据采集的基本途径有开放数据网站获取（如中华人民共和国国家统计局网站，http://data.stats.gov.cn）、新媒体平台后台数据获取（如微信公众平台、微博、淘宝、天猫、今日头条等）、第三方数据公司提供（如艾瑞数据，https://data.iresearch.com.cn）、数据挖掘工具爬取（如智能爬虫软件"火车头采集器"）等。在数据采集过程中，有时需要采集者在庞大的数据中收集有用的数据，有时则需要直接给出数据报告，但即使有数据报告，也是大而化之，需要报告撰写人根据所服务单位的要求做具体的整理和分析。

第一节　新媒体数据分析报告的作用

新媒体数据分析报告，顾名思义，即以报告的形式对新媒体数据进行整理的结果，是一种分析应用文体。这种文体根据新媒体数据分析的原理和方法，运用数据来反映某项目的现状、问题、原因、本质和规律，并得出相应的结论。新媒体数据分析报告是让观看者认识事物、了解事物、掌握信息的主要工具，也为决策者提供科学、严谨的决策依据。一般来说，新媒体数据在挖掘、处理及分析数据以后，可以得到较为完整的数据结果，但纯粹的以数字或图表表达的数据结果只适合数据分析者之间的交流，无法进行内部交流。因此，在数据分析结果完成后，需要继续撰写数据分析报告，使数据分析结果易于理解和留存。

新媒体数据分析报告是数据分析的结果，无论数据收集过程多么科学，数据分析方法多么高深，数据处理多么先进，如果不能将这些有效地组织并展现出来，用于与观看者的沟通与交流，就无法向观看者提供一个令他们满意的解决方案。因此，新媒体分析报告本质上是一种沟通与交流的形式，其目的在于将分析结果、可行性建议以及其他有价值的信息传递给接收者。它需要对数据进行适当的包装，让接收者能够对结果做出正确的理解与判断，并可以根据其做出有针对性、战略性，可操作的决策。

一、按公司的需求分类

按照公司的需求来分，数据分析报告具有跨部门沟通、部门内部交流和档案留存三个方面的作用。

（一）跨部门沟通

跨部门沟通是指在同一组织内不同部门间的沟通。由于各部门之间存在知识理解上的差异，所以跨部门之间的交流更多地应该考虑每一个组织都是一个有机的运作体，每一个部门都会与其他部门进行交流和协作。一般来说，新媒体部门在企业内并不是完全独立的部门，企业新媒体运营的整体状态需要定期与企业总经理及其他部门经理进行沟通。但通常，企业总经理及其他部门经理均为非新媒体专业人士，同时，认知偏误和语言障碍是跨部门沟通中常见的问题，因此在撰写跨部门沟通的报告时，需要注意将行业的专业名词进行转换，如"头条号指数""单条微博转发量""用户属性""文章转化率"等名词或数据是不能直接讨论的，而是需要利用数据报告，将数据分析的来龙去脉讲清楚，在报告里完整地呈现数据分析背景、数据挖掘思路、数据处理方法、数据规律与结论等环节，以便于非新媒体专业人士的理解。

（二）部门内部交流

这里所谓的部门内部交流是指数据分析部门内部之间的交流与沟通。数据分析负责人一方面需要提供日常数据分析汇报，另一方面需要撰写阶段性数据分析报告，从而更好地为运营组、活动策划组、网络运营组等新媒体部门的内部运营模块提供数据支持。

（三）档案留存

档案留存是指新媒体数据分析结果需要作为数据档案留存于企业资料库，但是，纯粹的数据分析结果仅亲自参与分析的相关人员能够看懂，查阅资料库的其他人员通常不容易看明白。因此，需要将数据结果转换成报告，以便于后续相关人员的查阅。此外，每一次数据分析的过程都会略有不同，数据挖掘、处理、分析等环节的执行步骤及异常处理过程都是团队的整体经验，所以除了数据本身，数据分析的整体过程也需要作为档案留存。

二、按内容呈现步骤分类

按照内容呈现步骤来分，新媒体数据分析报告也有三个方面的作用，即展示分析结果、验证分析质量以及为决策者提供参考依据。

（一）展示分析结果

报告以某种特定的形式将数据分析的结果清晰地展示给决策者，使他们能够迅速理解、分析、研究问题的基本情况、结论与建议等内容。

（二）验证分析质量

从某种角度上来讲，分析报告也是对整个数据分析项目的一个总结。通过报告中对数据分析方法的描述、对数据结果的处理与分析等几个方面来检验数据分析的质量，并且让决策者能够感受到整个数据分析过程是科学严谨的。

（三）为决策者提供参考依据

大部分数据分析报告都是具有时效性的，所得到的结论与建议可以作为决策者在决策方面的一个重要参考依据。虽然大部分决策者（尤其是高层管理人员）没有时间通篇阅读分析报告，但是其在决策过程中，将会重点阅读报告的结论与建议或其他相关章节，以更好地做出决策。所以，新媒体分析报告是决策者二手数据的重要来源之一。

第二节　新媒体数据报告的主要类别

新媒体数据分析报告按照其时间频率分为日常报告、不定期报告和年度报告；按照其报告对象分为内部报告和外部报告；按照其内容、方法分为日常运营报告、专项研究报告和行业分析报告。本书将按照内容和方法的分类具体分析日常运营报告、专项研究报告和行业分析报告。需要特别指出，通常由于对同行的内部运营数据无法直接获取，因此行业分析报告主要是对行业的整体分析及同行的日常数据监测。

一、日常运营报告

日常运营报告指的是以定期数据分析报表为依据，反映计划执行情况，并分析其影响和形成原因的一种数据分析报告，这种数据分析报告一般是按日、周、月、季、年等时间阶段定期进行的，所以也叫定期运营报告。它具体是指新媒体部门每天、每周、每月、每季度都需要进行的汇报，如抖音转化率日报、微博平台周报、今日头条广告运营月报、微信公众号季报等。

由于日常运营报告有常规的汇报流程，因此日常运营报告应表头设计统一，且流程固化。首先是表头设计，表头设计好后，一般来说很长一段时间不进行没必要的变动，只变动日期，这样既便于后期的整理，也便于汇报查阅者的对比与分析。其次是流程固化，由于日常运营报告一般需要新媒体公司的运营组、活动策划组、品牌推广组等相关负责小组提供当天或几天的数据，因此，保持固定的数据获取方式和团队内部的交付方式有助于提升日常运营报告的制作效率。

二、专项研究报告

专项研究报告指的是针对某个特定问题进行的数据分析与汇报，如《上周小红书活动效果报告》《本月快手销售额走低数据分析报告》《2020年互联网购物行为分析报告》《粉丝增长情况分析报告》《抖音客流量异常分析报告》等。

专项研究报告的重点是深入挖掘和提出解决方案。做专项研究报告时，一般要针对相应的问题进行有目的的分析，不能仅限于数据本身，要深入挖掘数据，挖掘数据背后所隐藏的关系，并把关系表述出来以供解决相应的问题。因此，在专项研究报告中应有解决问题的方案，必须尝试性地提出解决方案，针对有些问题，提出的解决方案甚至应该有多个。

三、行业分析报告

行业分析报告指的是行业整体的新媒体情况汇报。分析行业整体的新媒体情况有助于掌握整体趋势，做到知己知彼。行业分析报告对于了解行业动态、做行业预测有重要的意义。

行业分析报告的重点是整体情况和同行分析。所谓整体情况，即借助开放数据网站、新媒体平台后台数据、第三方数据公司、数据挖掘工具等获取大数据，研究行业的整体运行规律和大致趋向。所谓同行分析，即对同行之间的竞争项目的分析。由于同行内部数据通常不能直接获得，因此新媒体数据分析者主要对通过正常渠道获得的同行的外部数据进行统计和分析，从而对行业成长性进行预测。一般行业分析报告都把行业成长性预测分析作为行业分析报告的重点，但是又不局限于行业成长性预测分析。例如，《大数据透视两会热点把脉"后疫情时代"教育走向——2020全国两会教育舆情分析报告》中显示，职业教育连续两年位居两会教育热点主题排行榜首位。舆论宏观层面关注点主要集中在高职扩招、职业教育教师队伍建设、职业教育专业设置、线上职业教育、中职教育、职业教育助力脱贫攻坚和职业教育经费 7 个方面，如图 6-1 所示。因此，2020 年政府工作报告提出接下来的两年高职扩招 200 万，这是继 2019 年高职扩招 100 万后的又一次重大职业教育行动，舆论关注度很高。同时，教师队伍建设连续三年位居两会教育热点主题排行榜前三。2020 年舆论中观层面关注点主要集中在乡村教师、教师待遇、教师培养、教师职称、教师聘任管理、师德师风、教师职业体验、教师减负、教师队伍补充和教育惩戒权 10 个方面，如图 6-2 所示。与 2019 年相比，乡村教师话题热度上升幅度较大，成为 2020 年两会期间教师队伍建设的最大关注点。舆论普遍对建设高质量乡村教师队伍助力乡村振兴表示期待，希望通过定向招生、定向培养、定向分配、全科培养等措施，培养大批有乡土情怀的优秀年轻教师。

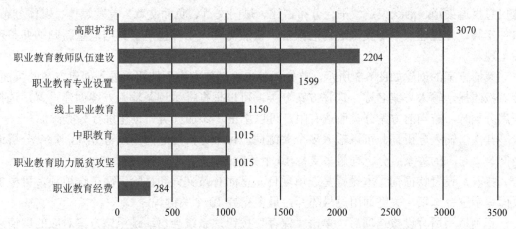

图 6-1　2020 年全国两会教育舆情宏观层面关注点

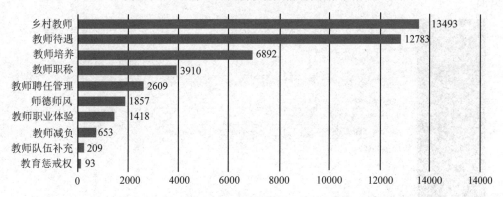

图 6-2　2020 年全国两会教育舆情中观层面关注点

第三节　日常新媒体数据报告的撰写方法

日常新媒体数据报告是一种常态化报告，它呈现的是新媒体部门的整体运营状态及各新媒体平台的日常数据。一般来说，这些数据分析是发送给设计、生产、销售、服务等部门的同事看的，以便于他们及时调整相关策略的报告。一般按日、周、月、季度等划分，在一段时期内，日常运营报告的格式、数据源都是固定的，因此日常运营报告不需要每天设计与制作。一方面，尽量在前期设计固定的表头，然后每天整理数据并填充在对应的表头下；另一方面，明确固定的数据源负责人，以便于更快地制作日常运营报告。日常运营报告可以是专题性的，也可以是综合性的，这要根据公司的要求进行选择。这种分析报告应用十分广泛，各个企业和部门都在使用。

有些网站自带生成数据报告的设定，如清博指数平台（http://www.gsdata.cn/）。在时间设定上只能设定 3 个月以内的数据，设置完成后就可以在报告中心导出系统报告，导出的数据报告以 PDF 或 Word 的形式呈现。特别是对新闻事件或者企业公关危机事件的分析特别详细，包括报告简述、预警趋势、文章类型、提及地区、平台分布、传播力分布、敏感信息报道渠道、活跃渠道、平台分布占比、热门文章、负面文章、首发媒体、媒体分布、事件走势、处置建议。即使是这样的报告，依然需要人工筛检重要数据，重新归纳并整理后呈现。

舆情方案的创建如图 6-3 所示，首先，单击"创建方案"按钮，进入创建方案的页面，接着按照提示输入方案名称，选择方案分类，可以根据提示逐条输入方案创建设置，选择所属分类时，若当前方案分类所选有限，可以单击"添加分类"按钮进行分类添加。

其次，输入分析词。可以输入多个关键词，每个分析词之间用逗号分开，每个分析词之间是"与"的关系，分析词最多支持 10 个关键词。

接着，设置特征词。本设置是选填项目，里面有歧义词和排除词两个选填项，可根据页面提示进行选填，关键词用逗号隔开，最多支持 10 个关键词。

正确填写所有设置选项后，单击"保存"按钮，系统会自动跳至该方案对应的舆情总览页面。

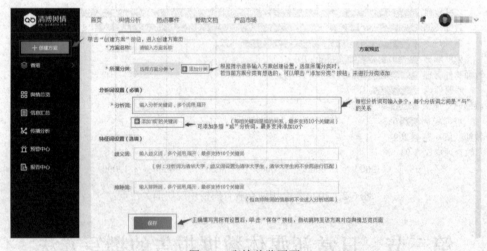

图 6-3　舆情总览页面

在导出舆情报告时，首先选择舆情总览页面左下角的"报告中心"选项，进入"报告中心"页面，其中有"简报列表""自定义简报模板""定时报告模板"和"定时报告"几种选项，在"简报列表"的"操作"栏中可以进行简报的查看、Word 下载、PDF 下载、刷新、发送、删除操作，使用者可以根据需要进行选择（见图 6-4）。

图 6-4 "报告中心"页面

网站还设置了自定义简报模板功能、定时报告功能、竞对报告功能。

单击"自定义简报模板"按钮（见图 6-5），进入"自定义简报模板"页面，单击"新建普通模板报告"按钮进入新建模板页面，可以根据使用者的需求自定义模板内容，自定义模板同样支持查看、修改和删除操作。当然，也可以展示当前方案下已经设置的全部报告模板，支持自定义模板内容。

图 6-5 自定义简报模板页面

单击"定时报告"按钮（见图 6-6），进入"定时报告"页面，可以展示当前方案下已经生成的全部定时报告。

选择顶部"竞对报告"菜单（见图 6-7），进入"竞对报告"页面，首先在右侧进行对比方案设置或选择，完成后，单击页面右上角的"新建竞对报告"按钮，选择要生成报告的对比时间，单击"立即生成"按钮，生成对比报告。在设置竞对选项时，从已经设置的方案中选择对比方案，至少选择两个方案进行对比，至多选择三个方案进行对比。选择模板，可以选择系统预设模板，也可以选择自定义模板。报告提供查看、下载、发送、删除等操作。

图 6-6　定时报告页面

图 6-7　竞对报告页面

而针对微信公号的运营状况、抖音交易数据等，目前系统只能导出数据榜单及数据详情，分析报告则需要人工处理。

一、日常运营报告特点

日常运营报告具有以下三个特点。

1. 进度性

由于日常运营报告主要反映运营计划的执行情况，因此必须把计划的执行进度与时间进展结合起来分析，观察比较两者是否一致，从而判断计划完成情况。为此，需要进行一些必要的计算，通过一些绝对数和相对数指标突出进度。

2. 规范性

日常运营报告基本上成了数据分析部门的例行报告，定时向决策者提供。因此，这种分析报告形成了比较规范的结构形式，一般包括以下几个基本部分。

（1）反映计划执行的基本情况。

（2）分析完成或未完成的原因。

（3）总结计划执行中的成绩和经验，找出存在的问题。

（4）提出措施和建议。

这种分析报告的标题也比较规范，一般变化不大，有时为了保持连续性，标题只变动时间，如《××月××日运营报告》。

3. 时效性

日常运营报告由日常运营报告的性质和任务决定了它是时效性最强的一种分析报告。只有及时提供业务发展过程中的各种信息，才能帮助决策者掌握企业经营的主动权，否则将会丧失良机，贻误工作。

二、日常运营报告常见的表格形式

根据日常运营报告的特点要求，对大多数公司而言，日常运营报告主要通过 WPS 或 Office 中的 Word、Excel 和 PowerPoint 系列软件表现。日常运营报告常见的表格形式可分为三类，分别是过程表、效果表及汇报表。

1. 过程表

过程表呈现的是新媒体团队的日常工作过程，通常包括事项完成的时间、任务完成的数量、过程链接的汇总等。如抖音号"央视新闻"运营过程表就包括视频发布数、新增新闻直播数、新增助农直播带货数等，如表 6-1 所示。

表 6-1　抖音号"央视新闻"运营过程表

日　　　期	视频发布数	新增新闻直播数	新增助农直播带货数
2020 年 6 月 29 日	5	6	1
2020 年 6 月 30 日	4	7	0
2020 年 7 月 1 日	9	5	0
2020 年 7 月 2 日	6	5	1
2020 年 7 月 3 日	6	7	0
2020 年 7 月 4 日	4	5	0
2020 年 7 月 5 日	7	5	1

数据来源：飞瓜数据（作者整理）。

2. 效果表

效果表呈现的是新媒体团队的运营结果，由于新媒体运营结果通常不受人控制，因此可以更客观地展现新媒体的运营效果。例如，××公司的"抖音号效果表"，就包括粉丝增加量、点赞增加量、评论增加量、视频转化率等，如表 6-2 所示。

表6-2　××公司抖音号效果表

日　期	粉丝增加量/个	点赞增加量/个	评论增加量/个	视频转化率/%
6月29日	591	660	32	3.2
6月30日	200	554	211	12.4
7月1日	497	823	67	3.6
7月2日	110	276	56	7.6
7月3日	250	530	7	1.2
7月4日	443	947	199	3.2
7月5日	266	799	125	3.3

3. 汇报表

过程表和效果表主要用于新媒体部门内部分析与交流，但是对于其他部门（销售部、运营部等）及公司总经理的汇报，则需要注意避免使用过于专业的词汇，且无须展示全部数据，直接提炼与之相关的数据即可，力求精简、高效。

例如，××公司新媒体部门发送给总经理的《新媒体部门周报》就直接提炼了核心数据，包括抖音、快手、微信公众号三家新媒体平台的粉丝增加数、粉丝总数、网络订单数、网络订单金额、待发货订单数和待发货订单金额等，如表6-3所示。

表6-3　××公司《新媒体部门周报》

日　期	2020年6月29日至2020年7月5日		
汇　报　人	新媒体经理		
具　体　数　据			
	抖　音	快　手	微信公众号
粉丝增加数/个	1132	882	144
粉丝总数/个	140.7万	86.1万	21.4万
网络订单数/单	1104	892	211
网络订单金额/元	5467.2万	632.3万	43.7万
待发货订单数/单	532	368	76
待发货订单金额/元	2318.1万	324.3万	20.1万

当然，除了以上三种常见的表格形式，在新媒体数据报告的写作过程中，还要根据具体情况，采取更加清晰的表格形式。

第四节　专项新媒体数据报告的撰写方法

专项研究报告需要针对某个新媒体事件或问题进行深入研究和逐层分析，尽量找到问题源头，并在报告中给出明确的研究建议或解决方法。该报告主要针对某一问题进行分析，如提升用户消费的分析、提升企业利润率的分析、减少用户流失的分析等。由于专项分析报告的重点较单一，因此应集中抓住主要问题进行深入分析，不仅要对问题用数据进行具体的描述，还需要对引起问题的原因进行数据分析，并且提出切实可行的解决方法。这需要对公司的业务有一定程度的了解，切忌泛泛而谈。

一份专项研究报告需要符合完整的报告格式，且每一环节层层相扣。专项研究报告一般包括问题表述（发现问题）、研究思路（如何应对）、研究过程（问题原因）、数据解读（数据分析）、分析建议（解决办法）等几大部分。需要注意的是，专项研究报告的呈现方式可以根据具体情况而定，如果专项研究报告需要在会上讨论，一般以 PPT 的形式呈现；如果专项研究报告需要通过电子邮件发送给相关负责人，则以 Word 形式发送。

下面用一个案例阐述如何针对某个事件或问题进行深入研究和分析，找到问题的源头，提出解决办法并最终形成专项研究报告的全过程。

"××公司近 1 个月抖音推广效果分析"，按照"问题表述、研究思路、研究过程、数据解读、分析建议"的思路设计专项新媒体数据报告，以下为具体设计程序。

1. 问题表述

本次专项新媒体数据报告要解决的问题是落实推广费用，以及近 1 个月购买率未有增加，因此准确表述实际上需要解决的是两个方面的问题：推广费用落实问题（如钱花在哪里了？）和推广效果跟踪问题（如购买率为什么不增？），根据实际情况描述即可。

2. 研究思路

上述两个方面的问题需要逐层拆解。

第一，"推广费用落实"。需要研究近 1 个月推广费用的分配，包括两个方面：其一是 1 年内推广费用的走势分析，包括数据汇总和总投放数据；其二是近 1 个月推广费用的分配，包括具体投放总数据和各视频的具体投放数据。可根据具体情况进行归纳总结。

第二，"推广效果跟踪"。需要拆解与推广相关的结果数据，包括受众分析、内容分析、销售情况分析等。其中，受众分析可以根据广告实际到达率进行综合分析，内容分析则是素材使用数据分析。

3. 研究过程

根据"研究思路"提到的内容，针对问题，需要挖掘与处理的数据包括该公司总投放推广费用数据、各视频具体投放数据、广告数据综合分析、近 1 年销量分析。经过挖掘与处理，这些数据都可以得到相应的结果。

1 年内的推广费用数据走势如图 6-8 所示。其中，推广费用最低的是 9 月和 11 月，花费推广费约 2 万元，推广费用最高的为 7 月，达 12 万元，其次是 2 月，达 6 万元，根据具体的产品推广情况和产品的消费群体进行适当解释。

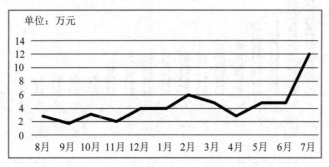

图 6-8　1 年内的推广费用数据走势

近 1 个月推广费用分配如图 6-9 所示。其中,促销费用占比 18%;消费者转化费用占比 16%;增加粉丝的推广费用占比 51%,也是推广费中占比最高的。其他费用根据具体情况做介绍。

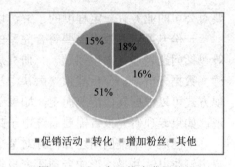

图 6-9　近 1 个月推广费用分配

近 1 个月粉丝变化分析如图 6-10 所示。由于 7 月是推广费用最高的月份,选择 7 月进行分析比较有说服力。从图 6-10 中可看出,整个 7 月粉丝量在稳步增加,基本上增加了 1 倍,从 100 万人左右增加到 200 万人。

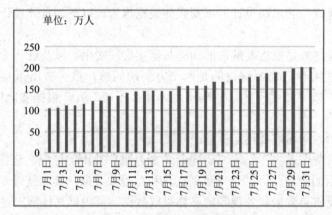

图 6-10　近 1 个月粉丝变化

近 1 个月广告数据综合分析包括近 1 个月广告的展示形式和点击量对比(见图 6-11)、点击者年龄分布(见图 6-12)、性别分布(见图 6-13)。根据广告数据综合分析,得出本次广告到达率不高的具体原因,为以后的广告投放倾向做准备。

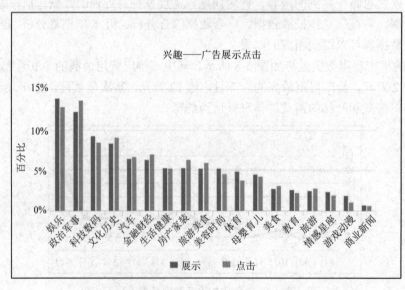

图 6-11　近 1 个月广告数据综合分析

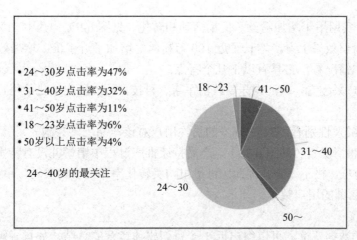

图 6-12　点击者年龄分布

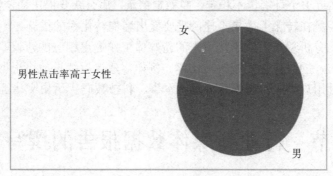

图 6-13　点击者性别分布

近 1 个月销量情况分析如图 6-14 所示。

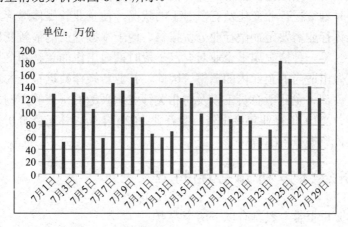

图 6-14　近 1 个月销量情况

从近 1 个月的销量分析看，销量最高值出现在 7 月 25 日，销量超过 180 万份。

4. 数据解读

通过对过去 1 年内的推广费用走势分析（见图 6-8），不难看出 7 月的费用确实比其他月份有所增加，增幅甚至比上一年 9 月和 11 月高出近 6 倍。

7月的推广费用用于增加粉丝、促销活动和转化（见图6-9），其中51%用于增加粉丝工作。从增加粉丝效果上看，增长了近100万粉丝，增加了近1倍，增加效果显著。

从粉丝用户情况看，它具有以下几个特点。

（1）从用户兴趣看，关注娱乐、政治军事、科技数码、历史文化的用户对该产品更感兴趣。

（2）从年龄及性别看，24～50岁的男性用户对该产品更感兴趣。

（3）从销售情况看（见图6-14），产品持续推广过程中销量并没有特别明显的持续增加。增加有高有低，极不稳定。因此，可得出购买转化率不高（购买转化率=产生购买行为的用户数/到达店铺的用户数）。

5. 分析建议

根据上述的数据解读，可以得出近1个月新媒体运营的总结，如抖音短视频在增加粉丝上效果显著；如近1个月销量不稳定，需稳定销量，那么就要提出稳定销量的具体建议；也可能是抖音短视频在转化上效果不佳，需要提出增加转化率的措施。

结合三方面的分析总结，对于接下来的新媒体工作提出相应的建议，可以在增加推广费用比例上下功夫，同时优化短视频转化率。例如，建议后续投放可根据人群特征定向中青年人群，以男性用户为主，以娱乐、政治军事、科技数码、历史文化等为主。

第五节　行业新媒体数据报告的撰写方法

行业新媒体数据报告又叫综合分析报告，是全面评价一个地区、单位、部门业务或其他方面发展情况的一种数据分析报告。一种情况是由于企业新媒体部门不能只关注自身的运营状况，还要时刻掌握行业变化及竞争对手的状况，使企业新媒体运营工作紧跟行业发展。因此，新媒体行业需要定期做行业分析报告，便于掌握行业的最新变化，也便于企业做出相应的调整。另一种情况属于企业对自己一段时期内工作的总结和汇报，以便根据一段时期内的情况做出适当的企业内的调整。因此，行业新媒体数据报告的观看者比较多，有企业领导、公关部、企业所有员工以及对相关行业感兴趣的个人等。例如，2019—2020年公司年度报告、2019年行业年度报告、某行业2020年新媒体运营分析报告等，这些都归属于行业新媒体数据报告的范畴。

一、行业新媒体分析报告的特点

行业新媒体分析报告一般具有以下两个特点。

1. 全面性

作为行业新媒体分析报告反映的对象，无论一个行业、一个部门还是一个单位，都必须以这个行业、这个部门、这个单位为分析总体，站在全局的高度，反映总体特征，做出总体的评价，得出总体认识。在分析总体现象时，结合新媒体的运营现状，必须全面、综合地反映研究对象各个方面的情况。例如，美国营销学学者杰罗姆·麦卡锡教授在20世纪

60 年代提出的 4P 分析法，就是从产品、价格、渠道、促销四个角度进行行业运营分析的。

2. 联系性

行业新媒体分析报告要把互相关联的一些现象、问题综合起来进行全面系统的分析。行业分析不是对数据资料的简单罗列，而是在系统分析指标体系的基础上，考察表面数据现象之间的内部联系和外部联系。这种联系的重点是比例关系和平衡关系，分析研究它们的发展是否协调，是否适应。从宏观角度分析整个行业的发展现状和未来发展趋势。

二、行业新媒体报告分析步骤

一份行业新媒体报告通常从以下五个方面进行分析。

1. 环境分析

行业环境是对企业影响最直接、作用最大的外部环境。

2. 结构分析

行业结构分析主要涉及行业的资本结构、市场结构等内容。一般来说，主要是行业进入障碍和行业内竞争程度的分析。

3. 市场分析

市场分析的主要内容涉及行业市场需求的性质、要求及其发展变化，行业的市场容量，行业的分销通路模式、销售方式等。

4. 组织分析

组织分析主要研究行业对企业生存状况的要求及现实反映，主要内容有企业内的关联性，行业内的专业化、一体化程度，规模经济水平，组织变化状况，等等。

5. 成长性预测分析

成长性预测分析即分析行业所处的成长阶段和发展方向。当然，这些内容还只是常规分析中的一部分，而在这些分析中，还有不少一般内容和特定内容。例如，在行业分析中，一般应动态地进行行业生命周期的分析，尤其是结合行业周期的变化看公司市场销售趋势与价值的变动，如《从 2019 年化妆品市场数据看 2020 年的消费者需求》。

三、行业分析报告的结构和具体写作

数据分析报告是有特定结构的，但是这种结构并非一成不变的，不同的数据分析师、不同的老板、不同的客户、不同性质的数据分析，其要求的数据分析报告可能也会有不同的结构。作为应用文的一种，正式的行业分析报告的写作依然由开篇、正文、结尾三部分构成。开篇包括标题页、目录和前言（包括分析背景、目的与思路）；正文主要包括具体分析过程与结果；结尾包括结论、建议及附录。

1. 标题页

标题页是数据分析报告的眼睛，报告标题的主要作用要么是概括数据分析报告的主要内容，要么是解释数据分析报告的基本观点，同时也作为报告的线索和制作者的出发点。

题目要精简干练，根据版面的要求在一两行内完成，不宜过长。标题在制作过程中应做到以下几点。首先是直接。由于数据分析报告的应用性较强，直接用来为决策者的决策和管理服务，所以标题必须直截了当地表达基本观点，让读者一看标题就能够明白数据分析报告的基本内容，加快对数据分析报告的理解。其次是确切，即文题相符，恰如其分地表现分析报告的内容和对象的特点。最后是简洁。标题要直接反映数据分析报告的主要内容和基本精神，就必须具有高度的概括性，用较少的文字进行确切的表述。当然，标题是一种语言艺术，优秀的标题不仅可以表现数据分析报告的主题，而且能够激发读者的阅读兴趣。因此需要重视标题的制作，可适当增强标题的艺术表现力。

2. 目录

目录可以帮助读者快捷方便地找出所需内容，因此报告的目录要列出主要章节的内容，便于阅读者查找，目录也是数据分析报告的大纲，它可以体现分析报告的分析思路，但目录也不要太过详细，否则会给阅读者留下耗时的印象。

另外，数据分析报告的性质决定了一些重要的数据会以图表的形式展现。出于便捷性的需求，一些企业的高层管理人员会对以图表展示的分析结论感兴趣，所以当数据报告中有大量的图表时，可以考虑将各部分图表单独制作成目录，以便有效查阅。

3. 前言

前言是数据分析报告的重要组成部分，主要包括分析背景、目的与思路三个方面。

（1）为何展开此次分析？有何意义？

（2）通过这次分析要解决什么问题？达到何种目的？

（3）如何开展此次分析？主要通过哪几方面开展？

因此，前言的写作一定要深思熟虑，前言内容是否有条理，对最终报告中的问题描述是否准确、解决方案是否合理、能否对决策者决策提供依据有至关重要的作用。

分析背景主要是为了报告阅读者对整个分析研究的背景有所了解，主要阐述此项分析的主要原因、分析的意义，以及其他相关信息，如行业发展现状等内容。

数据分析报告中陈述的分析目的主要是为了让报告的阅读者了解开展此次分析能带来何种效果，可以解决什么问题。有时将研究背景和目的合二为一。

数据报告分析目的要明确。例如，通过分析企业市场环境的变化，及时回答市场拓展工作中需要研究解决的各种问题，把握市场机会，借以指导并推动市场拓展工作。因此，分析报告需要有一个明确的分析目的，目的越明确，针对性就越强，越能及时解决问题，就越有指导意义；反之，数据分析报告就没有生命力。

分析思路用来指导数据分析师如何进行一个完整的数据分析，即确定需要分析的内容或指标。这是分析方法论中的重点，也是令很多人常常感到困惑的问题。只有在营销、管理理论的指导下，才能确保数据分析维度的完整性、分析结果的有效性及正确性。在报告的分析思路中，有时会使用高级的数据分析方法，如回归、聚类等，此时就需要在分析思路中对使用到的高级分析方法略加说明，不需要涉及太过专业的描述，只需对分析原理进行言简意赅的阐述，让报告阅读者对此有所了解即可。

4. 正文

正文是数据分析报告的核心部分，可以系统全面地表述数据分析的过程与结果。撰写报告正文时，根据之前分析思路中确定的每项分析内容利用各种数据分析方法，一步步地展开分析。通过图表与文字相结合的方式，形成报告正文，方便阅读者理解。在正文中，对每项内容展开讨论，对论点进行分析论证，表达报告撰写者的研究思路和研究成果的核心部分，因此正文部分占据了分析报告的绝大部分篇幅。一篇报告只有想法和主张是不行的，必须经过科学严密的论证，才能确认观点的合理性和真实性，才能使人信服，因此报告正文部分极为重要。

行业分析报告主体的撰写架构是"分—总"格式，分别对行业、对手展开分析，最后进行整体分析结果总结并提出运营建议。

（1）行业分析。对行业进行分析，主要是分析行业大数据，从而得到行业内网民的基本特征、行为路径等细节。现阶段各大互联网平台都已经将大数据开放，新媒体分析者可以直接获取相关数字或图表。

进行行业分析，主要是对百度指数、微指数、微信指数进行分析，主要需要呈现的内容包括整体趋势、需求图谱、舆情洞察及人群画像。

（2）对手分析。由于竞争对手的新媒体内部操盘方法及数据通常不会对外公布，因此在撰写行业分析报告时，对竞争对手的分析主要是内容、运营、销售三方面的统计分析。

5. 结论与建议

运营者需要结合现阶段市场的整体情况、用户的互联网特征及同行的新媒体现状，综合做出新媒体运营的建议。一般对于不同的市场环境、不同的同行，需要有不同的新媒体运营策略建议。

所谓结论，是以数据分析结果为依据得出的分析结果，通常使用综述性文字。它不是分析结果的简单重复，而是结合企业的实际情况，经过综合分析、逻辑推理形成的总体论点。结论是去粗取精、由表及里而抽象出的共同的、本质的规律，它与正文紧密衔接，与前言相呼应，使分析报告首尾呼应。结论应该措辞严谨、准确、鲜明。

所谓建议，是根据数据分析结论针对企业或业务等所面临的问题提出的改进方法，建议主要关注于保持优势及改进劣势等。因为分析人员所给出的建议主要是基于数据分析结果而得到的，会存在局限性，因此必须结合公司的具体业务才能得出切实可行的建议。

6. 附录

一般来说，附录提供正文涉及但未予阐述的有关资料，有时也含有正文提及的资料，从而向读者提供一条深入数据分析报告的途径。它主要包括报告中设计的专业名词解释、计算方法、重要原始数据、地图等内容。当然，并不是每篇报告都必须有附录，附录只是数据分析报告的补充，并不是必需的，应根据具体情况而定。

行业新媒体数据报告的撰写应注意以下事项。

（1）在筹备产品/服务最新趋势前发布行业分析报告。虽然每份报告的构成各不相同，但为了用方法推论趋势，企业内产品或服务等单位类别分类必须有很好的体现。例如，如果是 2019 年的报告，则需要 2018 年、2017 年的报告。

（2）按年度列出主要产品/服务的单元类别。报告中需要对本组织产品/服务或分析的产品/服务按照单元的类别进行整理，以便从各年度的类别报告中选出，并同时看到这些类别。

（3）在整理报告中的产品/服务时，要对单元类别进行及时更新。在现代社会的发展过程中，新产品/服务的更新换代较为常见，前一年度的产品/服务在最新的报告中有可能已经消失或者被替换，所以要对行业新媒体数据报告单元类别中新设的产品/服务进行及时更新，并重点对更新的内容进行分析。

习 题

在撰写跨部门沟通的报告时，需要注意将行业专业名词进行转换。为了使总经理、销售部经理等非专业人士听懂你的报告，请参考表 6-4 完成表 6-5 中的专业名词的报告转换。

表 6-4　行业专业名词的报告转换实例

行业专业名词	报 告 转 换
近 30 天作品表现	看过作品的人数、点赞人数、评论人数
头条号指数	头条号的运营好坏程度
单条微博转发量	单条微博被转发的次数
微信公众号新增粉丝数	昨日微信公众号新增加的粉丝数量
抖音直播转化率	抖音直播次数占总送达人数的比例
用户属性	用户的基本情况
头条号文章推荐量	今日头条文章被系统算法推荐到信息流中的次数

表 6-5　行业专业名词的报告转换实训

行业专业名词	报 告 转 换
近 30 天粉丝增量	
直播带货场均销量	
直播带货场均人数峰值	
近 7 天点赞增量	
快手、抖音直播转化率比	

在向总经理或董事长汇报新媒体部门工作时，需要提炼数据项目、减少过细的数据汇报。尝试分析：以下数据在向上汇报时需要呈现吗？为什么？

（1）抖音近三个月的点击量。

（2）微信公众号自定义菜单点击数据。

（3）近半年各条快手视频的具体转发数及评论数。

（4）竞争对手上周发布抖音和快手视频的转发数及评论数。

实 践 任 务

如果你是一家食品企业的新媒体数据分析师，在进行行业分析时发现"外送""白领""快捷"是行业内网民搜索热度较高的词汇，而同行都以"堂食有惊喜""到店消费有礼"等为活动主题进行新媒体推广。结合以上情况撰写行业分析报告时，你会提供什么样的策略建议？

案 例 讨 论

3月11日，2021年全国两会落下帷幕。利用中国教科院网络舆情监测系统，我们对国内20万个网站采集点、5000万微博、200多万微信公众号、800多万资讯App等社交网站进行了实时监测。数据显示，两会期间，涉及教育的发文（贴）达31万条，其中新闻网站10.19万条、微博12.25万条、微信公众号3.06万条、新闻客户端3万条、自媒体号2.12万条，网民在微博等社交媒体上的主动发布和讨论占比最高，达43.48%，个别话题在微博上的阅读量达5亿次，如图6-15所示。

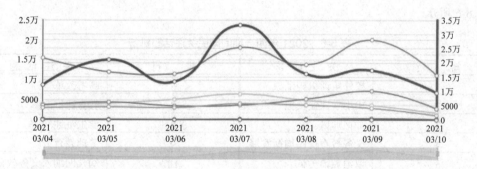

图6-15 网络舆情信息走势（2021年3月4—11日）

本报告主要针对网民关注的焦点话题、《政府工作报告》、代表委员提案议案三个专题中网民的态度、观点进行了梳理和分析。

一、网民关注的热点话题

1. 教育改革在各领域话题中排行第四

利用大数据监测分析平台，"乡村振兴""科技创新""新发展格局""教育改革""社会保障"在网民关注的两会热词中全网热度位列前五，"教育改革"位居第四，发文（帖）量突破75万，与经济、法律、国防、文化、体育等领域相比，两会期间教育关注度和讨论度始终处于较高水平，如图 6-16 所示。

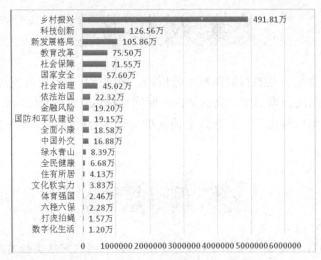

图 6-16 教育在各领域热词中的排行

2. 网民关注的教育热点话题

通过全网大数据聚类分析发现，校外培训机构乱象、中小学课业负担、师德师风、义务教育优质均衡发展、取消英语考试、高考改革、教育评价改革、学生沉迷网游、劳动教育、幼儿园纳入义务教育成为两会期间网民最关注的十大教育问题，引发广泛共鸣，如表 6-6 所示。

表 6-6 2021 年两会期间网民关注话题排行

排　行	关 注 话 题	排　行	关 注 话 题
1	校外培训机构乱象	6	高考改革
2	中小学课业负担	7	教育评价改革
3	师德师风	8	学生沉迷网游
4	义务教育优质均衡发展	9	劳动教育
5	取消英语考试	10	幼儿园纳入义务教育

纵观近五年来两会期间网民关注的热点话题，可以看出校外机构培训治理、学生课业负担、高考改革是社会持续关注的热点话题，如表 6-7 所示。

表 6-7 2017—2020 年网民关注话题排行

排行	2020 年关注话题	2019 年关注话题	2018 年关注话题	2017 年关注话题
1	体育列入中高考	职业教育	学前教育	公平优质
2	减少中小学作业任务	教师队伍建设	学生减负	传统文化
3	生命教育纳入必修课	学生减负	教师队伍建设	学前教育
4	线上培训机构监管	学前教育	职业教育	家庭教育
5	线上线下教育融合发展	义务教育均衡	双一流	校园欺凌
6	有性侵记录者不得从事面对未成年人的工作	民办教育	乡村教育	双一流

续表

排行	2020年关注话题	2019年关注话题	2018年关注话题	2017年关注话题
7	教育"新基建"	校外培训机构治理	高考改革	义务教育年限
8	民办教育	家庭教育	双创	教育扶贫
9	解决境外高校留学生转学回国	学科建设	人才发展	两免一补
10	大数据隐私和安全	乡村教育	留守儿童	教师待遇

注：2017—2019年数据来源于《中国教育报》。

二、网民对两会代表、委员提案议案的反应

1. 提案议案排行

在两会众多提案议案中，"建议把视力纳入学生综合素质考核"的关注度最高，"院士不建议普通孩子学奥数""建议应届生身份保留延长至五年""建议取消英语中小学主科地位"等话题也被社会各界广泛关注和讨论。声量最高提案全网发文（帖）量突破5.8万，前五名提案发文（帖）量均超过4万，如图6-17所示。

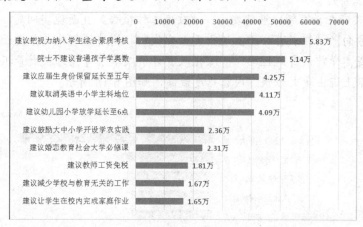

图6-17 提案议案排行

2. 热点问题的网民反应

部分代表、委员提出的提案议案吸引了网民的关注与热议，以下选取排行前三位的热门提案议案，分析网民关注的方向与观点。

（1）六成网民不赞成将视力纳入衡量学生综合素质的标准。"建议把视力纳入学生综合素质考核"在所有教育话题中排名第一，微博阅读量达4.7亿，一度登上微博热搜榜第一。大多数网民认为，"切莫牺牲孩子的视力来换取高分数和好成绩"的建议出发点无疑是好的，中小学生普遍视力弱的状况的确应引发重视，但超过60%的网民并不认同将其纳入衡量学生综合素质的标准，认为纳入考核将变相增加负担甚至歧视，且视力与其他身体素质不同，很难通过锻炼提升，视力受损不可逆，对于一些先天视力不足的学生更有失公平；而20%的网民关注到代表建议强调的是"作为评价地方和学校工作的重要依据"，认为能推动学校重视学生身体健康，不以牺牲视力换取分数，也有一定价值。

（2）九成以上的网民高度认可"院士不建议普通孩子学奥数"。"院士不建议普通孩子学奥数"微博话题阅读量高达 10.3 亿，发文量位居第二；人民网等官方微博发表相关内容，单条微博评论量突破 2 万，成为当日最热话题。超过 80% 的网民认为奥数并不适合大范围学习，而当前奥数在小学生中的普及是一种"拔苗助长"，多数家长都是出于焦虑和攀比心理让孩子学习奥数。也有 20% 的网民认为，不少家长将孩子送去奥数班，是与学校升学要求挂钩的，更应从源头解决这一问题，改变部分学校小升初的入学要求和考核标准。

（3）近七成网民支持"建议应届生身份保留延长至五年"。"建议应届生身份保留延长至五年"在微博、头条等社交平台均被热议。微博话题阅读量高达 6.4 亿，位列当日热搜第一。近 70% 的网民支持这一提议，认为应届生身份保留年限的延长，对于年轻人就业和职业发展有积极作用，更多人才涌入可形成更为公平的竞争，应届生也有充裕的时间和机会选择合适的职业方向与人生道路。但也有近 30% 的网民担忧会削弱应届生的"含金量"，且破坏市场规则，应届生保留年限放开可能会带来求职市场的无序。部分网民提出建议，相比延长年限，更应取消的是身份标签，往届生与应届生的界限应适度放开。

三、网民对《政府工作报告》中有关教育内容的反应

1. 关注热点排行

2021 年，政府在教育领域继续发力，《政府工作报告》直面现实问题，为教育事业健康发展指明了方向。"在教育公平上迈出更大步伐""构建德智体美劳全面培养的教育体系""进一步提高学前教育入园率""深化教育评价改革"等内容被大量报道和讨论。其中"在教育公平上迈出更大步伐"内容热度最高，如图 6-18 所示。

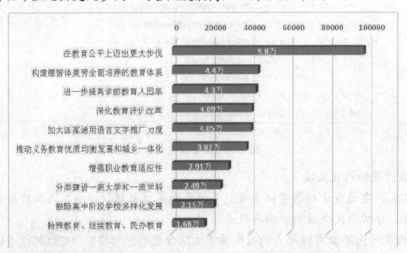

图 6-18 《政府工作报告》中教育相关内容发文（帖）量排行

2. 热点问题的网民反应

选取排行前三位的话题——"在教育公平上迈出更大步伐""构建德智体美劳全面培养的教育体系""进一步提高学前教育入园率"，分析网民的态度与观点。

（1）更加公平、更高质量的教育话题最受关注。《政府工作报告》中连续七年强调"教育公平和质量"。2021 年《政府工作报告》中关于教育公平的内容仍最受媒体和网民关注，全网发文（帖）量达到 9.8 万，话题主要集中在普惠性学前教育、教育优质均衡发展、振兴乡村教育、巩固教育脱贫成果等方面。《中国教育报》社会调查中心进行的"2021 全国两会青年期待"调查也显示，受访者最关注的教育问题是教育公平和教育资源均衡发展（占比 65.5%），如图 6-19 所示。

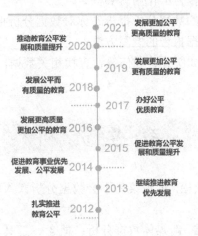

图 6-19　2012—2021 年《政府工作报告》教育主要任务

（2）近九成网民认同构建全面培养的教育体系十分必要。"构建德智体美劳全面培养的教育体系"被置于空前重要的位置，这一话题也受到了网民的关心和热议，全网发文（帖）量达 4.3 万。85%以上网民认同培养德智体美劳全面发展、健全而优秀的人格的重要意义，也有部分网民担心全面培养或增加学生学业负担，减轻应试教育压力应成为首要解决的问题。代表委员围绕这一话题提交了一系列议案、提案，全国政协委员唐江澎认为，好的教育，应该是培养终生运动者、责任担当者、问题解决者和优雅生活者；全国政协委员韩平指出，"构建德智体美劳全面培养的教育体系"是教育的核心要义和工作目标，只有让各级各类教育的课程体系、教材体系、教学体系、管理体系都按这个目标去设计和实施，才能真正构建起德智体美劳全面培养的教育体系，培养出更多的社会主义现代化国家建设需要的高素质人才。

（3）八成网民高度肯定学前教育取得的成就。学前教育在《政府工作报告》教育相关内容的网民关注度中位列第三，再度成为备受瞩目的教育话题，全网发文（帖）量达 4.1万。围绕《政府工作报告》中学前教育内容，代表委员和网民的反应积极，80%的网民高度认同提高学前教育入园率等工作，并期待相关工作的进一步推进和落实。部分网民提出学前教育的高质量发展还存在着体制机制障碍，建议逐步完善普惠性民办幼儿园的财政补助制度，健全民办幼儿园教师工资和社会保障机制，缩小公民办、在编与非在编教师的工资待遇差距，逐步做到同工同酬，等等。

总体来看，2021 年两会，无论是代表委员还是普通网民，都更加关注教育公平话题，对国家推进教育公平举措反响良好。但与此同时，许多教育领域长期存在的诸多问题仍然是各界关注的焦点。例如校外培训机构乱象、学生课业负担过重、教育评价等仍然是社会各界关注的焦点。教育改革和发展的成就与问题都在网络舆论中得以集中和充分反映。这说明，公民意识正在不断成熟，这些问题的解决和最终结果都将影响普通民众对社会公平的期待，进而影响对政府公信力的评价。

思考：

1. 本报告作为数据分析报告的作用有哪些？

2. 本报告属于什么类型的数据分析报告？你对数据分析报告的分类有什么看法？

3. 本报告运用了哪些数据报告的撰写方法？

4. 试着找出一个行业，如医疗、通信等，查找相关数据，写出一段时期内的行业舆情报告。

参 考 资 料

[1] 张文霖，刘夏璐，狄松. 谁说菜鸟不会数据分析（入门篇）：纪念版[M]. 北京：电子工业出版社，2016.

[2] 勾俊伟，哈默，谢雄. 新媒体数据分析：概念、工具、方法[M]. 北京：人民邮电出版社，2017.

[3] 清博智能，http://yuqing.gsdata.cn.

第七章

新媒体数据分析的基础应用

引言

移动互联网时代，我们每天面临着繁多且丰富的信息，如何从海量信息中排除冗余内容而获取自己真正所需，是我们需要解决的首要问题。本章将从新媒体数据应用的内容生产者本身出发，通过案例分析和理论阐释，勾勒出内容生产者的传播行为和特征，解析新媒体数据中的热点内容和传播过程，从而获取当今新媒体数据分析各个链条上的用户群体及其特征，为我们准确把握用户画像、形成精准传播提供依据。

新媒体技术的发展为我们提供了更多元、更便利、更丰富的获取信息的渠道，有些事情正在发生的时候就被目击者用手机摄像头记录下来并通过社交媒体等多种渠道扩散开来，而这些消息在传播过程中也会被巨大的社会关系网络所筛选，同时被排名与评论，通过点击率的不断上涨"上热搜""上头条"，成了占据人们注意力的重要手段。零星的、少量的信息往往缺少关联度，需要我们从更深层的角度去观察。因此，数据信息在互联网时代显得尤为重要，如何收集、筛选、呈现这些数据表象背后的原因，往往有着更高的价值。

第一节　新媒体数据应用中的内容生产者及其传播行为

新媒体时代"人人都有麦克风"，这就意味着在新媒体时代信息传播者的范围不断扩大，在关键信息面前，发声最快的甚至不是政府、科研机构、权威媒体，而有可能是微博、微信、抖音、快手等社交媒体平台。在此背景下，人们如果只是一味地随大流，缺乏独立思考能力，草率地接受"先声"，往往会对事物的认识产生偏颇。

一、权威内容生产者

随着互联网的冲击，传统的新闻行业目前正承受着前所未有的挑战。过去，报纸、广播、电视等传统媒体掌握了更为先进的传播技术和采编制作团队，因此拥有较多的话语权，也更容易获得一手信息，从而将新闻内容生产做成庞大的信息产业。在传统媒体时代，TNT（today news today）的信息传播模式实现了当天新闻当天知晓，电视媒体以最快的速度告知我们当天发生了什么新闻。而在互联网时代，我们几乎每天都在经历 NNN（now news now）的信息获取模式。2020 年年初，突如其来的新型冠状病毒肺炎疫情打乱了 14 亿中国人的正常生活。病毒的源头在哪里？各地的感染情况如何？有多少人因此死亡？有多少人治愈？随着疫情的扩散，这些信息的变动时刻牵动着普通老百姓的心，相关权威媒体的信息发布也成为特殊时期人们掌握真相的"救命稻草"。尤其是在人们足不出户的时间段内，权威媒体发布的一系列数据成为普通民众相互交流的首要话题，一些最新的消息动向成为彼此之间信息的互赠。

即使是在新媒体时代，信息的权威性和真实性仍然是我们应当遵循的。根据当前信息的生产来源，众多互联网和自媒体平台因为没有获得新闻采访和发布资质，一般会选择转载传统媒体的信息内容、党政机关和政府部门发布的信息内容、相关行业的数据内容、大型企事业单位官方网站的信息内容、权威新闻网站的信息内容、其他门户网站的信息内容以及经过核实后的用户自制内容（UGC）。这些内容来源渠道相对权威，数据相对精准，对事实的解读也更深刻。

1. 传统媒体的信息内容

传统媒体即我们平时所说的报纸、杂志、广播、电视等媒体，由于这些传统媒体有着较高的权威性，信息都经过专业记者和编辑的筛选和过滤，因此信息内容更为可信，是新媒体时代网络媒体转载的首选平台。

 案例 7-1

一枝一叶总关情

当下，传统媒体对时效性的追求已经远远不及互联网平台，但是因为有着周密的内容策划、熟练的采编流程和严格的内容把关，传统媒体提供的信息内容往往是较为充实的、令人信任的。

在互联网时代，传统媒体之间、传统媒体和网络媒体之间并非割裂的关系，它们之间的融合与联动是非常常见的。针对不同的内容输出平台，筛选适合的内容形式进行输出，在纸媒上输出令人印象深刻的文字、在电视台输出生动的采访片段、在广播中输出含有大量引人侧耳倾听的声响和身临其境的音效，在互联网平台实现和用户的互动，这样的融合实现了内容"原材料"的最佳呈现，也是媒介融合的常态。因此，当我们选用信息来源时，不能单纯地依靠传统媒体，也不能仅依赖互联网媒体，而应当选取适合自己的内容形式进行阅读和输出，在保证信源权威性的前提下，得到更多真实有效的内容，摒弃冗余的甚至是模棱两可的消息。

2. 党政机关和政府部门发布的信息内容

2019 年 5 月 15 日实施的《中华人民共和国政府信息公开条例》第四条内容显示，各级人民政府及县级以上人民政府部门应当建立健全本行政机关的政府信息公开工作制度，并指定机构（以下统称"政府信息公开工作机构"）负责本行政机关政府信息公开的日常工作。政府信息公开工作机构的具体职能是：① 办理本行政机关的政府信息公开事宜；② 维护和更新本行政机关公开的政府信息；③ 组织编制本行政机关的政府信息公开指南、政府信息公开目录和政府信息公开工作年度报告；④ 组织开展对拟公开政府信息的审查；⑤ 本行政机关规定的与政府信息公开有关的其他职能。

政府部门和党政机关公布的人事任免、政务信息公开等内容，也是我们可参考的权威信息。当今，人们对于信息内容的消费更倾向于理性、深刻的内容分析和解读，于是，众多数据新闻中的一手资料和数据来源便是政府部门。例如，我们国家的检察机关作为反腐败的重要力量，如何积极利用大数据中的海量数据在职务犯罪线索的发现、侦查情报的获取、职务犯罪形势的分析以及刑事政策的制定等方面提高效率、提高查处犯罪的能力、提高科学决策的水平？目前已经上线的北京市检察院的"检立方"辅助决策平台，将北京市三级检察机关执法办案、业务管理、队伍建设和检务保障的各种数据和应用系统进行整合，灵活组合，生动呈现，特别是职务犯罪预防领域已经有了较为成功的实践，通过大数据风险预警，向相关单位及时发出检察建议，提出职务犯罪预防对策。因此，深入挖掘大数据并将其有效应用到政府工作和决策中，有利于提高办事效率。

2021 年 11 月 26 日，一则"明年 3 月 1 日起，微信支付宝收款码将不能用于经营收款"的消息在社交媒体上刷屏，引发了网友的强烈热议。对于这样一则难辨真假的信息，各地的商家也非常慌乱，他们急于寻求权威的答案。随后，《经济日报》记者对此进行了核实调查，发现，2021 年 10 月 12 日，《中国人民银行关于加强支付受理终端及相关业务管理的通知》（银发〔2021〕259 号）并未全面禁止收款码的商用，而是为防范风险，打击"跑分平台"等，对个人收款条码进行管理。网传"微信支付宝收款码将不能用于经营收款"（见图 7-1）实则是对政策的误读。

在中国人民银行官方网站上，我们也可以看到关于这份文件的文章（见图 7-2），其中提到对于收款条码管理的相关规定："对于为个人或特约商户等收款人生成的，用于付款人识读并发起支付指令的收款条码，银行、支付机构、清算机构等为收款人提供收款条码相关支付服务的机构（以下统称条码支付收款服务机构）应当制定收款条码分类管理制度，有效区分个人和特约商户使用收款条码的场景和用途，防范收款条码被出租、出借、出售或用于违法违规活动。对于具有明显经营活动特征的个人，条码支付收款服务机构应当为其提供特约商户收款条码，并参照执行特约商户有关管理规定，不得通过个人收款条码为其提供经营活动相关收款服务。"

图 7-1　微博热搜"微信支付宝收款码将不能用于经营收款"截图

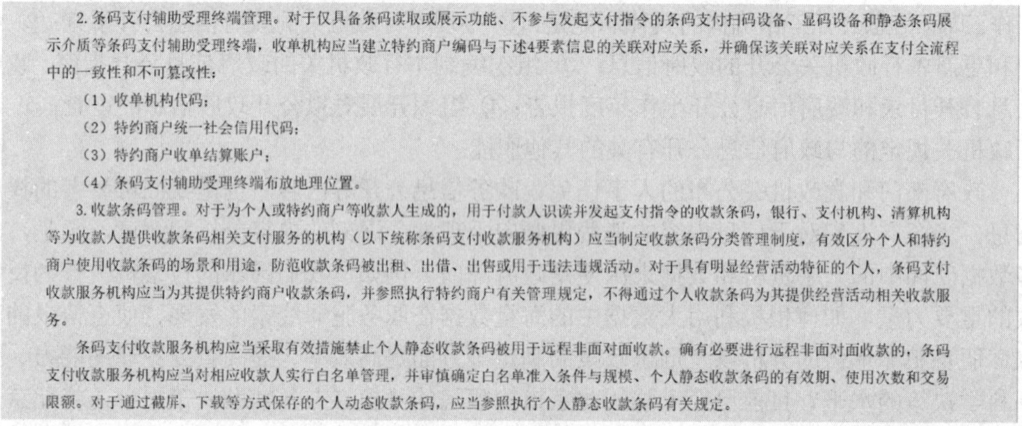

2. 条码支付辅助受理终端管理。对于仅具备条码读取或展示功能、不参与发起支付指令的条码支付扫码设备、显示设备和静态条码展示介质等条码支付辅助受理终端，收单机构应当建立特约商户编码与下述4要素信息的关联对应关系，并确保该关联对应关系在支付全流程中的一致性和不可篡改性。

(1) 收单机构代码；

(2) 特约商户统一社会信用代码；

(3) 特约商户收单结算账户；

(4) 条码支付辅助受理终端布放地理位置。

3. 收款条码管理。对于为个人或特约商户等收款人生成的，用于付款人识读并发起支付指令的收款条码，银行、支付机构、清算机构等为收款人提供收款条码相关支付服务的机构（以下统称条码支付收款服务机构）应当制定收款条码分类管理制度，有效区分个人和特约商户使用收款条码的场景和用途，防范收款条码被出租、出借、出售或用于违法违规活动。对于具有明显经营活动特征的个人，条码支付收款服务机构应当为其提供特约商户收款条码，并参照执行特约商户有关管理规定，不得通过个人收款条码为其提供经营活动相关收款服务。

条码支付收款服务机构应当采取有效措施禁止个人静态收款条码被用于远程非面对面收款。确有必要进行远程非面对面收款的，条码支付收款服务机构应当对相应收款人实行白名单管理，并审慎确定白名单准入条件与规模、个人静态收款条码的有效期、使用次数和交易限额。对于通过截屏、下载等方式保存的个人动态收款条码，应当参照执行个人静态收款条码有关规定。

图 7-2　《中国人民银行关于加强支付受理终端及相关业务管理的通知》截图

在互联网时代，我们可以通过交叉验证对存疑的消息进行追溯和辨别。权威信息一般来源于报纸、电台、电视台等传统媒体、政府网站或者权威的政务微博、政务微信等官方平台，如果能从以上渠道获取相关信息的源头，就能确定内容的可信性。因此，在瞬息万变的信息化时代，我们更应当相信政府部门公布的相关信息，不信谣，不传谣；如果自己关注的信息变动未经权威部门或者官方部门认同，就要留心。与此同时，这也对政府部门提出了更高的要求，要及时公布公众关心的信息内容、便民内容，在权威媒体、政务微博、政务微信号上迅速扩散，防止假消息蔓延。

3. 相关行业的数据内容

在我们生活和工作的环境中，有很多专业的数据内容和信息来自专门的行业类网站，如农林牧副渔、医药卫生、建筑建材等行业信息，这些数据具有较强的专业性和针对性。普通人如果仅仅依靠互联网上的碎片化信息就对某些内容深信不疑，不加深入思考和判断，很容易陷入盲目的"跟风"之中。

比如，对于大连海产"海参"这一特殊产品，普通消费者只知道这是一种很好的补品，但究竟如何判断其产地真假、品质好坏，却是一个非常专业而复杂的问题。尤其是近几年，随着电商平台、网络直播带货的兴起，一些商家以次充好，打着"大连海参"的旗号通过互联网欺骗消费者。当下，民众对于"吃"的一系列困惑，展现了信息爆炸时代人们因无法及时处理过量信息而产生的怀疑和不相信心理。那么这种专业的知识如何变成科普类的信息转达给民众呢？通过中国渔业协会网站的"标准工作"这一栏，可以看到相关内容的解读：依据原国家标准 GB/T 20709-2006 和辽宁省的地方标准 DB 21/T 2865-2017，真正的大连海参是有地理标志产品保护范围的，而随着环境的变化，原标准中很多依据也已经废止，专家正在商议修订"大连海参"的团体标准。借助这些新的标准和数据信息，可以帮助我们判定电商平台所售海参是否真的处于保护范围，生产者和消费者的权益也将得到更好的保护。

 **案例 7-2**

全网都在卖"大连海参"，哪有那么多？

作为信息集散地，互联网为普通人提供了发问和咨询的平台，知情人士、水军、政府部门、商家……不同的群体都在其中发表相关信息和言论。与此同时，互联网也充斥着各种各样的利益诱惑，各利益方之间的矛盾冲突表现得越发明显，碎片化的信息蜂拥而至，影响了普通人的甄别能力。对于信息素养不高、判断能力不强的受众来说，很容易被一些商家的虚假信息所误导，因为盲目相信某一产品的"销量"或是网红主播的推荐而上当受骗。所以，人们对真相的渴求越迫切，也就越容易被大量的不实信息误导。鉴于此，那些专业性的行业网站的信息内容通常比媒体上发布的短消息更加翔实，对于相关问题的解读更加专业，更具有科普性质，是对新闻信息的延伸解读和补充。

4. 大型企事业单位官方网站的信息内容

事业单位，英文是 public institution，是指由政府利用国有资产设立的，从事教育、科技、文化、卫生等活动的社会服务组织。事业单位接受政府领导，是表现形式为组织或机构的法人实体。企业单位一般是指生产性单位，其特点是自收自支，通过成本核算进行盈亏配比，通过自身的盈利解决自身的人员供养问题，提供社会服务，创造财富价值。国企就是属国家所有的企业单位。

受突发交通事故、火灾、洪水等环境变化的影响，我们的生活也会随之改变。2020 年 7 月 20 日，河南郑州遭遇特大暴雨灾害。受暴雨影响，多条途经郑州地区的铁路都不同程度地受到了影响。郑州东高铁站的官方微博在此期间滚动播发车次的停运、晚点等具体信息，使得乘客能够在第一时间得知自己所乘车次的具体变动情况。

在我国，一些大型的企业也会在自己的官方网站发布与自己企业定位相关、服务地方经济的新闻。例如，国家电网的官方网站设有新闻中心，用来聚焦国家电网的相关新闻动态，包括媒体对国家电网的报道、国家电网一线工作人员的风采、国家电网的科研动态等。2020 年上半年，各地经济状况都因为疫情受到了不同程度的损失。"地摊经济"在火了之后，也面临一系列的现实问题，如地摊的照明问题是保障"人间烟火气"持久的重要条件。

图 7-3 来源于国家电网的一则新闻——《服务"地摊经济"，照亮烟火民生》。该新闻讲述了国家电网烟台、成都供电公司等单位在服务"地摊经济"中主动施策、用心服务的相关事迹。这则新闻图文并茂，详细讲述了国家电网采取不同措施着力保障地摊电力供应、排除安全隐患、照亮"地摊经济"的做法。

图 7-3　国家电网烟台供电公司员工开展安全用电巡查

因此，如果想寻找相关企事业单位的信息内容，可以从这些单位的官方网站、官方微博或者官方微信等渠道入手，根据相关话题和关键词找到更加详细的、多元化的内容。

5. 新闻网站的信息内容

2020 年 5 月 21 日和 5 月 22 日，全国政协十三届三次会议和十三届全国人大三次会议在北京召开。2020 年上半年新冠肺炎疫情肆虐，严重影响了人们的正常生活，时隔两个月我们为什么仍要开两会？大型新闻网站对于这一特殊的两会有何解读？新华网推出了《风雨无阻，奋勇向前》的两会专题。在这一专题中，新华网凸显了作为国家重点官方新闻网站的角色，首先将此次两会的主题定义为破除艰难险阻召开的、奋勇向前的会议，给人们以鼓舞。

如图 7-4 所示，新华网 2020 年全国两会大型融媒体专题沿袭了新华社一贯的多语种传播形态，本次两会专题仍然有英语、西班牙语、法语等版本的内容，涵盖了今日聚焦、高清影像图集、现场零距离、汇聚好声音、决战脱贫攻坚、两会大数据等内容。两会期间，新华网滚动播出重要新闻，摘录了人大代表的优秀事迹和心声，传递出特殊时期的大国外交、企业转型、科技进步及其他普通老百姓关注的民生问题。

图 7-4　新华网 2020 年两会专题首页

"2020年两会热点调查"利用新华睿思数据云图分析平台独有的网络热点挖掘技术及情绪感知模型，向网民推荐两会热点话题。如图 7-5 所示，通过两会热词的词云图可以看出，减税降费、强军兴军、精准扶贫、就业安置、乡村振兴等话题是受关注较多的话题。数据可视化的应用与互动性的增强使我们获得的信息更加丰富。

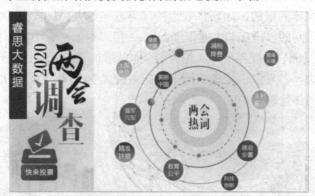

图 7-5　2020 年两会热词

2020 年的两会专题还创造性地引入了机器人播报，设置了 AI 热力榜，由新华社机器人记者 i 思为大家解读政府工作报告的三大重点：第一，报告没有提出全年经济增速具体目标；第二，报告指出，今年城镇新增就业 900 万人以上，城镇调查失业率要在 6% 左右；第三，要在现行标准下农村贫困人口全部脱贫、贫困县全部摘帽。

通过图 7-6 展示的二维码，利用微信扫一扫功能，可以迅速跳转到"解读政府工作报告 i 思机器人帮你划重点"新闻页面。新闻通过 i 思机器人的视频播报、系列动图等多形态内容，向读者展示 2020 年政府工作报告的重点。

图 7-6　解读政府工作报告 i 思机器人帮你划重点①

6. 其他门户网站的信息内容

中国的四大门户网站分别是新浪、搜狐、网易、腾讯。作为四大综合门户网站之首、中国门户网站的"老大哥"，新浪是早期办得最为齐全也是最好的门户网站之一；搜狐则专注于经营综合性业务、社区、无线等增值服务；网易主要专注于游戏，近些年网易云音

---

① 解读政府工作报告 i 思机器人帮你划重点[EB/OL]. （2020-06-01）. http://www.xinhuanet.com/video/2020-05/24/c_1210632078.htm.

乐也备受关注；腾讯则由旗下的 QQ、微信等社交平台发布资讯。

2019 年 10 月 1 日是中华人民共和国成立 70 周年纪念日，如图 7-7 所示，新浪网做了一个"大国强军：新中国成立 70 周年国庆大阅兵"的专题，详细介绍了 2019 年 10 月 1 日上午，庆祝中华人民共和国成立 70 周年大会在北京天安门广场隆重举行的盛况。该专题吸纳了来自众多权威媒体的报道，如新华视点的《习近平：人民解放军和武警部队要坚决维护国家主权》、新华网的《国庆 70 周年阅兵 7 大精彩瞬间》、中国新闻网的《参加国庆 70 周年阅兵的全体受阅官兵集结完毕》等内容，同时增加了专家点评视频、官方播报视频，增设了装备解析模块，多方位、全景式地报道新中国成立 70 周年国庆大阅兵的现场细节，为读者提供了丰富的体验感。

图 7-7　新浪网专题——大国强军：新中国成立 70 周年国庆大阅兵

二、社交媒体平台的内容生产者

社交媒体（social media）指互联网上基于用户关系的内容生产与交换平台。社交媒体是人们彼此用来分享意见、见解、经验和观点的工具和平台，现阶段主要包括社交网站、微博、微信、博客、论坛、播客等。社交媒体在互联网的沃土上蓬勃发展，爆发出令人眩目的能量，其传播的信息已成为人们浏览互联网的重要内容，不仅制造了人们社交生活中争相讨论的一个又一个热门话题，更吸引了传统媒体争相跟进。这里所涉及的内容生产者既包括免费使用的新浪微博、微信等社交媒体平台，也包括得到 App 等知识付费平台。

1. 新浪微博

新浪微博是当下中国主流的社交媒体，内容刷新非常及时，我们从中可以获取最新的新闻资讯、头条内容以及音乐、体育、动漫等话题，也可以通过"微博找人"寻找自己关注的明星、名人和各方面的专家。在微博搜索中，我们不仅可以直观地获取查看某一用户关注的内容，还可以看到其转发、评论、点赞的相关数据信息。此外，我们也能查看每日微博热门话题榜以及微博热搜词榜，从而观察某一新闻事件的影响力和影响范围。我们可以通过三种方式在微博平台获取信息数据。

一是通过新浪微博数据中心的微报告获取信息数据，网址为 https://data.weibo.com/report/index。微博数据中心可以通过个人微博账号登录，登录后即可获取微博官方发布的专业报告和数据，如旅游、母婴、房产、法律等方面的专业报告，以及动漫等相关行业的白皮书。在新浪微博提供的报告中，还可以直接下载并保存自己需要的报告。

图 7-8 展示的是新浪微博于 2020 年 2 月 25 日发布的《2019 微博电影白皮书》页面截

图。在页面的右上角有绿色的下载按钮，可以直接点击保存。报告是一份 PDF 版的完整文档，详细介绍了 2019 年中国电影票房、中国微电影生态、优质短视频等内容。白皮书提到，2019 年微博电影兴趣用户男性比例首超女性，上升近 10%，《流浪地球》《我和我的祖国》《复仇者联盟 4》等吸引男性观众的爆款影片引发电影社交人群变化。

图 7-8　新浪微博数据中心提供的《2019 微博电影白皮书》

此外，新浪数据中心也提供分析师专栏、公开课和信息图。其中，分析师专栏为我们提供新浪数据中心的数据分析师所做的研究和报告内容，可以按照作者名字进行查找并进行相应研究报告的下载，使用非常方便；公开课则是新浪数据中心的分析师和从业者围绕自己擅长的领域进行的相关话题探讨，其公开课的视频内容与相关资料会保存在新浪微盘中，供在线预览或者下载。

新浪数据报告中的信息图是对微博上娱乐话题、热门话题的可视化图表呈现（见图 7-9），包括娱乐很劲报、新浪剧力榜等形式，为了展现更多的内容和话题并且不失趣味性，呈现的状态多是微博长图形式，也方便作为资料进行保存。

图 7-9　新浪数据报告中的信息图列表

二是通过新浪微博的微指数获取信息数据，网址为 https://data.weibo.com/index。微指数是对提及量、阅读量、互动量加权得出的综合指数，能更加全面地体现关键词在微博上的热度情况。微指数可以实时捕捉当前社会热点事件、热点话题等，快速响应舆论走向，对政府、企业、个人和机构的舆情研究提供重要的数据服务支持。通过搜索微指数上的相关话题，可以得知该事件（话题）的趋势。微指数包含热词趋势、地域解读、属性分析等内容。

目前，新浪微博的微指数网页版进行了产品功能升级，如图 7-10 所示。在搜索引擎中输入新浪微指数的网址，用户可以通过扫描微指数网站链接提供的二维码进入移动版微指数搜索。不过移动版功能较为简略，可以分析某一词语的热度，搜索曲线能够反映该话题在 1 小时内、21 小时内、30 天和 90 天内的热度情况。但该话题的地域特征、属性分析等则无法在移动端呈现。

尊敬的用户，您好：
为了可以更好地服务广大用户，即日起，微指数网页版将进行重要的产品功能升级。升级期间，网页版将暂时停止访问，具体开放时间请您持续关注官网通知。其间，您可以正常使用微指数移动版，详情如下：

① **综合指数，量化微博价值**
微指数是对提及量、阅读量、互动量加权得出的综合指数，更加全面地体现关键词在微博上的热度情况。

② **实时监测，对舆论快速响应**
实时捕捉当前社会热点事件、热点话题等，快速响应舆论走向，对政府、企业、个人和机构的舆情研究提供重要的数据服务支持。

扫描二维码打开微指数移动版

图 7-10　微指数改版页面

三是通过知微传播分析获取信息数据，网址为 http://www.weiboreach.com/。知微传播分析也是收集并呈现微博数据的平台（见图 7-11），可通过微博个人账号直接登录，也可以用手机号、微信账号等方式注册。知微分析平台的两大板块分别是"事见"和"微博"，"事见"是基于互联网全平台热点事件的传播分析，"微博"是基于单条微博的传播路径的精准刻画。"事见"平台既可以呈现近期舆论场热度走势，也可以呈现舆论场排名，以及近 30 天热点事件等内容。对于重要的事件用红色字体标出，强调该事件的重要性；知微平台对"微博"传播分析并不完全是免费的，如对有些微博的分析需要根据用户分析微博的条数支付相应的费用，一元钱可以购买 50 微豆，按照所分析微博的转发数进行计费。此外，"微博"传播分析也推出了套餐价，企业用户可以根据实际需要购买套餐。

图 7-11　知微平台首页

目前，知微推出了"看榜神器"功能，通过关键词可查询当前的热搜事件。用户可以搜索某一热点事件或者关键词在微博、头条、百度、抖音和知乎平台的不同排名；还可以根据实际需要添加预警词，当该词上榜时给出预警提示。图7-12展示了"北京再度出现新冠肺炎病例"这一话题的热搜趋势，从中可以看出该话题近7天的传播趋势、事件影响力等内容。

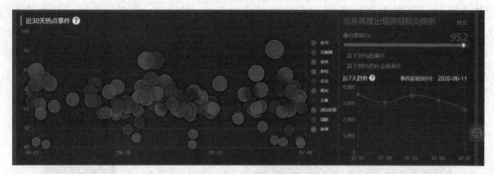

图 7-12　知微近 30 天热点事件

同时，知微还建立了危机事件案例库，通过海量数据统计分析，从事件传播、品牌行为、情感变化等维度建立专业效果评价体系，记录历史案例，解决未来危机。2021 年 12 月 22 日中央网信办召开全国网信系统视频会议，部署开展"清朗·打击流量造假、黑公关、网络水军"专项行动，重要举措如：分环节治理刷分控评、刷单炒信、刷量增粉、刷榜拉票等流量造假问题，整治雇佣写手水军虚构网红测评；持续整治网络黑公关乱象；坚决查处涉网络水军信息、账号及相关操控平台。

图 7-13 展示了知微"事件"中"网信办打击流量造假黑公关和网络水军"这一话题的影响力指数。数据显示，该事件的影响力指数为 67.3，微博影响力指数为 69.6，微信影响力指数 57.3、网媒影响力指数 64.7，评分指数均高于同类互联网类事件。

图 7-13　知微对"网信办打击流量造假黑公关和网络水军"话题的呈现

图 7-14 所示的知微传播分析案例为"十二道锋味"的相关话题，传播分析的内容涵盖时间总览、传播分析、传播路径、参与者信息、引爆点、短链分析、"网络水军"分析、内容分析等。其中，整体评价对该微博的曝光量、用户总评、情感值、内容评价等做出了雷达图，综合该消息的传播深度、广度及参与用户各项指标得出的微博影响力总体评价指数——微力值；而传播路径会给出关键传播账号的传播路径，标出事件的关键节点，对于分析热点事件详细节点和扩散规律有重要的指导意义；并且，水军分析这一功能有助于辨别热点事件是否为过度营销。

图 7-14　知微对"十二道锋味"相关话题的分析

当下，微博成为营销的重阵，为了引起大量转发，营销者可能会雇用大量"网络水军"进行传播，而知微传播分析的"网络水军"分析功能可以帮助识别某一热点传播行为是否为商家投放"网络水军"所致，为用户还原一个真实的营销过程。

2. 微信

微信（WeChat）是腾讯公司于 2011 年 1 月 21 日推出的一个为智能终端提供即时通信服务的免费应用程序，由张小龙所带领的腾讯广州研发中心产品团队打造。2018 年，微信用户数量首次突破 10 亿。2020 年 6 月 17 日，微信上线"拍一拍"功能。获取微信数据主要是通过腾讯大数据平台。腾讯大数据平台的网址为 https://data.qq.com/，我们最常用的是其数据报告模块，内容主要有一些调查报告、移动互联网相关调查、特别主题的调查、企鹅智酷的相关研究成果等。此外，我们也可以通过腾讯大数据获取微信小程序的使用情况。

 案例 7-3

我们在意隐私吗？中国网民个人隐私状况调查报告

公民隐私泄露现象是互联网时代最为显著的问题。平时生活中我们都会接到一些骚扰电话，这些电话推销者甚至可以叫出我们的全名，说出我们的职务，有针对性地对我们进行推销，更有甚者对我们实施电信诈骗。企鹅智酷的这篇《中国网民个人隐私状况调查报告》为我们详细呈现了当前用户最为关心的个人隐私问题。调查表明，在网上填写信息时，81.4%的受访者对政府官方网站表示放心，大型知名互联网公司的网站/App 也成为六成以上受访者信任的对象。小型创业公司在树立并培养用户的好感度和认可度方面与前两者有较大差距，仅有 6.5%的信任倾向群体。用户初次登录网站/App 时，平台所属机构/公司实际的品牌、口碑是选择信任与否的一个不容忽视的参考依据。报告还涉及其他方面的用户隐私泄露的问题，如用户在注册时哪些行为可能导致信息泄露，用户密码怎样设置才是较为安全、不容易被破解的。相关问题的解答都通过实地调研得出。在调查报告的最后，还备注了本次调查的受访者信息，如性别分布、年龄分布、学历分布、地域分布等，为我们呈现较为翔实的调查数据和调查方案。

3. 得到 App

新媒体是利用数字技术，通过计算机网络、无线通信网、卫星等渠道，以及计算机、手机、数字电视机等终端，向用户提供信息和服务的传播形态。从空间上来看，新媒体特指当下与传统媒体相对应的，以数字压缩和无线网络技术为支撑，利用其大容量、实时性和交互性，可以跨越地理界线最终得以实现全球化的媒体。新媒体的发展促成当前多行业交叉的现状，也形成了如今在互联网上蓬勃兴起的知识经济，如互联网和电商的交叉、互联网和教育的交叉、互联网和交通运输的交叉等。因此，也就产生了很多相关的行业，如网络编辑、程序员、网络编辑师等内容生产群体。

得到是为用户提供"省时间的高效知识服务"的一个知识型 App，2016 年 5 月上线，由罗辑思维团队出品，提倡碎片化学习方式，让用户在短时间内获得有效的知识。2017 年，得到 App 在 App Store 中国图书类畅销榜中位居第 1 名；2017 年 12 月，得到 App 入选 App Store 2017 年度精选的年度趋势（知识付费类）。

 案例 7-4

得到 App 产品深度剖析

从经济学的角度解释以得到 App 为首的知识付费类平台，其本质就是售卖观点和知识。在这里，我们可以把知识经济解读为一个汇集了成千上万个劳动者的生产领域。每天，不同的人群需要不同的知识和内容满足自己的工作、生活和其他需求，而这些内容的生产需要人工的编辑、组合和增删。经过组合、拼贴后的知识和内容最终根据用户的实际需求输送。

三、其他内容生产平台

1. 用户自制内容（UGC）

UGC 是 user-generated content 的缩写，也叫用户生产内容、用户自制内容，指受众通过互联网或移动网络，以文字、图片、影像等形式制作、发布资讯和观点，是互联网的主要特点之一。

2015 年 8 月 12 日 23:30 左右，位于天津市滨海新区天津港的瑞海公司危险品仓库发生爆炸，造成 165 人遇难、8 人失踪、798 人受伤，304 幢建筑物、12 428 辆商品汽车、7533 个集装箱受损。截至 2015 年 12 月 10 日，依据《企业职工伤亡事故经济损失统计标准》等标准和规定统计，已核定的直接经济损失达 68.66 亿元。经国务院调查组认定，天津港 "8·12" 瑞海公司危险品仓库火灾爆炸事故是一起特别重大的生产安全责任事故。据证实，在微博上，第一条天津港爆炸事故的内容来自一位名为 "小寶最爱旻旻" 的微博用户。2015 年 8 月 12 日晚 23:16 分，该用户在微博上发布了一条简单的信息——"重大火灾，爆炸声跟打雷一样"，并附带了一条自己拍摄的短视频，经过核实后成为官方媒体引用的重要信息源。该条微博内容截图如图 7-15 所示。

图 7-15 微博上第一条关于天津港爆炸事故的信息[①]

因此，在新媒体时代，智能手机的广泛使用使得普通用户也可以成为记录者、目击者。当用户成为某一突发事件的见证者时，其拍摄的照片、视频等一手资料都可以成为政府、媒体等权威部门引用的对象。

一些地方媒体为了吸引用户的关注，增进与用户的互动，也会采取 UGC 投稿的形式向广大网民进行内容征集。但这种征集不是没有任何限制的使用，而是会经过专业的筛选和过滤，以期达到内容传输的准确无误。例如，中国新闻网·河北新闻隶属中国新闻网，由中国新闻网主办，接受河北省委宣传部、河北省委外宣办、省政府新闻办公室、河北省网信办的指导和管理，是立足河北、面向海内外宣传介绍河北的综合性新闻网站，是海内外了解河北的重要窗口。河北新闻接受用户投稿，但同时对用户投稿内容做出了详细的规定，其中包括以下几点。

---

① 天津爆炸事件首发微博视频网友：庆幸活着[EB/OL].（2015-08-13）[2021-06-01]. http://news.sohu.com/20150813/n418810326.shtml.

内容真实客观，杜绝捏造新闻、编造故事等；符合网络新闻时效性强的特点，鼓励即时或当天发稿。所有来稿都须经编辑审核签发；投递的文字、图片、音频、视频等新闻作品要求确系本人原创，严禁剽窃、转投他人作品；鼓励文字稿件配发图片；优先选用时政资讯、经济新闻、政法新闻、科教文卫新闻、突发社会新闻、民生新闻等稿件。

随着新一代移动互联网技术的发展，越来越多的用户使用智能手机拍摄照片、视频并发布到互联网上，UGC 生产的内容越来越多，形式也越来越多样化，新媒体时代的信息生产和传播模式也因此发生了本质的变化。但在众多的 UGC 内容中，也存在一些为了赚取流量或者因技术上的失误而出现的造假、合成的内容。总体上，UGC 内容生产依然存在着真假难辨、良莠不齐的现象，需要用户用心识别。

2. 百家号

百家号又称百度百家平台，是百度旗下的一个自媒体平台，于 2013 年 12 月正式推出。百家号分为个人账号、媒体账号、政府账号、企业账号、其他组织（如公益机构、民间组织）五大类。

《百家号内容行业研究报告》中的数据显示，截至 2019 年 8 月，百家号入驻账号已经超 220 万，作品总量同比增长 143.4%，同时百家号平台上的视频总数量已经超越图文，成为最主要的内容形式。在各类型的内容生产者中，个人账号数量最多，占比 79.9%；媒体账号生产效率最高，平均单个账号生产的内容也更多。在内容上，百家号呈现出明显的权威化、优质化和多元化的特征。例如，在优质媒体账号创作者中，《人民日报》、新华社、央视新闻、《环球时报》、澎湃新闻、《北京日报》客户端等皆在其中；优质个人类账号的作者有牛弹琴、叶檀、马未都、潘乱等。

报告显示，百家号平台上，新闻、影视等传媒行业是生产效率最高的垂直领域，而美食、体育、军事则是传播效能最强的垂直领域，进一步凸显了百家号内容多元化的特征。在创作形式上，视频成为最主要的内容形式。这也意味着，短视频已经成为行业新宠，内容生产者的创作方式已经迎来拐点。

同时，报告还总结了三大规律：传统内容看图文、视觉冲击看图集、生动简单看视频。数据显示，房产、政务、财经等领域 94% 以上的内容为图文；旅游、艺术、时尚、游戏、娱乐等领域 25.5% 以上的内容为图集；而影视、音乐、搞笑类领域八成通过视频表达。这也说明，在百家号平台上，短视频的红利其实才刚刚释放。新闻、财经、政务、旅游、时尚等领域依然存在着巨大的发展空间。报告还显示，"90 后"、"00 后"和小城创作者已经崛起，百家号创作者还呈现出年轻化和下沉化这两大特征。

从地域上看，广东、山东、河南依次占据账号数量榜前三位，而作品数量榜前三位依次为山东、河南、广东。同时，优秀的创作者不仅集中在大城市，在一些领域，小城市的创作者展现出不俗的影响力。此外，大众更关注北京创作者的美食类内容和广东创作者的玩乐内容。在财经领域，大众更偏爱长江以南城市发布的财经内容，北京是财经榜 top10 唯一一个"被信赖"的长江以北城市。

为激励优秀创作者，进一步强化优质内容生产力，百家号已经推出了金芒计划、百家榜、红人计划三大扶持激励计划和商家小程序、广告互选、内容电商、广告分润、扶持补贴、内容付费六大创作者变现方式。当下，强调 AI 赋能，主打优质化、权威化内容的百家号已经撑起百度内容生态的半边天，成为百度夯实移动地位的重要抓手之一。而优质化、权威化内容也是当下内容平台竞争的焦点。

第二节　新媒体数据应用中的内容热度与传播链条

在互联网时代，一些热点事件发生的背后往往意味着更深层次的社会意义。从热点事件中读取相关数据并对其传播方式进行分析，可以了解当下网民关注的重点话题，以及为什么会引发如此强烈的关注与讨论。本节选取了互联网上曾经流传的"世界那么大，我想去看看"这一辞职信的热点案例和一些明星、网红本身所引发的热点事件，从这些网络热点中分析相关内容和数据传播链条。

一、"最具情怀"的辞职信

2015 年 4 月 14 日早晨，一封辞职信在互联网上引发热评，辞职的理由仅有 10 个字："世界那么大，我想去看看（见图 7-16）。"网友评论这是"史上最具情怀的辞职信，没有之一"。经采访得知，辞职方为 2004 年 7 月入职河南省实验中学的一名女心理教师（顾某），已经任职 11 年之久。面对如此任性的辞职信，领导最后还是批准了。2016 年 5 月 31 日，教育部、国家语委在京发布《2016 年中国语言生活状况报告》。"世界那么大，我想去看看"入选 2015 年年度十大网络用语。

图 7-16　辞职信——"世界那么大，我想去看看"

这一"史上最具情怀的辞职信"引发了潮水般的热议，曾一度在朋友圈和微博刷屏，引发冯唐、学习粉丝团、《南方日报》、《扬子晚报》等大 V 及官媒的转发和点赞。为什么一封简短的辞职信会产生如此强烈的反响？网友的评价很多，有人表示，当代青年工作压力很大，应当像顾老师一样洒脱、追随自己的内心。有人打趣："上联：世界那么大，我想去看看；下联：钱包这么小，哪都去不了；横批：好好上班""世界那么大，我想去看看，我带着你，你带着钱，你一定要带着钱啊！"

1. 事件的引爆点分析

当今社会，朝九晚五、"996"的工作模式让年轻人觉得工作压力非常大。对于普通人来说，工作一方面是养家糊口的工具，一方面是维持人际关系的主要平台。面对车子、房子、票子的压力，许多年轻人不敢贸然辞职，这既是社会现状，也是众多年轻人面临的境遇。而顾老师这封只有 10 个字的辞职信被其所在的学校批准，一方面展现了她的洒脱和自在，成为众多工薪阶层艳羡的对象；另一方面，其所在学校领导的大度也被网友称赞。不是每个年轻人都能摆脱世俗的生活，大多数人都是按部就班地工作、生活、结婚、生子……所以，辞职信本身就是一个引爆点，掷地有声，引发了无数普通人的关注。

2. 事件的传播链条分析

辞职信在互联网上曝光后，微博、微信的大量转发和推进，权威媒体的评论，都为该事件的传播提供了足够的"料"。例如，人民网就此事件发表了题为《"世界那么大，我想去看看"何以诱人》的文章，其中观点表示，"宏大的语境已经渐渐远离我们而去。为民族之崛起而读书、工作、献身，为国家富强而争分夺秒、夜以继日，对于芸芸众生，已经丧失了特定的语境。随着经济发展，极端的物资贫乏已成为越来越少的人的遥远记忆。"敢于辞职的顾老师有着普通人不具备的勇气和果敢，为了追求理想的生活抛弃现有的稳定，去追寻未知的美好。

2015 年 7 月，顾老师与丈夫于某登记结婚并定居在休闲城市成都，继而有了新的动作，开客栈、为旅游公司代言、生育……顾老师因辞职信走红，也因此获得了一些商业合作的机会。2016 年 11 月，顾老师出版新书《世界那么大，我想去看看》。

在这个热点事件的传播过程中，社交媒体的转发和权威媒体的跟进无疑使其得到了更多的关注度和流量，以"情怀"为传播的出发点，以浪漫的爱情故事为主线，加上女主人公本身的教育从业经历，都使得事件更有戏剧性和冲突性。

3. 事件热议背后的原理

（1）充满争议的话题。与普通人追求稳定工作的做法截然相反，顾老师的裸辞是特立独行的。在西方新闻界曾一度流行着"狗咬人不是新闻，人咬狗才是新闻"的说法。社会上一些新奇的、有悖于常理的做法往往更能引起关注和轰动，而那些正常的、合乎常理的做法则没有办法让更多人关注到。顾老师拥有一份体面的工作——在河南省实验中学担任教师，这是一份很多人求之不得的稳定工作。但是，她并没有因为稳定而放弃追求自由、理想的生活，果敢地辞职，和旅行中结识的灵魂伴侣结婚、去成都定居、开客栈，包括她后期在一些公开场合的演讲，都充满了争议。该不该如此辞职？敢不敢如此？有没有资本如此……这一系列话题都是人们热议的，议论的人越多，话题越容易形成影响力，并且形成社会效应。

（2）快餐式阅读的产物。伴随着人类物质文明的进步和计算机技术的发展，以肯德基、麦当劳等西方快餐文化为代表的饮食文化迅速风靡全球。由于此类快餐占用人们的时间较短，可以外带，成为很多上班族的不二选择。这种现象也被用来形容如今人们快节奏的生活，即忙碌的一天中可供自己独立支配的自由时间越来越少，我们只能选择在碎片化的时间段阅读、消遣。这种阅读和信息接收方式是快餐式的，因为无法深入思考，只能通过互联网上呈现出来的只言片语了解事物的发展，很容易出现跟风现象，即别人关注什么，我就关注什么，社交媒体上哪些话题是热点我也不能错过。因此，顾老师的辞职信在互联网上出现后，被各大媒体报道、被网络大 V 转发，无形中就变成了大家关注的焦点。毕竟如此潇洒的辞职也不是一般人敢于尝试的，大胆的做法挑战了现代人被稳定工作所禁锢的现状，好比在平静的水面形成了一圈波纹，逐渐在社会中扩散，产生了一定的影响。

（3）晕轮效应的影响。晕轮效应又称成见效应、光圈效应等，指人们在交往认知中，对方的某个特别突出的特点、品质会掩盖人们对对方的其他品质和特点的正确了解。这种错觉现象，心理学中称为"晕轮效应"。美国心理学家 H. 凯利、S. E. 阿希等人在印象形成实验中证实了这一效应的存在。在对辞职信热议的过程中，网友议论的是由辞职信带来光环的顾老师，而没有更多地去关注她在实际生活和工作中是一个什么样的人，形成热议话题之后，媒体也很快把焦点对准了辞职信，对顾老师本人的其他方面关注相对较少。

（4）亟待激发的想象力。米尔斯在《社会学的想象力》一书中指出："他们所需要的并不只是信息。在这个'事实的时代'，信息往往主宰了他们的注意力，并完全超出了他们的吸收能力。他们所需要的也不仅仅是理性思考的技能，尽管他们获得这些技能的努力往往耗尽了本来就有限的道德能量。他们所需要的，以及他们感到他们所需要的，是一种特定的心智品质，这种心智品质有助于他们运用信息，发展理性，以求清晰地概括出周边世界正在发生什么，他们自己又会遭遇什么。我的主张是，从记者到学者，从艺术家到公众，从科学家到编辑，都越来越期待具备这种心智品质，我们不妨称之为社会学的想象力。"

在互联网时代，人们被各种热点、爆点包围着，受从众效应的影响，越来越不敢发表自己内心的看法，害怕被孤立，独立思考的优点也正在逐渐丧失。互联网上的热点和喧嚣一波又一波，人们的关注点也不断变换，但是热点过后我们记住了什么？得到了什么？对图片、短视频等不需要花费过多精力思考的信息过分依赖，只看表面不看实质，使得我们的思辨能力出现退化现象，由此带来的弊端也是显而易见的。回归深度阅读和思考，把自己的步伐减缓，慢慢观察，这些都是我们应当注重的。

2019年9月30日上映的电影《我和我的祖国》云集了娱乐圈内众多知名导演以及演员。七位导演分别取材新中国成立70周年以来，祖国经历的无数个历史性经典瞬间，讲述普通人与国家之间息息相关的动人故事。聚焦大时代大事件下，小人物和国家之间，看似遥远实则密切的关联，唤醒全球华人共同的回忆。电影中许多演员都是零片酬出演，并且演员阵容也十分强大，为该影片带来了非常好的口碑和极大的影响力（见图7-17）。

图7-17　电影《我和我的祖国》成为微博热搜话题

关于明星的相关话题为何总能引起强烈的社会关注？原因主要有以下几点。

1. 名人效应

名人效应是名人的出现所达成的引人注意、强化事物、扩大影响的效应，或人们模仿名人的心理现象的统称。比如，名人代言广告能够刺激消费，名人出席慈善活动能够带动社会关怀弱者，等等。早在传统媒体时代，英国王妃戴安娜的一言一行就成为记者追踪的焦点，戴安娜走到哪里，媒体就跟到哪里，戴安娜的着装、行为成为全世界关注的焦点。如今，互联网的发达使得信息传播速度更快，如 2018 年金庸先生去世这一事件就曾引发了社会的集体关注，很多"金庸迷"为了表达对金庸作品的喜爱，在网上购买金庸先生的小说作为纪念。明星的生活与普通人的生活是非常不同的，他们长期生活在媒体的聚光灯下，需要用各种手段包装、营销自己，从而获取商业利益或者人气、口碑等。互联网的透明性和媒体的高度参与会导致明星的优点或者缺点被无限放大，而广大网友对于明星的一举一动又十分关注，总是想方设法获取明星的相关消息，并将其作为茶余饭后的谈资，这更像是对明星的某种独特的"求知欲"，也是网友口中的"瓜"和"料"。

2. 明星的"人设"问题

"人设"是人物设定的简称，原本用于文学、影视方向的人物塑造，后期意思逐渐演变为明星等公众人物刻意塑造的形象。明星往往被赋予某种特定的"人设"以迅速圈粉，吸引受众。由于明星被事先预设了一种特定的"人设"，有时候被媒体曝出的与原定"人设"不同的行为被叫作"人设崩塌"。传播学中有"媒介形象"这一概念，对应到明星"人设"上，就是明星在媒介上所呈现的形象。明星被塑造出的良好形象往往是由大众媒体的叙事方式和报道框架构建出来的，由于牵扯到商业利益、名人形象、娱乐效应等因素，这种"塑造"是后期加工、建构出来的，未必是对人物的真实反映，所以我们在媒体上看到的明星所呈现出来的形象与其在现实生活中的实际形象可能会有出入。"人设崩塌"就是媒介形象倒塌的表现，被媒介塑造的良好形象因为某件事情而被打破，明星的形象可能会一落千丈，从而牵扯到商业利益受损、个人星途暗淡。

3. 互联网舆论产生的原因

网络舆论的形成源于公众借助互联网对特定的议题或事件所表达的意见和态度。公众的表达意愿越强烈，网络舆论就越活跃。当前互联网舆论频发的原因包括以下几个。

（1）网民权利意识的觉醒。改革开放以来，中国的经济发展和社会进步促使公民权利意识觉醒，普通民众对于自己的利益追求有了更加强烈的欲望。随着计算机技术的普及，互联网不再只是精英的阵地，而转变为"草根"的聚集地，从而导致新意见阶层的崛起，普通网民越来越广泛地参与社会热点事件的讨论和大规模的网络维权活动。可以说，互联网的发展推动了信息的自由流动、意见的公开表达，促成了政府信息公开透明等行为的产生。网民希望通过互联网表达自己意愿的呼声越来越强烈，也因此推动了社会领域内热点问题和事件的解决，促进了新的政治文化的形成。

（2）新旧媒体之间的互动增强。在媒介融合的大背景下，很多网络热点事件的扩散不仅流传在互联网上，更引发了传统媒体的关注和跟进。新媒体的首先发声加上权威媒体的跟进，才使得网络舆论产生巨大的影响力。判断一起网络事件能引起多么强大的社会舆论，要看其涉及的 5W 因素（何时、何地、何人、何事、如何）究竟有多大的引爆力量，如果一件事情中既有名人，又发生在特殊的地区、特殊的时间段，是社会关注的重要话题，产生了强大的后果，那么该事件所带来的社会舆论将是非常强大的。

（3）社会转型期矛盾突发。互联网时代的社会变迁是非常明显的，普通民众的嗅觉也是十分敏锐的。在社会转型期，各种社会矛盾日益凸显，稍微处理不好就会引起轩然大波。

2020 年上半年，全国大中小学学生都在上网课。当互联网上人们纷纷吐槽"教师化身十八线主播"后，有一则新闻引发了社会的强烈关注。

中国网发布了题为"河南一贫困户女儿因无法在家上网课 吞药物自杀"的新闻。新闻内容显示，2020 年 2 月 29 日，河南南阳一初三女生因家庭贫困买不起智能手机，只能姐弟三人共用一部手机上网课，被老师通报后遭到学生议论，不堪压力选择服药轻生。尽管该女生经过医院抢救没有生命危险，新闻发出之后，当地政府部门也为女孩送上了智能手机，给其家中免费装上了宽带，但是由此牵涉的教育公平问题、贫富差距问题，都是容易引发社会舆论的热门话题。河南省教育厅 3 月 2 日更是下发了《关于进一步做好中小学网上教学有关工作的通知》，要求"各市县全面摸排每所学校的教学组织情况、每个学生的网上学习情况，准确掌握教学平台使用情况、学习渠道畅通情况、家庭线上学习硬件条件，做到不缺一项、不漏一人；要聚焦疫情严重地区、贫困地区、偏远地区，重点关注困难家庭子女、疫情防控一线人员子女、留守儿童、随迁子女等特殊群体学生的帮扶和指导，对于既不具备网络条件又没有智能手机和电视机家庭的学生，建立精准帮扶机制；要强化家校沟通，加强对孩子疫情期间的心理疏导，保障孩子身心健康成长"。

透明的互联网也意味着层出不穷的网络热点事件随时会进入大众视野，那些与公众相关度较高的事件、人物、现象或话题都有可能引发强烈的社会舆论。当前，我国正处于社会转型期，由此催生了城乡之间、阶层之间、地域之间的矛盾。医疗卫生、教育公平、民生就业等话题成为公众关注焦点，一旦这些领域出现矛盾，很容易引起网络舆论，导致社会情绪波动。因此，正确处理社会转型期的各类矛盾，化解公众心中的谜团，也是政府引导和梳理民意之重点。

第三节　新媒体数据应用中的用户画像与群体聚类

互联网世界中，具有共同爱好和旨趣、关注同一话题的用户聚集在一起，形成了强大的"族群"，这些群体因为拥有共同的力量而形成了相似的群体特征。根据用户的共同浏览习惯、关注的共同热点事件等，商家为这一群体绘制了清晰的用户画像，以便于掌握不同虚拟群体的现实特征。例如，某一用户刚刚在购物网站上买了一本英语四级词汇参考书，网站便可能根据用户的收货地址、使用目的推断其身份：为了准备大学四级考试而购买此类参考书的在校大学生。因此，会给该用户推送四级相关的试卷等参考资料，甚至顺便给所在收货地址附近的用户推送此类产品。

一、互联网与小众文化的诞生

在互联网时代，受众作为媒介商品消费者的身份发生了改变。作为用户，他们可以在互联网或者社交媒体上发表自己创作的文字、图片、音频、视频等内容，这也是互联网上非常普遍的网络信息创作与组织模式。在约翰·费斯克看来，大众文化是由居于从属地位的人们为了从那些资源中获取自己的利益而造出来的。这些资源也为支配者的经济利益服务。大众文化是从底层群体中创造出来的，而不是像大众文化理论家所认为的是从外部和上层强加的。小众化是相对于"大众化"这个概念而言的，它指的是社会阶层内部的一些人源于某种共同的兴趣、爱好或品性而聚合成一个小圈子的趋势。小众化的现象并非不好，只是一开始这些现象不为大众所熟知，随着时间的推移，小众化现象也有可能变得大众化。互联网为一些小众化的文化现象提供了走向大众化、为人熟知的渠道，得益于此，普通网民也能享受到互联网带来的利好政策。

二、数据分析与用户画像的关联

1. 大学生为何会在家里"葛优躺"

案例 7-5

◆

大学生暑假——超 6 成在家中度过，超 4 成作息不规律

每个大学生都会在开学前默默问自己：自己的暑假是怎么度过的？开学前设定的目标完成了吗？从这个调查来看，数据就存在于我们的日常生活中，我们可以用数字轨迹描绘自己生活的面貌。今天做了什么？今天去了哪里？听过哪些音乐？消费和浏览过哪些商品……数据可以跟踪并记录我们的日常轨迹，这些数字化的内容也能够留在网页上，被储存到云里并被广泛传播。

大学生度过暑假的方式调查如图 7-18 所示。

数据并非高深莫测，普通人也可以通过数据讲述自己的故事，传递自己对生活的理解。而数据分析是指用适当的统计分析方法对收集来的大量数据进行分析，提取有用信息、形成结论并对数据加以详细研究和概括总结的过程。例如，对于"失业率"这个抽象的概念，我们可以通过相关数据分析不同年龄、性别和教育背景的受众失业率是多少，为什么某一特定人群比另一人群更容易失业，失业对不同的人会产生什么样的影响。2020 年上半年，受疫情影响，中国的经济形势不容乐观。据国家统计局的消息，1—5 月，全国城镇新增就业 460 万人，同比少增 137 万人。5 月，全国城镇调查失业率高于 2019 年同期 0.9 个百分点……约 1.2% 的就业人员处于在职未就业状态，高于往年正常水平。企业就业人员周平均工作时间同比减少 0.2 小时。其中，大学生等重点群体就业压力较大。5 月，全国 20～24 岁大专及以上人员（主要为新毕业大学生）调查失业率分别比 4 月和 2019 年 5 月上升 1.7、3.3 个百分点。2020 年高校毕业生规模达到 874 万人，创历史新高，随着高校毕业生集中进入劳动力市场，大学生失业率可能继续上升。另据《中国经济导报》2020 年 7 月 7 日的报道："疫情对就业的冲击和传统的就业冲击完全不同，和自然失业、结构性失业、周期性失业都不太一样。判断当前的就业形势比较困难。疫情的冲击还会持续一段时间，这种冲击型失业可能就会慢慢演变成结构性失业。"从以上数据可以得出，2020年大学毕业生就业形势将比往年更为严峻。

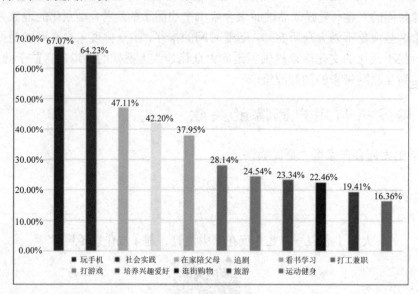

图7-18　大学生度过暑假的方式调查

利用数据调查和分析可以帮助我们更好地理解一些抽象的概念，并解决实际问题，甚至给政府部门提供更好的建议。

2. 你的微信运动步数透漏了什么玄机

 案例7-6

同学，在朋友圈里你暴露了

微信运动是微信中计算走路步数的软件，是由腾讯开发的一个类似计步数据库的公众账号。用户可以通过微信运动公众号查看自己每天行走的步数，同时也可以和其他用户进行运动量的挑战或点赞。此外，目前我们使用的智能手机也有计步功能。为什么微信步数可以透漏一些个人信息？按照常理，一个人携带手机走路步数越多，运动距离越远，其微信运动的步数数字就会越大。例如，2020年新冠肺炎疫情期间，有些人的微信运动步数每天可能就几百步，有的人步数几乎为零。

一个人每天走的步数越少，基本可以证明他的运动量也越少，如果一个人每天都走上万步，则证明其一直处于忙碌之中。互联网上有一组参考数据，"50步以内：一般是躺在床上，要么生病要么是懒宅狂人；50～500步：玩游戏、刷作业、到楼下买东西等；500～

8000 步：学生、上班族；8000～30 000 步：外向型人、导游、销售人员等；30 000 步以上：大多是靠体力谋生的人，如快递小哥、搬运工、环卫工人等"。

当我们开通微信步数以后，微信就可以获取我们的定位和运动轨迹，可以推断我们的活动范围、出行规律、每日固定路线，甚至可以算出我们的年龄、职业、收入等，从而有针对性地给我们推荐相关的广告。我们平时在朋友圈看到的广告并不是随机投放的，而是微信根据从多方面、多维度所确定的消费人群而投放的。

三、群体聚类与用户画像

聚类（clustering），顾名思义就是"物以类聚，人以群分"，其主要思想是按照特定标准把数据集聚合成不同的簇，使同一簇内的数据对象的相似性尽可能大，同时，使不在同一簇内的数据对象的差异性尽可能大。通俗地讲，聚类就是把相似的对象分到同一组。以电视受众分析为例，聚类可以挖掘出哪些人群的兴趣偏好是类似的，进一步对各类观众进行观众画像分析，呈现出个性化的收视特征。通过聚类，我们不仅能够了解什么人在什么时候选择看什么节目，还可以向这些有共同特征的人群精准投放广告。

1. 满足用户的个性化需求

很多人手机里都安装有运动应用 Keep，这个以运动塑形为定位的 App 于 2015 年 2 月 4 日上线，是针对不同群体、不同场景、不同健身目标而开发的，致力于提供健身教学、跑步、骑行、交友及健身饮食指导、装备购买等一站式运动解决方案。Keep 已开设线下运动空间 Keepland，并发售 KeepKit 系列智能硬件产品，被 App Store 评为"2015 年度精选应用"。

 案例 7-7

以小见大，从 Keep 的产品分析中探讨健康类产品该怎么做

Keep 的诞生在某种程度上缓解了办公室一族久坐、不爱运动、缺乏锻炼、缺乏自律的现状。中国一方面有着庞大的人口基数，一方面又面临着老龄化加剧的困境。尽管医疗卫生水平在不断提高，但人们对健康医疗、健康服务的消费意识也在不断提高。无论是年轻人还是老年人，对健康都有自己的需求。对于年轻人来说是强身健体，塑形增肌；对于老年人来说是健康保健，延年益寿。庞大的用户人群及潜在需求都让健康服务行业的市场规模从 2013 年至今逐年增大，且增长迅速。

作为一个健身类软件，Keep 主要有"首页""计划""运动""商城""我的"五个页面。"我的""运动"两个页面的功能占到了整个产品功能的 80%。用户进入产品后，首先看到的是"运动"页面中的运动课程，并分割成了不同的种类供用户选择。

Keep 针对不同人群、不同器械、不同健身阶段的目标，对训练内容进行组合编排，为用户提供最广泛的健身场景。同时在运动中提供语音督导，自动同步进度，让用户不再需要在运动时背动作、记组数，只需要跟着 Keep 动起来就可以完成训练。

统计调查显示，在地域分布上，使用 Keep 的用户主要生活在一二线城市，如广州、深圳、北京。一二线城市生活节奏快，大多数人在快节奏的生活下都抽不出时间进行身体锻炼。与此同时，一二线城市的居民由于视野更开阔、思想更开放，对健康的需求比其他城市的居民更高。从用户的年龄分布可以看出：在使用 Keep 的用户中，超过 70%的用户年龄在 20~40 岁。其中 20~29 岁的用户占到了 40%，而 30~39 岁的用户占到了 30%以上。在一二线城市中，每年都会涌入大量的大学生以及工作的年轻白领（如北漂），但由于金钱（健身房价格贵）、时间（加班）、心理（下班后疲劳，运动意愿不大）的因素，他们更倾向于利用零碎时间在线上进行短时间的运动（如下班后走路/跑步回家，在家中进行燃脂训练瘦腿）。

从上面的分析我们可以看出，Keep 的用户群体主要是一二线城市的年轻白领，多为"90后"，消费能力中等偏高。于是我们可以将用户群体划分为以下几类。

（1）大学生群体：时间充裕，喜欢追求新鲜事物，处在爱美的年纪，男生希望拥有八块腹肌，女生希望拥有马甲线，对身体塑形有一定的追求，乐于展现自我，获取关注。

（2）运动入门人士：刚开始接触运动，有时间但不知道该怎么做，缺乏具体的指引。

（3）对身体健康状况感到担忧的白领：由于工作、生活的压力，身体有出现异常的前兆，但由于工作时间的约束，只能利用下班或者在家休息的零碎时间运动，对保持健康、调节身体状态有追求。

综合上述分析，Keep 作为运动类 App 的定位非常突出，根据不同用户需求设置课程类型和时间，有效满足目标用户的运动需求。并且，该软件也会形成与用户的长效互动机制，通过一定的奖励机制（发放徽章、奖牌等）让用户更加信任并持续使用。结合当下我国人口发展现状，Keep 未来的用户规模会逐步变大，消费人群不断增多，市场的潜力也会很大。

2. 满足用户的情感需求

用户画像如今是互联网领域内的高频词，作为一种勾画目标用户、联系用户诉求与设计方向的有效工具，用户画像在各领域得到了广泛应用。用户画像最初被应用于电商领域。在大数据背景下，用户信息充斥在网络中，各应用通过用户画像将用户的每个具体信息抽象成标签，利用这些标签将用户形象具体化，从而为用户提供有针对性的服务。用户画像可以使产品的服务对象更加聚焦、更加专注。在行业里，我们经常看到这样一种现象：做一个产品，期望目标用户能涵盖所有人，男人女人、老人小孩、专家小白、文艺青年……通常这样的产品会走向消亡。因为每一个产品都是为特定目标群的共同标准而服务的，目标群的基数越大，这个标准就越低。

当然，用户画像是虚构的角色，企业可以根据自己的业务指标创建用户画像，画像角色可以帮助我们了解用户的需求、体验、行为和目标。它可以帮助我们认识到不同的人有不同的需求和期望，也可以帮助我们识别出到底哪些用户对我们感兴趣。用户画像描述的并不是一个真实的人，而是用根据多个人的特点收集到的真实数据组合成的角色，用户画像在很大程度上为冰冷的事实增加了人情味。

　　用户画像提供了有意义的原型，我们可以使用这些原型评估自己的设计与开发。用户画像将帮助我们提出正确的问题，并从目标用户的角度回答这些问题。例如，"这些人都在想什么、感觉什么、做什么、说什么？""我们试图满足他们什么样的潜在需求？"描述画像应该包括用户的教育、生活方式、兴趣、价值观、目标、需求、限制、欲望、态度和行为模式等详细信息。

案例7-8

◆

喜欢熬夜晚睡的人们，究竟是怎样一个群体

　　熬夜的危害很大，如皮肤变差、水肿、容易发胖，导致第二天没有精神，等等，严重的话还可能导致猝死。中国心律失常联盟（A-A China）的数据显示，中国每年死于心脏性猝死的人数近55万，平均每天有上千人猝死，世界排名第一。对一些特殊行业的人来说，熬夜可能是一种常态，如医生、警察、程序员。但是，在熬夜这一现象背后隐藏了哪些本质的东西？熬夜背后是否有商机？通过对"熬夜党"生存状态的分析，我们可以得出更多具有人情味的答案：医生值夜班是常态，民警深夜出警是因紧急状况，学生熬夜可能是为了赶作业，等等。如果再将这些喜欢熬夜的人细分，可能会发现他们也并非必须熬夜，例如，学生可以合理规划时间，早早完成作业，甚至可以早点睡，早晨起来完成作业。

　　3. 满足用户的合理预测

案例7-9

◆

北上广的梦想比不上新一线的户口？

　　谷雨数据和腾讯新闻在2020年毕业季联合做了一项调查，发现当年的毕业生有了新的想法：毕业生不再首选"北上广深"；"有户口才有归属感"；薪资虽低，但安家较容易；"舒适的生活"与"发展机会"都在意。从数据来看，这届毕业生不再空谈梦想，盲目追求一线大城市。他们开始将种种现实问题前置，提早为未来做打算。户口、房子、票子，这些往往在"而立之年"才会提及的词语，开始频繁出现在二十出头的年轻人的口中。

早在 2020 年 2 月，人社部相关负责人就表示，"今年高校毕业生数量创历史新高，达到 874 万，比去年同期相比高了 40 万"。874 万，这是一个极其庞大的数字，虽然说每到毕业季，媒体就会使用"史上最难就业季""史上更难就业季"的标题形容就业情况，可前几年与 2020 年相比，不仅毕业生的总数没有 2020 年高，就业环境也要远远好于 2020 年，因此 2020 年恐怕真的是"史上更难就业季"。据教育部统计，2020 年高校毕业生人数约为 840 万，如果再加上出国的海归无往届生，那么需要重新就业的人数直逼千万大关。

果然，这个预测是比较准确的。由于受疫情影响，2020 年的春季招聘无法正常举行，无论是招录单位还是想求职的毕业生，都只能在家隔离，这就使大学毕业生找工作变得更为困难。另外，互联网上被炒得火热的"名校硕士应聘保姆"的消息让毕业生切切实实地感受到了生活不易、工作不易。

通过这些现实的数据和案例，很多学生也感受到了就业的困难，预计自己没有办法像往年的毕业生那样顺利求职。但是他们并不甘心被现实打败，选择考研、自主创业、互联网就业，甚至有的很快顺应了"地摊经济"的号召，加入摆摊大军。国家也适时推出了新的就业政策，在升学深造、就业渠道和就业服务等方面进行了支持。

通过现实的数据分析我们可以得到现象之外的一些内容，而不同的用户则会根据自己的情况得出不同的结论。要想透过现象看本质，需要用发展的眼光看问题，通过深入的数据分析进行合理预测，找出隐藏在市场现象背后的机会。数据意味着变化，从内容的获取到数据的分析是一系列相关联的内容。数据不是孤岛，内容也并不是与现实状况割裂的。我们需要认清现实，更加需要从历史的维度去解析。

习　题

1. 日常生活中可以从哪些渠道获取信息和数据？
2. 如何判断哪些内容是权威的，哪些内容是需要斟酌使用的？
3. 数据背后的意义是什么？我们如何分析热点事件的传播过程？
4. 用户画像是什么意思？如何应用？

实　践　任　务

选择几则网络热点新闻，针对以下几点进行观察并分析。

1. 这些数据从何而来？它对我们理解某一现象或者做某一件事有何指导意义？
2. 以往有没有类似的数据可以和现在的数据做对比？当前的数据案例是否关联了历史事迹？
3. 数据背后透漏出哪些内涵和意义？怎样从当前的内容中寻找更深层的含义？

案例讨论

"疫情下的匈牙利：店铺关门歇业，华人有家难回，匈牙利华商太难了！！"

"疫情下的土耳其：店铺关门歇业，华人有家难回，土耳其华商太难了！！"

2020 年 3 月初，在某些微信公众号上出现多篇涉及海外华人疫情的文章《疫情之下的××国：店铺关门歇业，华人有家难回，××国华商太难了！！》，文中的主人公都自称"王先生"（见图 7-19）。

图 7-19　以"华商太难了"为主题的相关文章

这位同时出现在全球各地的"王先生"，究竟是谁？

新冠肺炎疫情防控期间，福建福州警方重拳出击，一起编造涉海外华人疫情谣言的"网络水军"案真相浮出水面——除了"王先生"，还有"自我隔离"的"老黄"。

福建福州办案民警在深入调查中发现，近期网上出现的多篇文章中，除了"华商太难了"文章中的海外华人"王先生"，还有到全世界各地"自我隔离"的"老黄"。

多篇文章中提到的所谓"老黄"，同一时间出现在了南非、津巴布韦、土耳其、阿根廷、韩国等国家，称自己从中国回到定居国后决定"自我隔离"。

标题格式一样、内容一样、主人公一样，不同的是文章中的主人公同时出现在了世界各国。在福州网警看来，显而易见这些网络文章是有人别有用心编造的假消息。

福州市公安局网安支队二大队四级主管万超介绍，随着境外疫情的加速扩散蔓延，世界多国疫情呈现暴发态势，类似"王先生""老黄"这类的涉海外华人疫情谣言文章被大量转发后，国内很多网民无法辨别、信以为真，这些假信息还被传到国外媒体，进一步加重了海外华人的恐慌情绪，甚至导致大量海外华人争抢回国机票的情况。

据了解，针对这起谣言，微信公众号平台共计查删相关谣言文章约 100 篇，对涉及的近 50 个违规账号做了永久封停处置。"顺藤摸瓜"抓获犯罪嫌疑人。

这些编造涉海外华人疫情谣言文章的幕后黑手是谁？

疫情防控期间，办案民警克服种种困难、循着蛛丝马迹，加大互联网巡查力度，进一步展开调查。

办案民警通过对网上此类信息集中整理、分析研判后，溯源排查出一批发布该类信息的微信公众号。

……

本案例节选自澎湃新闻，原文网址为 https://www.thepaper.cn/newsDetail_forward_6938978。

思考：

日常生活中看到过哪些类似的案例？自媒体平台为何热衷于炮制此类信息？如何从浩如烟海的信息中得到可靠的、权威的数据？

参 考 资 料

[1] MILLS C W. 社会学的想象力[M]. 2 版. 陈强，张永强，译. 上海：生活・读书・新知三联书店，2005.

[2] 侯春在. 晕轮效应：教师评价行为中的态度误区[J]. 教育科学，2001，17（4）：43-45.

[3] 全国党政机关、事业单位互联网网站标识管理服务平台，http://biaozhi.conac.cn/.

[4] 中国互联网络信息中心. CNNIC 发布第 47 次《中国互联网络发展状况统计报告》[EB/OL]. （2021-02-03）. http://cnnic.cn/gywm/xwzx/rdxw/20172017_7084/202102/t20210203_71364.htm.

[5] 风雨无阻 奋勇向前：新华网 2020 全国两会大型融媒体专题[EB/OL]. （2020-08-30）. http://www.xinhuanet.com/politics/2020lh/index.htm.

[6] 光明日报. 一枝一叶总关情[EB/OL]. （2018-10-09）. https://epaper.gmw.cn/gmrb/html/2018-10/09/nw.D110000gmrb_20181009_4-01.htm.

[7] "河南省新冠肺炎疫情防控专题"第四十四场新闻发布会[EB/OL]. （2020-04-01）. http://jyt.henan.gov.cn/2020/04-01/1703910.html.

[8] 微信步数暴露太多秘密啦，你知道吗？[EB/OL]. （2018-11-30）. https://m.sohu.com/a/278797073_100225606.

[9] 马鞍山市教育局. 我市 3 月 2 日起陆续开学？马鞍山市教育部门回复了[EB/OL]. （2020-02-17）. https://www.sohu.com/a/373779343_120054360.

[10] 北京大学研究生院. 成绩查询、复试安排：请关注北京大学近期研究生招生相关工作安排[EB/OL]. （2020-02-22）. https://grs.pku.edu.cn/tzgg/326410.htm.

[11] 李论之. "得到 App"产品深度剖析[EB/OL].（2019-05-16）. http://www.woshipm.com/evaluating/2347380.html.

[12] Rambo 同学. 以小见大，从 Keep 的产品分析中探讨健康类产品该怎么做[EB/OL].（2020-07-03）. http://www.woshipm.com/evaluating/4065456.html.

[13] 北上广的梦想比不上新一线的户口？[EB/OL].（2020-07-27）. https://ishare.ifeng.com/c/s/7yRPSGHYUXO.

第八章
新媒体数据分析的高级应用

引言

　　随着大数据理念逐步深入人心，"用数据说话、用数据决策、用数据管理、用数据创新"已成为改善民生和治理国家的重要原则，大数据成为国家重要的基础性战略资源。党中央、国务院高度重视大数据的发展和应用。习近平总书记也强调"大数据发展日新月异，我们应该审时度势、精心谋划、超前布局、力争主动"。随着国家大数据战略的深入实施，数据资源的汇聚、打通以及关键技术和应用的不断成熟与发展，大数据已经成为数字经济的关键生产要素及核心内容。通过对数据进行有效采集、存储、处理、分析，挖掘数据价值、释放数据红利，大数据为数字经济持续增长和永续发展提供了可能，已成为强化民生服务的有效抓手。新媒体数据分析应用已经在社会民生的各个领域普及并不断创新，新产品、新模式、新业态不断涌现。本章将对新媒体数据分析在新闻传播、市场营销、政务民生等领域的应用展开探讨。

　　当前，我国经济正处在转变发展方式、优化经济结构、转换增长动力的重要时期，各行各业深入贯彻国家大数据战略，促进大数据产业高质量发展，推进大数据基础设施建设，实现大数据基础设施跨越式发展。在此过程中，新媒体数据分析关键核心技术的自主研发创新能力获得了提高，形成了一批满足重大应用需求的大数据先进产品、服务和应用解决方案，促进了数据分析在政务、民生等各领域的深入应用，为我国数字经济乃至实体经济的蓬勃发展打下了坚实基础。

　　在全球经济数字化浪潮的带动下，新媒体数据分析与各个领域的融合应用不断拓展。在新闻传播、市场营销、社会管理层面，各类主体尝到了与大数据融合发展带来的"甜头"。利用数据分析可以对各类行业进行市场需求分析、生产流程优化，提供智能客户服务，等等，这成为媒体、企业和政府部门解决相关问题、提升服务的重要推动力。随着大数据的潜力不断被挖掘，新媒体数据分析带来的益处和价值正在日益显现。

第一节　新媒体数据分析在新闻传播中的应用

在当下的媒介格局中，新媒体已然成为传播新闻信息的重要途径，而数据分析在新闻传播中的应用，则是借助各类数据采集和分析工具收集、整理、挖掘散落在社会信息文本"碎片"中具有新闻价值的资讯描述和意义表达。

传统媒体时代新闻的采集是通过职业记者进行采访调查等方式获取信息，而新媒体数据分析为新闻从业人员挖掘数据提供了全新的专业工具，从而展示一种从宏观与中观的层面对社会某一方面的趋势、动态和结构性的把握，以此发现新闻。

新媒体数据分析视野下的新闻传播应用包含两个层次的内涵：首先，它是一种新闻形态的创新，包括可视化信息、人性化嵌入；其次，它是一种全新意义上的内容创新，即通过碎片化的数据及文本的挖掘技术，创造新形态下的"减少和消除不确定性"的新闻内容。

一、新媒体数据分析对于新闻业态的革新

新媒体数据分析作为一种技术手段，将现实世界的数据通过一定的方式呈现出来，让新闻报道呈现世界的手段更加多元化。如果说以传统手段进行的新闻报道是手工版的绘画、素描，新媒体数据分析应用到新闻报道中则成就了全息、写实式的动态影像。基于"开放、关联、对接"的互联网逻辑，新媒体数据分析的应用也带来了新闻业态的革新，不仅包括产业结构，还包括生产机制、团队模式和用户体验等方面的改革。

（一）个性化信息推荐：新闻生产机制的颠覆性转变

大数据时代，人类获取信息所面临的一大难题是如何在海量信息中快速获取有用的信息。基于这一需求，个性化推荐这一应用机制因而诞生。个性化推荐是通过分析用户的注册信息、上网行为和社会关系等，挖掘其对互联网内容的使用习惯、喜好和潜在需求，通过信息聚合的技术手段，为用户生成符合其需求的信息，从而实现个性化的内容推荐和定制新闻发送，这对于传统新闻的生产机制是一种颠覆性的转变。

个性化推荐类新闻客户端——今日头条 App 打出口号"你关心的，才是头条"。在新闻的个性化推荐方面，它有两大特点。

（1）它是基于用户兴趣图谱分析的个性化阅读推荐。

（2）它本身并不生产新闻，而是对新浪、网易、腾讯等各大门户网站新闻内容的聚合平台，体现了个性化推荐机制对新闻生产机制根本性的颠覆。

今日头条基于大数据挖掘技术，通过对用户微博账号的分析建立一个"兴趣图谱"，即兴趣模型。其原理是根据用户在微博上发布的内容及其所属类别、用户标签、社交关系、社交行为、参与的群组、机型、使用时间等推断出用户的兴趣点。随后，系统后台做出分析，建立初始的用户兴趣 DNA 数据，并根据这些兴趣的权重来进行推荐。通过对网易、新浪等各大门户网站的新闻进行内容聚合，完成基于"推荐""热门""好友动态"三个

维度向用户进行包括资讯和评论在内的内容推送。今日头条应用的开发者张一鸣认为："所谓个性化推荐，本质上是不需要用户做出任何选择的……只有让用户越方便、越偷懒的应用，才能体现出真正的个性化推荐。"通过"社交数据挖掘+个性化推荐"的新闻生产和推送模式，给用户塑造了一种"更懂我"的使用体验，同时也使整个新闻生产流程显得更智能。

当然，今日头条所采取的个性化推荐机制也有其不足之处：一是体现在新闻缺乏原创的独家报道；二是重复性很高，时间序列不够清晰；三是缺乏专题报道和深度报道。在个性化阅读推荐的道路上，今日头条已经迈出了关键的一步，然而在专题内容的窄深化方面、在基于不同场景的个性化需求方面以及用户对于社区认同感和归属感的塑造方面，还有很长的路要走。另外颇有争议的一点是，今日头条基于数据挖掘和分析的信息采集方式容易引起内容版权之争。例如2014年5月，《新京报》就起诉今日头条不经过允许擅自转载该报的内容。因此，如何设计新的盈利模式，在与传统媒体的利益分配上达成一致，也是个性化推荐所要兼顾的。

（二）"数据团队+新闻团队"：媒体机构的跨界融合

大数据分析技术的运用促进了不同行业、不同领域、不同终端的数据交换和相互融合。传统媒体联合新媒体正在打造的云计算和全媒体平台，能够为大数据分析和数据驱动的生产建立庞大的数据库基础和通畅的信息交流整合渠道，同时还可以对数据进行二次价值的挖掘。传统媒体在向商业公司体制转变的过程中，可以利用大数据分析，从社交媒体、移动媒体这些跨媒体终端上采集评论信息和使用信息，如点击率、转发率等数据，分析受众偏好，把握市场脉搏。例如，通过数字电视机顶盒，可以实时监测电视家庭用户的电视使用频率、频道访问率、节目收视率甚至电视互动服务的使用情况，从而定期回收大量的数据流用于数据分析。国内一些大型的视频网站更是早已开始在这方面寻求突破。例如，优酷土豆的搜索平台拟挖掘和推算出4亿多视频用户的浏览行为数据；搜狐网站正着手搭建基于云计算的大数据平台，将旗下数据资产全面打通整合，获取每月9亿多人次的用户数据资产。

这样获得的数据比只从市场调研更全面而且真实，因为文件调查难免会受到调查者或被调查者个人主观意识的影响，产生的数据结果难免会与实际有偏差；而大数据分析基于客观的数据挖掘，如果能把大数据分析和市场调查结合起来，会得到更精确的结果。

而新闻媒体的传统编辑团队在运用大数据分析技术方面，还面临着很多挑战：数据的来源、加工和挖掘都需要专门的技术人才和设备。跨界合作成为当下大数据时代更为适合的工作方式，在媒介内部也要模糊部门之间的界限。正如《纽约时报》的《创新报告》所倡导的那样，要把原本区分采编部门和其他运营部门的墙推倒，加强采编部门和客户服务、技术应用与设计、数字挖掘、产品研发这些部门的协同合作，产品第一、部门第二。简言之，就是要把各部门进行融合，让数据团队入驻新闻编辑部。这里的数据团队，指的就是基于各部门融合的、跨领域合作的数据新闻生产团队。澳大利亚全国广播公司（ABC）组建了包括网页开发及设计人员，数据采集分析人员，数据挖掘、图形可视化的技术人员等七类人在内的数据新闻团队，完成从传统新闻编辑团队向数据新闻编辑团队的转变。这不仅可以降低成本，而且可以通过合作碰撞出新的火花。央视在 2014 年推出的"据说春运"系列节目，就是央视与百度搜索合作制作的大数据新闻报道，央视负责专题选定和新闻制作，百度负责数据采集和挖掘，这对双方都是利好的事情。近年来推出的"据说两会""据说就业"等也证明了这种跨界合作的可持续性和良好的合作前景。

除了推倒新闻编辑室的那堵墙，让新的数据团队主导新闻生产，从媒体自我颠覆的层面来说，还需要加强跨界合作，与社会化媒体、移动互联网结合起来，把不同行业、领域和终端的数据聚合，进行关联分析和价值挖掘，增强媒体融合及跨界合作，加速产业升级。

（三）"传者中心"转向"用户中心"：用户层面的变化

信息获取方式的多元化与信息的易得性使得信息与媒体出现"富余化"倾向，信息生产的单位成本不断降低，信息的供应量以每年 8%～10% 的速度快速增长。媒介市场从"传者中心"向"受者中心"转变，信息的供应格局也从供不应求的卖方市场主导开始变为供过于求的买方市场主导。表现在新闻报道领域，即对数据进行筛选、整理和挖掘后转化为满足不同层面受众需求的细分化、定制化的新闻资讯，借助新媒体平台，以直观、易用的形式向公众提供互动式服务，满足公众日益增长的知情、监督和选择的需求。

转变为以用户为中心的传播模式后，用户的体验和反馈对媒体的改进变得尤为重要。因此，通过跨媒体的平台收集用户意见，通过关联分析分析受众需求、偏好及行为模式，是提升用户分析价值、增强用户体验满意度的有效途径。

二、新媒体数据分析对新闻传播领域的功能与价值

大数据时代，数字内容生产和数据挖掘分析成为常态。在新闻传播领域，新闻报道的功能和价值发生了新的变化。在功能与价值层面，数据分析让新闻报道超越了传统媒体的环境监测、社会协调、文化传承和娱乐等基本功能，基于数据挖掘和分析，尘封的历史数据、混杂无序的数据焕发出新的活力。

（一）通过新媒体数据分析重构、加工历史数据

在一些大数据新闻中，数据来源于政府、专业机构、社交媒体等平台。这些数据好似隐藏的宝藏，需要懂得数据分析的专业人士进行挖掘。通过细致的数据分析，挖掘出公共数据、原始数据之间的关联，唤醒这些历史数据的活力，反映事实的主干和基本逻辑，最终为受众呈现事实的真相。数据新闻以平民视角、公众视角记录社会发展，用数字让新闻活起来，用技术让新闻动起来，构筑公众的共同记忆。

2020 年新冠肺炎疫情期间，各大媒体充分利用大数据解读疫情动态、普及防疫知识，让公众看得见新闻，看得懂新闻，看得进新闻。澎湃新闻"美数课"栏目于 2020 年 2 月 13 日发布的《数说 | 武汉现有多少床位来应对新冠肺炎疫情？》就通过数据地图的方式把武汉 15 所方舱医院的位置以及床位数清晰呈现出来，还以折线图的形式呈现武汉市定点医院和开放床位数量变化，把武汉抗疫一线的最新情况呈现在全国公众面前。除此之外，该栏目提及就业 12 次、报告 10 次、民法典 9 次、消费 7 次、经济 7 次，报道民众关心的

社会公共事件。新华网"数据新闻"2020 年 5 月 22 日推出的《看这儿，2020 年政府工作，心中"有数"》通过数据串联起我国政府工作报告，让公众对国家工作做到了心中有数。

另外，新媒体数据分析的价值来源于对混杂的、非结构化的数据进行二次加工和关联挖掘，从而发掘数据背后隐藏的新闻价值，而通过数据分析形成的数据库则能够成为其他媒体或机构的数据源，具有了再生的价值。《卫报》的"数据博客"（Data Blog）和"数据商店"（Data Store）就是如此。"数据博客"通过众包的方式生产新闻，然后把所有经典的案例和数据进行汇总，生成电子书和专业数据库。专业数据库可以免费访问，是作为公益性质的内容而存在的；电子书则放在网站出售，要付费购买。虽然这种基于数据新闻报道的加工和售卖模式尚处于初期，但无疑为大数据新闻的商业模式开发提供了范本。

（二）通过新媒体数据分析挖掘主体的关联性

新媒体数据分析的另一个功能在于透过纷繁复杂的数据，挖掘数据之间的关联性，寻求主体的内在联系。传统新闻通过信息"碎片"呈现现实世界，人们只能通过仅有的信息管中窥豹，这种情况下的事实判断难免失之偏颇。而数据新闻则通过数据将无数个"碎片"拼接起来，形成一幅完整的画卷，有如"上帝之眼"，开启了人类认识世界的新维度。

澎湃新闻"美数课"在 2020 年 7 月 23 日中国火星探测器"天问一号"发射当日发布《天问·探路火星｜火星探测 60 年，人类的好奇心走了多远？》数据新闻，紧密贴合热点，从地火数据对比、人类火星探索历程方面，以视频方式带领公众梳理了人类探索火星的 60 年。数据新闻透过表象寻找新闻主体间的潜在联系，发现更多规律并形成结论，在传播深度知识方面蕴含巨大的能量。新华网"数据新闻"2020 年 8 月 31 日发布的《密云水库建成 60 周年——南水北调中线一期工程通水进京图鉴》就用时间轴的方式把北京市南水北调工程全过程进行了梳理，公众在时间线上可以清晰地看到南水北调这些年带来的变化。从碎片记忆到共同记忆的过程就是数据新闻对现实世界的构筑，而这个共同记忆也会在进一步传播中上升为大家的共享记忆，成为记录时代的人类记忆。通过数据的提取和再生产，数据新闻赋予了数据生命，也打开了人类认识世界的新维度。

（三）通过新媒体数据分析构造"数据闭环"

在新闻传播领域进行新媒体数据分析必须有专业的结构化数据库做支撑，只有这样才能保证新闻报道的客观性和真实性。数据库可以来源于多种渠道：一是公共数据，主要来自政府网站或工作报告、企业网站、科研机构和专业调研机构的公开数据等权威渠道；二是媒体资料数据库，主要是媒体自身在长期的新闻报道中积累起来的新闻报道素材和数据等信息；三是受众的个性化数据，主要来自社交媒体和移动媒体，包括用户发布的内容及其所属类别、个性标签、社交关系、社交行为、加入的朋友圈和地理信息等，这些都是个性化的多维数据，能够深入以前新闻报道所无法抵达的行为分析、情感分析、心理分析和社会分析的深层；四是在未来，随着可穿戴设备和物联网的发展，可以随时捕捉传感数据，这将给数据分析和应用带来更大的挑战。基于这些渠道来源，可以建立高品质、结构化的专业数据库，为大数据新闻报道打下良好的基础。

以上提到的分类数据库中，知名的有官方数据门户 data.gov（美国）和 data.gov.uk（英国）等。受美国及英国政府启发，越来越多的国家开设了数据门户网站，鼓励公众对政府数据的再利用。在这些官方的数据网站上，公众可以找到权威的、实时更新的最新索引信息。除了官方数据库，还有一些社区或专门机构开设的开源数据网站或数据软件网站，例如数据港（The Data Hub）就是一个由开放知识基金会运作的社区推动型（community driven）数据资源网站。再如在线工具 Scraper Wiki，其目的是简化有用数据的提取，使这些数据便于应用到其他应用程序，或者提供给记者和研究人员。这些数据提取网站及其数据库大多数情况下都是公开的，可以重复使用。

在这个数据就是生产资料的时代，如何对数据进行循环利用也是数据挖掘与分析的一个重要议题。"数据闭环"指的是从数据的生成、采集、聚合、集成到数据挖掘和分析的过程中，由各种数据来源、数据采集方式、数据库、数据挖掘技术、数据模型和数据产品组成的一个环状数据运营体系。大数据新闻的核心价值在于数据，而数据价值的挖掘不仅仅局限于一次性的价值挖掘，也可以是基于对数据的循环利用。数据库本身需要不断更新和完善，数据挖掘也是如此。因此，如果能够建立一个可再生的数据循环体系，采集数据、运营数据、创造数据产品和模型，再反过来基于数据模型培养新的数据，同时完善旧的数据，以数据"养数据"，就能打造出数据新闻循环生产体系，同时也会形成数据自然生长和循环利用的密闭型生态系统，使数据闭环"转起来"。这种基于生物逻辑的数据循环和生产方式，会赋予大数据新闻持续的创新动力，从数据决策到数据挖掘皆如此。

三、大数据新闻——新媒体数据分析在新闻传播领域的典型应用形态

一方面，在大数据时代，来自政府机构、媒体、企业的数据正以前所未有的量级单位飞速增长；另一方面，来自移动互联网终端的用户数据、地理信息，来自社交媒体平台上的内容信息、关系数据等，都大大丰富了新闻报道的数据来源。以往相对简单的数据调查和量化分析已经难以满足海量数据处理的需求。随着物联网技术的发展，信息数量的增长将超乎人们的想象，这也对数据处理技术和能力、不同领域的跨平台合作提出了更高的要求。在原有深度报道的基础上，基于大数据的深度分析和关联性解读，新闻报道将会越来越注重数据驱动型深度报道和趋势预测型新闻分量的增加。

（一）大数据新闻："悦读"体验+定制内容+预测性报道

大数据新闻是基于大数据分析思维的新闻报道，是数据驱动新闻更高一级的形态，代表了未来新闻发展的一种趋势。随着大数据分析在信息提纯和数据挖掘技术方面的提升，新闻生产在广泛嵌入和规模化处理信息方面的能力也水涨船高，会把媒体报道的范围和创造性提升到前所未有的新水平，并以实践项目促进新闻职业理念创新。这种创新维度主要表现在数据驱动的调查性新闻、数据可视化叙事、数据驱动的应用三个层面。从社会表层现实的关注到社会深层现实的挖掘这一新闻报道的转变，有助于提供可靠的洞见和预测。可视化新闻叙事可适应受众理性认知和感性认知整合的需求。社会科学研究的方式会促进对事实及其背后的联系的探寻，采用的数据和分析数据的技术都是相对公开和客观的，这

有助于媒体建立面对复杂社会问题时进行新闻报道的透明性。

大数据新闻是基于互联网逻辑的新闻报道，将逐步走向跨领域、跨平台的开放式、众包式合作生产，并将从目前先锋实验性质的形态转变为新闻报道的常态。新闻内容的价值来自对数据价值的深度挖掘和关联性分析。大数据新闻的关键不在于数据本身，而在于用数据讲故事的能力，在于能否基于读者的不同的地域和兴趣图谱进行个性化推荐和新闻定制，以及对未来趋势的预测性报道三个方面。当新闻阅读变成更加愉悦的体验，当定制新闻成为受众接收新闻的常态，当新闻报道可以对事件发展趋势做出更精准的预测时，大数据新闻的春天才算真正到来。

（二）继承：新闻要素皆可量化，内容基于数据分析

数据新闻使得新闻报道出现多种可能，源于新闻要素皆可数据化：在大数据领域，一切皆可量化，包括文本信息、方位信息、行为信息、情感信息、心理信息和关系信息等。例如，维基解密网站将伊拉克战争中每一名阵亡将士的死亡地点进行标注，将方位信息数据化；开源平台 Behavior 应用通过收集手机等传感器信息流并制表分析，实现人类的行为信息数据化；为探究桑迪飓风之后人们的普遍情绪，Twitter 开发的插件将文本数据分析及上亿鼠标点击量整合到坐标图中，呈现出接近全样本的情绪状况，将情感信息数据化，挑战了传统媒体"街采"随机抓取的单独样本的说服力。

（三）超越：更真实、更客观、更易读

迄今为止，尽管大多数媒体都有诸如精确新闻这样利用数据来做调查性报道的栏目，但大数据技术的运用仍将使传统的精确新闻栏目或节目面临挑战。媒体需要在原先精确新闻的基础上进行升级，进一步挖掘数据中隐含的深意和价值。为了满足受众对新闻信息的深度需求，有必要以数据信息为出发点深入采访，探索隐藏在表象背后的深层含义。记者应围绕数据多问几个 why 和 how，通过深入挖掘背景事件，采访具有典型性的相关人物，在社会的多元关系中探求数据背后的深层本质。在大数据新闻中要避免的是，生动的社会生活变成了文章中的一个个简单变量。这就要求新闻工作者不能仅用数据说话，而应当始终以受众的需求为中心，生动具体地反映社会深层事实，表现数据后面的人性人情。

（四）大数据新闻的形态

1. 计算机自动生成新闻和人机互动新闻

计算机自动生成新闻即以事先设定好的算法和专业数据库为支撑，由计算机自动抓取相关数据并生成新闻报道的新闻生产方式。在大数据时代，这种即时、高效的新闻机器自动生成新闻的方式在体育、金融、科技等专业领域已经获得了广泛应用。

从 2006 年开始，国际金融资讯服务商汤森路透就一直在利用计算机生产部分新闻，根据设定好的算法，以庞大的数据库为支撑，"电脑写手"通过调用数据库中的史料，可以立刻判断一家公司的业绩是高于还是低于预期，并在上市公司公布业绩后 0.3 秒就发布一篇报道。最重要的是，这样生成的报道没有任何错误。对于追求短、平、快的金融资讯报道来说，这无疑可以在时效性的追求上达到质的飞跃："市场对速度的追求反映了自动交

易的增长。许多对冲基金都希望获得可以嵌入程序并用于交易的直接新闻供稿。"虽然汤森路透集团本身拥有超过百名记者组成的新闻业务团队，但加入计算机自动生成新闻的环节，一方面可以节约成本，另一方面也可以大大缩短向客户传递实时消息的时间，面对彭博社、道琼斯等竞争对手，可以在提高金融新闻的时效性方面抢占先机。

目前，许多媒体也开始尝试以计算机程序独立或人机互动的形式完成某些专业领域的报道。不过这种数据驱动的新闻应用程序仅局限于时讯类的报道，在调查性报道和深度报道方面，仍然无法替代真正的记者。计算机自动生成新闻或者是人机互动新闻可以在某些特定报道方面节约成本，提高时效，但只能作为辅助方式，可以在一定程度上把记者从繁重的工作中解脱出来，使他们有更多的时间进行更深层次的报道，同时也可以增强新闻工作的趣味性。

2. 预测性新闻

从调查性报道到精确新闻，以往的新闻选题主要基于正在发生或已经发生的事实，但大数据技术驱动的众包、众筹式的生产方式已经对专业媒体这种传统的报道方式形成巨大的挑战。

大数据的采集和使用将帮助新闻工作者准确预测正在发生甚至还未发生的事件，并帮助创建有依据的预测性新闻报道。2016年，数据新闻、计算新闻学将在财经新闻、新闻世界、医疗新闻、天气新闻等方面触发新的新闻变革。

"通过大数据技术的使用，新闻工作者将能够准确地做出预测，甚至能够有依据地写出第二天的新闻头条和报道。"Twitter 的联合创始人 Biz Stone 讲过一个故事：有一次，他通过一条推文得知在距他本人 60 千米外的南方某处发生了地震，在几秒钟之后，他才真正感觉到了这场地震。这个故事说明了数据信息采集的力量，数据可以让我们洞察一些甚至我们自己还没有意识到可能会需要的东西。通过对大数据的采集和分析，人们可以预测事情的发生。当前，数据新闻已被广泛使用，计算新闻学也已越来越普遍，通过大数据技术的应用，新闻工作者能够准确地做出预测，并据此生产第二天的新闻头条和内容。

传统媒体借助互联网公司卓越的信息采集能力和数据分析技术，对新闻业务进行方向性调整，促使新闻报道向数据驱动型深度报道和趋势预测型新闻的方向倾斜，重新占据一个新的制高点，对传统媒体的价值进行重塑。虽然深度报道、全面调查仍然是精确新闻报道的永恒追求，但与以往建立在个体记者或者新闻团队基础上的调查性报道不同的是，未来越来越多的深度报道和调查性报道将由数据驱动，或者基于大型数据挖掘与分析对事件发展趋势进行预测性分析。

第二节　新媒体数据分析在商业营销中的应用

大数据时代，数据分析在商业营销中的应用越来越广泛，大数据营销借助数据分析达到了传统营销无法企及的"一对一"精准营销，这也是大数据受市场青睐的原因。大数据使得企业的营销行动目标明确、可追踪、可衡量、可优化，造就了以数据为核心的营销闭环，即消费—数据—营销—效果—消费。商业营销与数据分析相结合，主要是通过大数据进行数据分析，得到消费者的偏好；根据得到的市场偏好分析表，让企业有规划地设计产品进行售卖。但是，利用数据进行商业营销最主要的目的是通过数据的分析得到一定的结论，找准用户的痛点切入市场，迅速地占领市场，以得到相应的经济利益。

数据分析是大数据作用于商业模式的核心过程。通过数据分析，从海量商业数据中揭示隐含的、先前未知的并有潜在价值的信息，是当前商业领域研究的核心方向。建立科学的营销数据支撑体系，是保障企业营销决策科学性的重要基础。从商业角度来看，新媒体数据分析是一种新的商业信息处理技术，其主要特点是对商业数据库中的大量业务数据进行抽取、转换、分析和其他模型化处理，从中提取辅助商业决策的关键性数据。策略制定、实施的科学化是大数据提升商业营销的应有之义。新媒体数据分析带给企业经营决策的提升就是通过科学的分析结果，让成本更低廉、决策更理性、管理更高效，进而引发了几大变革。

一、营销思维的变革：从传统数据库营销到大数据库营销

数据收集（即数据接口）是大数据时代影响商业模式的基础。企业拥有可控、可靠、准确的数据入口，通过高度自动化地分析企业的数据，做出归纳性的推理，从中挖掘出潜在的模式，帮助决策者调整市场策略、减少风险，做出正确的决策，这就把握了商业战略决策制胜的可能。

在信息透明、市场竞争异常激烈的今天，产品同质化的现象非常突出，消费者的选择众多。如何吸引消费者购买企业提供的商品，是商家不得不面对的重要问题。而从消费者心理来看，在买方市场背景下，消费者对消费体验的要求已经不仅仅局限于以往"使用"的程度，而是更多地注重"享受"，在追求性价比的同时，还要具有个性化和独一无二的特点。大数据顺应了消费者这一需求的改变，对产品细分的要求做出了新的发掘与诠释。这对于传统的"商家提供什么，消费者只能选择什么"的被迫式接受的商品供应方式来说，无疑是一次全新的革命式的颠覆。

数据库营销是营销领域的一次重要变革。企业通过传统的电子邮件、信件、电话、入户访问的方式，深度挖掘和维护客户关系，收集和积累消费者的大量信息，经过处理后预测消费者有多大可能购买某种产品，同时利用这些信息给产品精确定位，有针对性地制订长期的营销活动计划，以达到说服消费者购买产品的目的。

传统的大众化营销通常是以产品为中心的营销，一般进行的是定量分析，而不会像数据库营销一样对所有的相关数据都进行归纳分析。数据库营销使企业从规模营销转向一对一营销，即个性化营销，为每个顾客提供独特的产品。有效的数据库营销可以提高营销效率，凸显企业与顾客关系的价值，建立长期的顾客忠诚度，并增加长期利润。

当下移动互联网、电子商务领域，来自移动端、PC端、传感端的用户数据量正在海量增长，诸如Facebook、沃尔玛等公司的数据库规模就达到PB级。在过去的几年中，美国15个重要经济行业中，员工人数超过千人的店面，平均拥有超过235 TB的数据量，这些数据甚至超越了美国国会图书馆。传统的数据库营销有了新发展，进入了大数据库营销时代。从既有行为模式的挖掘，到未来可能性的预测；从被动接受用户关系数据，到主动通

过社交媒介和搜索引擎基于复杂算法挖掘。数据挖掘自动在大型数据库中寻找预测性信息，以往需要进行大量手工分析的问题如今可以迅速直接由数据本身得出结论。一个典型的例子是市场预测问题，数据挖掘使用过去有关促销的数据来寻找未来投资中回报最大的用户，其他可预测的问题包括预报破产以及认定对指定事件最可能做出反应的群体。通过分析海量的相关数据，还可以发现并总结出消费者的消费习惯，根据消费者的习惯进行预测，设置特定的场景激发消费者的购买行为，从而提升企业产品的销售量。

沃尔玛利用天气预报提前安排商场里的货架布置，并根据经济数据设计打折促销的计划；约会网站 Match.com 利用用户在网页访问的习惯判断谁和谁更合适；谷歌发布的房屋价格搜索曲线图已经被证明比政府机构发布的房屋价格指数更能精确地反映房地产市场的冷暖。各行各业里的一些先知先觉者已经从与数据共舞之中尝到了甜头，而越来越多的后来者和新进者都希望借助云计算和大数据的这波浪潮撬动原有市场格局或开辟新的商业领域，这也难怪麦肯锡称大数据将会是传统四大生产要素之后的第五大生产要素。大数据时代的商业革命风起云涌，如何善用大数据作为杠杆驱动市场营销、成本控制、客户管理、产品创新和企业决策，进而激励新的商业模式和创造新的商业价值，是这个时代给予我们的机遇，同时也是挑战。

二、数据营销工具的变革：从粗线条营销到精细营销

大数据研究在分析工具即方法论上需要解决的课题，首先是如何透过多层次、多维度的数据集实现对于某一个人、某一件事或某一种社会状态的现实态势的聚焦，即真相再现。其中的难点就在于，人们需要洞察描述一个人、一件事以及一种社会存在状态的关键维度，这些维度之间的关联方式是怎样的等。

其次，如何在时间序列上离散的、貌似各不相关的数据集合中，找到一种或多种与人的活动、事件的发展以及社会的运作有机联系的连续性数据的分析逻辑。其中的难点在于对离散的、貌似各不相关的数据如何进行属性标签化的分类。概言之，不同类属的数据集的功能聚合模型（用于特定的分析对象）以及数据的标签化技术，是大数据分析的技术关键。

目前，数据营销工具已由传统的粗线条营销转为精细营销。例如，专卖店中，通过服装模特头上安装的面孔识别以及微表情分析仪器，可分析路过的消费者的情感与态度。当你经过贝纳通店，你的个人信息会被"偷窥扫描"。最近高端品牌零售商开始采用眼动（eye see）人体模特，模特头部装有摄像头，可捕捉走过这个模特的人的影像，随后用面部识别软件对顾客的年龄、性别和种族进行分析。零售商通过累计这些顾客的"微数据"精细调整销售策略，迎合市场。

"互联网+"的新时代，是创新 2.0 下的互联网发展新形态、新业态，是知识社会创新 2.0 推动下的互联网形态演进。客户所要求的已经不仅仅是产品和服务，更是消费体验的便捷和舒适。推荐引擎的优化，首先就是精确推荐广告的实现。以淘宝为例，只要用户登录了淘宝网站，并浏览过某种类别的商品，那么以后无论身在何处、用任何的终端登录含有淘宝广告推荐插件的合作网页，都会自动显示与用户关注的商品相关的商品信息。例如，

用户要买一台冰箱，近期浏览了淘宝网关于冰箱的网页，那么阿里巴巴的数据库系统就会自动截留和统计用户所浏览的物品的种类和价格区间，经过科学计算后保存为用户的个人消费习惯，从而知道在下一次以任何拥有可以识别身份信息的终端登录网页时，自动根据以往的商品信息浏览情况，弹出与消费习惯一致的相关商品的广告推荐。同时，广告的精确投放也使企业无须在非潜在的消费者身上浪费成本。

精细营销让网络广告的信息模式也随之发生了巨大变化。特别是随着移动互联网的兴起，App、H5、二维码、LBS 已经开始成为众多常规技术和功能之一。在这些技术基础上，人与媒介产品的互动扩展为人与空间、外部信息、媒介产品的全方位互动，大大提升了营销覆盖范围和想象空间。

当网络广告信息传播模式发生深刻变革时，其投放模式也将随之改变。根据网络广告管理和投放的过程，广告投放模式可以划分为三种：广告经纪人模式（broker model）、门户模式（portal/publisher model）和广告主模式（advertiser model）。随着网络信息的爆炸式增长，搜索引擎越来越成为受众搜索的重要入口。于是基于搜索引擎的用户行为数据以及连接网站媒体资源的搜索联盟就具有较高的价值，其结果便是在上述投放模式的基础上，产生了新的广告运作投放模式——广告网络模式，即利用新技术对接广告主网络营销需求和媒体流量变现的一种手段。

"'任何人'在'任何地点'和'任何时候'获取'任何想要的东西'，这是所有媒介在数字化时代发展的内在驱动力和终极目标。在融合过程中产生了两种相反的分工形态，一方面，产业链上的角色增多；另一方面，对分工的要求更加精细化。"与广告网络模式相比，实时竞价模式（RTB）在产业链上的角色明显增多，主要有以下几个：一是供应方平台（SSP）。供应方平台能够让出版商也介入广告交易，从而使它们的库存广告可用，在此可将其看作媒介资源的聚集。二是需求方平台（DSP）。需求方平台允许广告客户和广告机构更方便地访问，以及更有效地购买广告库存，在此可将其看作广告主的聚集。三是数据管理平台（DMP）。数据管理平台能够帮助所有涉及广告库存购买和出售的各方管理其数据，更方便地使用第三方数据，增强它们对所有这些数据的理解，传回数据或将定制数据传入某一平台，以更好地进行定位。

在以上三个平台的基础上，实时竞价允许广告买家根据活动目标、目标人群以及费用门槛等因素对每一个广告及每次广告展示的费用进行竞价。一旦竞价成功，广告就会立刻出现在出版商的网站中，并且这一技术可以嵌入上述任何一个平台。当供应方平台、需求方平台、数据管理平台与 RTB 技术结合在一起时，便形成了开放的广告交易平台，即一个能够将出版商和广告商联系在一起的网络广告市场。三大平台通过准确定位、提高效率、降低成本来解决广告主所面临的营销问题。在这个过程中，各产业链环节的分工也更加精细化，因为面对庞大的原始数据，需要有强大的云处理平台进行计算，需要有适合特殊业务的核心算法，需要有高效的营销平台，需要有将挖掘出的内容应用到具体营销策略中的营销能力，也需要拥有将数据价值融入市场、销售、运营、产品各个环节的专业团队。而任何人、任何机构或企业都无法独自响应大数据，需要将"大数据"变成人们能够决策和使用的"中数据"和"小数据"，这就是广告网络和 RTB 模式产生的基础和重要推动力。它需要各个平台在各自的专业领域各司其职，然后在开放的广告交易平台上合作。如今，

RTB 在国内 DSP 市场快速发展、服务商大力推动的情况下得以快速发展，媒体不再成为中心，人群识别和实时竞价成为关键，真正开始实现面向用户的精准营销。

三、市场预测层面的变革：从既有行为模式的挖掘到未来行为的预测

随着大数据时代的来临，几乎所有 IT 互联网巨头都在捕捉用户行为信息并尝试进行分析，将每一个人的行为完整捕捉，挖掘用户的行为习惯和喜好，从凌乱纷繁的数据背后找到用户的兴趣和习惯，据此对产品和服务进行有针对性的调整和优化。因此，在大数据时代，最了解用户的人，不再是他周围的亲人朋友，而是从事大数据营销分析的公司。通过 Cookie、E-mail 以及各种账号之间的关系，看似零散的互联网信息碎片都会被串成一条线，结果是，一个人的喜好、搜索引擎的查询记录、每一次网络发言和回复、下载的软件、买过的商品、朋友关系、社会关系、过往经历等，都会被收集和提取，并通过特定算法，判断这个网络人的性格、收入，甚至正在思索的问题。

2012 年，在麻省理工学院的社会网络中的信息和决策跨学科工作室，研究者开发了一种提前数小时就能预测哪些话题会在 Twitter 上传播流行的算法，同时这一研究成果也提供了一种针对随着时间而波动的数据的分析技术。麻省理工学院副教授戴维·哈特（Devavrat Shah）和他的学生称，他们新的算法在预测 Twitter 热门话题时，准确率在95%以上，而且平均比 Twitter 官方热门话题出来的时间早 90 分钟，甚至有些热门话题能够提前 5 小时预测出来。这种算法首先会分析大量的样本转发，其中包括未来有可能成为趋势的，也包括单纯的个人推文，然后将分析出的信息和不断出现的样本转发进行各种形式的比较，以发现它们之间是否存在某些会使此话题快速增长的因素。如果后来不断出现的样本转发和之前的样本转发有很强的关联度或"爆发"过程，那么这类话题就很有可能形成一个趋势。这种算法没有时间的限制，可以分析任何时间出现的任何话题，就像不停变化的股票市场、电影票价或每个人的乘车时间一样，Twitter 上任何随机发生的话题，都可以拿来分析。分析的结果，不仅能预测热门话题的趋势，还可以帮助品牌推广或营销人员确定人们的关注点。

全球复杂网络权威巴拉巴西认为，93%的人类行为是可以预测的。当我们将生活数字化、公式化以及模型化的时候，我们会发现其实大家都非常相似。生活如此抵触随机运动，渴望朝更安全、更规则的方向发展。人类行为看上去很随意、很偶然，却极其容易被预测。剑桥航空研究机构的总裁利用 R 语言分析了消费者在 Twitter 上公开表达的对几家主要美国航空公司的态度倾向，分析出的航空公司用户满意度与美国用户满意度指数（ACSI）的调查结果非常接近。

一般而言，网络痕迹数据包括两类：网络基本数据和网络行为数据。网络基本数据包括位置信息、注册信息、设备型号等；网络行为数据包括浏览、点击、搜索等。大数据时代，这些数据可以取得并相互关联，通过对于这些数据的分析，社会化媒体时代结合大数据技术，将传统注重事件因果的数据库营销，变为注重关联因子的大数据营销。在大数据时代，信息急速聚集，我们可以对这个理想状态退而求其次——大数据时代最大的转变就

是，转变对因果关系的渴求，退而求其次去关注相关关系。也就是说，只要知道"是什么"，而不需要知道"为什么"。这就颠覆了千百年来人类的思维惯例，对人类的认知和与世界交流的方式提出了全新的挑战：大容量，不再是随机样本，而是全样本的所有数据；多样性，不是精确性，而是混杂性；高价值，不仅仅注重因果关系，而且同样看重相关关系所带来的价值。

相关关系数据预测最著名的案例是舍恩伯格在《大数据时代》中提及的美国塔吉特公司（Target）的预测。2012 年年初，美国一名男子向他家附近的塔吉特店铺抱怨他 17 岁的女儿收到了婴儿尿片和童车的优惠券。店铺经理不知道发生了什么，表明那肯定是个误会。然而，经理并不知道这是公司运行大数据系统的结果。一个月后，这个愤怒的父亲来道歉，因为塔吉特发来的婴儿用品促销并不是误发，他的女儿的确怀孕了。与此类似，一家美国零售商发现，两个不同变数之间存在着某种有趣的联系，当天气变冷，肉桂葡式蛋挞的销量上升了 500%（并非所有葡式蛋挞的销量都上升，只有肉桂这一个品种的销量上升了）。面对这种零星数据，零售商要做出抉择，每当天气即将转冷时，预测应该储备多少肉桂葡式蛋挞。挖掘大数据库中的相关关系，要基于更加复杂的算法与分析模型。我们不仅要通过数据了解过去发生过什么，现在发生了什么，更重要的是预测未来将要发生什么，并在此研判的基础上采取适宜的准备和主动的行为。

案例 8-1

--◆

亚马逊对于实时竞价产品的数据分析运用

四、用户数据类型的变革：从属性数据到多维数据

大数据的"大"，不少人认为指的是数据规模——数据记录、获取及传输方面的技术革命，造成了数据获得的便捷与低成本，这便使原有的以高成本方式获得的描述人类态度或行为的、数量有限的小数据变成了一个巨大的、海量规模的数据包。这其实是一种似是而非的认识。其实，前大数据时代也有海量的数据集，但其维度的单一，以及与人或社会有机活动状态的剥离，使其分析和认识真相的价值极为有限。因此，大数据的真正价值不在于它的大，而在于它的全——空间维度上的多角度、多层次信息的交叉复现，时间维度上的与人或社会有机体的活动相关联的信息的持续呈现。

传统用户的数据分析基本上都是属性数据，即所谓人口统计学数据，诸如性别、年龄、收入、态度、社会阶层等。有学者说，传统的抽样调查强调随机性，这就像社会科学研究的一种"绞肉机"，把个体从其所在的社会情境中剥离出来，还要确保研究对象之间不存在联系。对此肯尼思（Kenneth Bounding）认为，研究若"见物不见人"，不关心人的社会行为，只关心商品的交易行为，就无法客观而真实地反映社会再生产循环的全貌。

在互联网时代早期，人们常说："在互联网上，你永远不知道对方是怎样一个人。"而在大数据时代，这句话的可成立性就要打折扣了。用户的网络行为轨迹数据完全可以还原出特征、偏好鲜明的人物形象，从"关系"角度出发研究社会现象和社会结构，从而捕捉由社会结构形成的态度和行为。受众从传统调查法下单个的原子形象，变成了多维的、立体的形象。

面向大数据的用户行为分析就是指利用大数据的方法研究和分析用户的特点、构成，从而挖掘用户在网络活动中的行为所表现出的规律。在这里，主要是研究用户在上网过程中不同时间阶段内使用流量数据的变化规律，从而帮助运营商更好地分配资源，优化信道，提升用户体验。随着各种新媒体系统和应用的涌现，新媒体系统中的用户行为越来越复杂，系统中生成的数据也不断累积，越来越多的研究人员开始从数据计算与分析角度研究新媒体中的用户行为。以哈佛大学大卫（David Laxer）为代表的研究人员联名在《科学》杂志上发表了关于"计算社会科学"的论文，论文围绕如何利用计算机技术研究社会运行规律和趋势展开讨论，借助计算社会科学理论，研究人员能够收集和分析大规模的人类行为数据并从中发现个人和群体行为的模式。计算社会科学使用计算机科学的方法分析信息社会中的数据，以此发现真实社会的运行规律和用户的行为模式，这一类方法也是国内外计算机学者使用的主要方法。以社交媒体为例，每一个社会热点问题的产生和社会现象的出现都会在社交媒体上出现海量的信息，从此类瞬间爆发的信息中提取出有效信息，是新媒体系统中社会现象分析和用户行为研究的一个重要途径。如何从社会现象中有效地获取数据和进行数据挖掘、如何对大规模数据有效地进行分析等问题，都是新媒体用户行为研究的重点和热点。计算机学者在新媒体系统上通过数据分析、应用建模等开展了大量研究。一位亚利桑那州立大学的学者借助数据挖掘和机器学习方法发现社交媒体中的隐性关系，挖掘情感信号，在基于位置的社交网络中进行用户移动行为建模等。北京大学的李晓明按照"社会科学需要计算，社会现象中蕴含着计算"的计算思维模式，采用基于社会网络的数据分析技术根据用户行为分析结果进行推荐。

以奈飞（Netflix）公司为代表，其借助大数据技术完成了从渠道到内容的转型，成功塑造了精品网络剧播出平台的品牌形象。奈飞是美国的一个在线 DVD 租赁公司，也是一个影视剧的在线播出平台。通过大量的用户数据分析，奈飞公司发现一个用户需求的交叉点，即喜爱观看 1990 年《纸牌屋》的用户，同时也喜欢导演大卫·芬奇，并且也喜欢奥斯卡影帝凯文·史派西。剧本、导演、主演三者具备，这一"巧合"促成了新版《纸牌屋》的诞生。在《纸牌屋》开播前两天，奈飞股价最高涨幅达到 44.47%，在接下来的 6 个月的时间里，奈飞的股价涨幅超过 200%，一跃成为行业内的翘楚。

《纸牌屋》以及奈飞品牌营销的成功，都是基于对大数据时代的精准判断。大数据技术运用的核心在于精确预测可能性。长期以来，人们用抽样代替普查，但是在碎片化的今天，抽样的代表性和准确性受到了一些质疑。大数据时代为调查研究提供了一个前所未有的全样本的机会，这比以往的基于抽样的问卷统计、电话调查等方法更加强大，也更加便捷。同时，由于品牌体验往往影响用户的下一次购买决策，因此获得用户品牌体验的数据也非常重要。在大数据时代，获得用户的品牌体验也有了不同于以往抽样问卷调查的新方式。对于奈飞公司来说，在线播出的便利可以使其通过强大的数据库监测系统，分析出《纸牌屋》的线上观看过程中，用户在何处按下了暂停键，有多大比例的用户中途弃剧，有多少用户观看了不止一次。通过用户分析，找到导演大卫·芬奇、演员史派西等之间的关系。这一系列的用户体验数据的收集与分析，可以提供有价值的参考。

第三节　新媒体数据分析在社会治理中的应用

随着 5G、人工智能、工业互联网等新型基础设施的全面铺开，围绕信息采集、数据分析的相关服务，诸如大数据中心、云计算中心等将随之蓬勃发展，使得我国政务信息资源急剧增长，业务处理日趋复杂，依靠传统的处理方式已不适应当前的政务活动，在国家出台的大数据政策的大力助推下，科学合理地借助大数据技术提高政府履行职能能力和数据治理能力，全面提升进而适应性调整政府职能，无疑是一条优化政府职能的可选之路。在这样的背景下，积极推进社会治理体系智能化，运用先进的理念、科学的态度、专业的方法、精细的标准提升社会治理效能，有助于增强社会治理预见性、精准性、高效性。

数据分析技术在加强和创新社会治理中的广泛应用，将深化人们对于智能社会运行规律及其治理规律的认识。政府善政的许多重要原则与大数据有相通之处。从根本上说，大数据能够通过改进政府机构和整个政府的决策，使政府机构更加英明地提高政府工作效率，为利益相关者服务。利用各种渠道的各种数据，快速获得关键、准确的深刻见解，将显著改进政府的各项关键政策和工作。

一、大数据分析给社会治理带来的机遇与挑战

大数据改变了人们的生活方式、消费方式、社会交往方式和企业经营方式，这些改变必将对社会治理理念、模式、途径产生根本影响。在这样的时代背景下，通过互联网、物联网、移动终端、社交网络等各式各样的途径，人类社会每时每刻都在不断更新数据，多种来源的信息汇集至政府机构，政府部门需要设法管理大量的数据，这既带来了改革创新的机遇，又带来了巨大的治理挑战。

（一）主要机遇

一是提升社会治理的科学化水平。通过科学决策，制定有针对性的社会公共政策，是社会治理的首要任务。但长期以来，我们对经济、社会进行研究的"实证数据"主要源于抽样数据、局部数据、片面数据。在无法获得足够规模的"实证数据"的时候甚至纯粹依赖经验、理论、假设和价值观去探索未知领域的规律，使得社会治理更多的是一种经验型治理。而大数据技术的出现，可以帮助治理部门从海量的社会治理微观数据中找出有价值的信息，形成一套完整的数据分析应用体系，并为最终决策提供参考，促进社会治理方式完成从简单粗放到科学决策的转变，提升社会治理的科学化、智能化水平。

二是提升社会治理的民主化程度。听取最广大群体的声音和意见，实现社会民众参与

公共决策的常态化，进而提高社会治理的民主化水平，是提升社会治理能力的主要目标。与传统时期社会参与渠道极其有限的格局相比，互联网和大数据时代最大的特点就是每个社会成员可以通过多种方式和渠道，围绕国家和地方有关重要政策的制定出台，随时随地地发出自己的声音，表达多元化的利益诉求，从而推动公众参与由象征性参与阶段迈向实质性、常态化参与阶段。这种局面有助于推动整个社会体系更加开放、多元、包容和民主，提升社会不同群体之间的和谐程度。

三是提升社会治理的精准化水平。传统时期的社会治理，是借助有限的信息收集手段、少数人参与下的模糊型治理，难以准确地掌握不同市场主体、不同社会群体的真实需求，往往导致政府的政策供给和服务供给与不同类型民众的需求之间存在较大的差距，治理成本高，治理效果不佳。而大数据的开发和应用可以全面系统地分析和掌握不同地区、不同群体对社会服务、社会保障、社会治理等方面差异化、层次化、多样化的需求，据此政府可以实施差别化的治理政策，让每一项政策或举措能够切实帮助有需要的企业或群体解决面临的问题和困难，这样可以大大提高政策的针对性和有效性，提高治理的精细化、精准化水平，降低政府的治理成本。

（二）主要挑战

近年来，以美国为主的西方国家率先部署和应用大数据战略，旨在增强其解决诸如自然灾害、恐怖袭击等国家治理难题的能力，同时提升其服务公众的信息和咨询功能。相应地，我国中央政府也发布了《促进大数据发展行动纲要》，相关部门和地方政府进行了各种大数据治理的实践，取得了初步成效，但从大数据时代社会发展的新特点和治理目标看，当前我们依然面临着一些不足和挑战，具体表现在以下几个方面。

一是社会治理大数据意识弱、理念滞后。树立大数据意识和思维，充分依托大数据分析，是实现服务型社会治理模式的重要前提和基础。大数据具备的自身特点使其区别于传统数据，需要及时转换思维模式，更新数据管理方式，跟踪、分析社会问题的演变趋势，构筑与大数据治理要求相符合的动态治理思维，而政府部门乃至整个社会大数据意识的相对滞后，成为大数据社会治理的首要挑战。这主要表现在两个方面：一方面，政府管理部门对社会数据尚未足够重视，大数据意识较弱，进而限制了大数据的深度开发、数据开放、数据管理及其在社会治理中的实践应用；另一方面，我国社会公众还对政府数据管理、大数据应用的职能和具体工作不够了解，对于大数据社会治理的理论和实践的认识还不够深刻，无法让社会公众监督形式成为推动政府大数据社会治理变革的坚强力量。

二是大数据存储、分析、应用、管理能力不足。依靠大数据进行社会治理的关键，是要对社会治理部门中积累的数据资源进行深度的挖掘和分析，获得大数据背后蕴藏的内在规律。而当前，政府部门对现有数据的存储、分析、应用和管理能力的不足是依靠大数据进行社会治理面临的重大挑战之一，主要表现在三个方面。其一，大数据存储能力不足。以天津市安防系统为例，按理想状况建设 4.6 EB 的存储能力，成本将超过 500 亿元。快速增长的数据规模及随之而来的过高成本已成为制约城市安防等系统发展的重要因素。其二，大数据分析和应用能力不足。当今政府部门传统的人力资源配置体系和人才结构，使政府部门严重缺乏专业的数据管理人才，使深藏在政府部门计算机系统中的大量数据资源无法得到及时、有效、深度、系统的分析和解读，更无法对视频、图像、行为等非结构性数据做到标准化处理、自动化识别、快速化分析，严重制约了大数据在具体社会治理实践领域中的应用。其三，大数据管理能力不足。大数据涵盖的范围已经远远超出我国传统法律法规的规定和说明，特别是在涉及国家秘密、企业秘密和个人信息不受侵犯等领域，现有的数据管理法律法规难以保障数据管理的高效运行，直接造成了诸多部门对大数据应用的一种戒备心理。

三是政府部门间大数据信息割据，难以共享。拥有大量数据的政府部门间实现信息系统的互联互通和数据资源的共享，是大数据时代社会治理有效性的重要体制保障。但目前在我国传统的部门化、碎片化的治理体制格局下，政府部门各自投入建设不同的信息系统、数据共享法律法规缺失、数据标准化不统一、数据共享责任主体不明确、数据共享利益分配不清等问题依然是一种常态，严重制约和阻碍了大数据的共建共享，"信息孤岛""数据鸿沟"并存，于是出现了"证明我妈是我妈"的奇葩事件，不仅降低了政府的服务效率，更降低了政府的公信力。

四是政府数据开放不够、治理创新的社会力量参与不足。实际上，依托大数据进行的社会治理，并不是政府一方能力所能实现的，而是政府开放数据、政府与商业企业合作、社会力量全面参与的协同工程，三者缺一不可。但目前这些方面还存在诸多不足和挑战，表现在两个方面。一是政府数据开放不足，主要表现为数据开放进程缓慢、数据开放法治不健全、开放数据种类数量有限、数据质量不高、机读性和可用性不高、更新速度慢等问题，这成为依托大数据进行社会治理的一个关键性障碍。二是社会力量参与不足。政府在开放数据的前提下，与拥有大量商业数据的企业合作，让拥有信息智慧的广大民众参与数据再利用，开发各种各样的数据应用软件，协同解决社会公共问题，才是真正实现大数据社会治理的途径和方法。

二、新媒体数据分析提升社会治理智能水平的应用

加强和创新社会治理，要求完善党委领导、政府负责、民主协商、社会协同、公众参与、法治保障、科技支撑的社会治理体系。"体系"即复杂的系统，在系统工程的意义上，大数据分析技术是社会治理体系获得科技支撑的物质基础，能够为社会治理体系的演化持续赋能。在社会化大生产快速发展的今天，地理上的以及行业的边界日益被人口、生产要素的大规模流动所打破，社会网络空间的非线性动力学特征越来越鲜明。但是，面对全球化背景下社会总体图景的变迁，社会治理体系的系统效应尚未充分发挥出来，社会治理体系碎片化和力量分散的问题依然没有得到根本解决。数据分析技术的介入将极大地提升社会治理体系的整体性和协同性，提高预测、预警、预防各类风险的能力，进而实现标本兼治和持续有效的长程管理。

（一）利用新媒体数据分析建设城市大脑，提升协同治理水平

城市是人类的伟大创造，但由于人口、工业、交通运输过度集中而造成的"城市病"正四处蔓延。在《智慧地球：下一代的领导议程》中，"智慧地球"的理念被明确地提出，

其目标是让社会更智慧地发展，让人类更智慧地生存，让地球更智慧地运转。在此基础上，智慧城市这一概念应运而生，成为中国城市建设的目标并得到大力推进。在智慧城市的发展中，依托云计算、大数据、移动互联网、电商平台方面的先进技术，建立横向平台，把纵向交通、医疗政务等数据整合到一个平台上，开展更深层次的智慧城市运营洞察。智慧城市的建设需求在不断鞭策智能化、信息化技术的升级革新。

1. 城市大脑：城市的数据智能中枢

城市是数据密集型场景，整个城市拥有庞大的躯体，但还缺乏统一指挥的大脑。智慧城市只做了城市的手和脚，所有的决策还是依赖人，缺乏自主控制。城市大脑要做的是给城市配置一个高智商、能决策的智能中枢，提升手脚和躯体的效率。城市大脑和智慧城市的边界，就在于对数据的运用。智慧城市的基础在于利用监控摄像头，是用硬件基础设施来收集数据的，而城市大脑则利用数据创造新价值。在 2016 杭州·云栖大会上，杭州市政府公布了一项"疯狂"的计划：为这座城市安装一个人工智能中枢——杭州城市数据大脑。杭州城市数据大脑是这座城市的人工智能中枢。城市大脑的内核采用阿里云 ET 人工智能技术，可以对整个城市进行全局实时分析，自动调配公共资源，修正城市运行中的 bug（故障），最终进化成为能够治理城市的超级人工智能。城市大脑引入了地图数据、摄像头数据等，相当于城市大脑具备了"天眼"，能够从城市上空俯瞰全局。同时，城市大脑采用了阿里云自主研发的网络流控制理论，可以实现对网络阻塞点的全面量化。数据与智能将成为未来的趋势。对于城市而言，城市大脑可以将散落在各个角落的数据汇聚到一起，使用云计算大数据和人工智能技术，让城市的各个"器官"协同工作，变成一个能够自我调节、与人类良性互动的有机体。

中国特色社会主义社会治理体系强调整体性和协同性，然而在市场经济条件下，社会结构的层次呈现多元化和弥散化，给协同治理带来了挑战。社会治理体系智能化以人工智能技术为支撑。人工智能如同云端大脑，依靠"信息高速公路"传来的数据进行深度学习和系统演化，完成机器智能化进程。目前方兴未艾的城市大脑建设正是这一进程的典型代表。就当前的实践看，城市大脑主要是为公共生活打造的数字化界面，包括交通出行、数字旅游、卫生健康、应急防汛等若干系统的应用场景，每天生成的协同数据多达上亿条。来自四面八方的在线数据不是静态的，而是运动的，城市大脑汇集的主题场景皆处在现在进行时。随着数据采集的颗粒度越来越细，城市大脑能够高效便捷地掌握社会治理场景的确切信息和事件资料。此外，在城市大脑建设中，多种网络实现有效连通，信息访问、接入设备的协同运作打破了过去部门、企业、团体之间的数据孤岛，从而推动形成了立体化、网络化的社会治理体系。城市大脑主要通过模型、算力和算法对大数据进行分析，并根据治理目标剔除干扰，提取信息，进行研判和预测，从而获得智能化解决方案，从技术上保障了社会治理效能最大化。

2. 数据分析优化城市大脑的系统应用

当下城市的自我思考能力有所欠缺，资源价值没有被完全释放出来，很多都沉睡在数据中心的硬盘上，成为库存、成本。只有将资源价值释放出来，流动的数据才会产生价值。一个城市的智慧程度取决于这个城市大脑中枢神经上的信息流通，如今的传感器网络、5G时代的到来都能够很好地承载信息流通。数据的融会贯通取决于在线计算的能力，所以要选择城市的场景，利用城市大脑梳理智慧城市。实现城市大脑，要解决几个层面的问题。

首先，是数据集中的问题。要做到数据集中，各个系统要有相对应的数据，如公交有公交系统的数据，公安有公安系统的数据，而城市大脑第一步要做的是把所有的数据堆放在一起。

其次，是建模的问题。有了数据，还需要把这些数据建模；有了模型，后续数据的处理才能有效实现。

最后，是数据优化和机器学习的问题。通过数据化和机器学习，让城市成为交通指挥官。城市大脑由五大系统组成——超大规模计算平台、数据采集系统、数据交换中心、开放算法平台、数据应用平台。激活数据学下的城市大脑系统能够有效解决以上几个问题。

（1）优化超大规模计算平台。城市大脑涉及的数据量巨大，如此庞大的数据量面临的挑战也随之增加。激活数据学下的超大规模计算平台是其他几个系统的运行载体，并处于同一个内部循环的状态。结合激活数据学，超大规模计算平台首先将主动搜索城市各个系统的数据并不断进行深度学习，然后探索城市各系统之间数据的关联性，进行关联性分析；再通过多智能体技术对城市数据系统中出现的复杂性问题进行建模，自主深化学习并模拟人类做决策，从而筛选出对于城市问题解决最有价值的数据，让人与机器的群体智能共同协作以保证大脑能够真正实现眼疾手快、当机立断。

（2）优化数据采集系统。数据质量是大数据面临的一大挑战。如何从杂乱的数据中提取准确无误的关键信息，是数据集聚中最难解决的问题之一。激活数据学下的数据采集系统犹如人的"末梢神经"和"小脑"（执行层），源源不断地向城市大脑输送数据。该系统告别了传统的机械式搜索，具备高度的洞察感知力，能够快速实现精准匹配；搜索范围更全面，效用更高；在海量的城市数据中，能够进行最有效的关联分析，运用最有价值的数据。

（3）优化数据交换中心。随着城市数据规模的爆发式增长，越来越多的数据带来了大量的应用价值和商机，但是数据量的高速膨胀、数据无意义的冗余、数据原有关联的割裂又对信息的充分利用形成严重制约，同时不同的数据可能关于某一时间、空间、人物、事件或者对象是相互关联的，现有的数据组织和处理并未充分体现这些关联性，而这些关联性往往对解决城市的管理与服务问题具有重要价值。激活数据学下的数据交换中心，犹如人类整个大脑的"脑核"（基础层），从交叉需求导向出发，通过政府数据、互联网和社会数据的全面融合，提高数据的多维性和多样性，然后探索城市各系统数据之间的内在关联性。

（4）优化开放算法平台。城市数据的价值激活需要开放算法平台作为重要支撑。激活数据学下的开放算法平台就像人类大脑的"皮质层"（决策层），在这个决策层中有多个智能体，这些智能体能够通过学习"激活"个体智能，采用深度学习的方法模拟人类做决策。与此同时，它会向生命体、活系统进化，能够自生长、自成长、自修复。结合激活数据学的运行原理，开放算法平台通过各种信息收集途径，如城市交通数据系统中的车管数据、驾管数据、车辆实时卡口数据、道路状况数据、道路拥堵情况数据等，利用多智能体技术构建复杂自组织系统来模拟智能产生的过程，构建出算法模型，再通过机器学习反复优化和迭代，向交通管理者提出更好的建议。

（5）优化数据应用平台。在对数据进行分析决策后还有一个重要步骤就是"激活"，主要是把"大脑"的决策输出到城市管理和城市服务的各个场景。在激活数据学下，城市大脑将帮助静态的城市管理体系向动态的生态系统转型。在多层次的筛选机制上，平台会将有限的计算和存储资源分配给最具价值的城市数据单元。在此基础上，依据激活数据学所能模拟的智能群体，在智能碰撞阶段将最优结果匹配输送到相对应的各个场景之中。例如对每个路口红绿灯的时间设置，要优化出最佳通行效率；对交通卡口的监控实施调配，保障有效运转；对公交车辆和线路进行合理调度，甚至对道路施工维修进行良好规划等，平台会智能识别需求，筛选出最有价值的数据并通过智能群体做出最优决策方案输送到各个需求系统。感知是数字城市的功能，控制和智能服务是智慧的高级阶段，激活数据学将数据的最大价值汇流到城市发展中。

（二）利用新媒体数据分析改善民生，提升智能公共服务水平

随着社会的发展、人们生活水平的提高，基层公共服务从以政府为中心的一元化模式向政府、社会组织、民众共同参与的多元化方式转变，大数据分析的应用在其中起到了至关重要的作用。

1. 利用数据分析健全社区网格化管理

在网格化管理过程中，数据分析在社区管理、制度完善、人才供给等方面起着关键作用，扭转了传统管理方式中政策实施效率低、资源信息不对称、基层管理人员老龄化等弊端，激发了网格化管理活力，成为网格化治理能力现代化的必然要求。具体来说有以下几点。

一是大数据分析应用推动了网格化管理民主决策。大数据的应用，能够收集、整理、分析所有个体信息特征，建立居民主体信息数据库，通过数据信息的整合串联，为科学决策提供参考。从政府决策、专家决策，再到民众共同参与决策的融合，为公共决策民主化提供了条件和契机。同时，通过对数据信息的整合，进一步明确社区治理的问题所在，通过数据分析拿出解决方案，并动态跟踪解决路径执行及成效，从而根据实际情况及时调整解决办法，确保问题解决在各环节都符合实际情况，解决方案更精准、更高效、更有连续性，以此不断激发民众参与积极性，实现网格化管理民主决策良性循环。

二是大数据分析应用推动了网格化管理科学决策。对于部分公共服务难度较大的偏远地区，服务要素供给成本较高，依靠传统方式获取民众需求的周期长、更新慢、效率低，通过应用大数据技术，能够更加直观、便捷地掌握民众的公共服务需求，更有利于为民众提供服务。同时，基于海量数据的整理分析，能够避免主观性不足，通过对各个群体、各类信息的收集、分析、整合、利用，由过去大多只针对个体特征向面向群体共性转化，不再聚焦个体的一家之言，而是凝聚集体意愿、智慧，通过数据分析，得出科学、客观、公正的决策建议，提供更加符合实际情况和民众需求的实践方案。

三是大数据分析应用推动了网格化管理风险管控。基层社会治理的最大难题就是社会风险预防与管控，相关部门的应急反应直接体现了公共服务的能力水平。大数据技术对多样化、规模化、非结构化、复杂化的数据进行了整理、筛选、分析，并在此基础上进行进一步的开发利用。通过量化存储、交叉分析、精准预测，为危机提供预警参考，及时查找

出事件起因、关键线索、核心人物，动态检测危机变化，从而帮助相关部门及时建立、调整化解方案，保障危机化解科学有序。

2. 利用数据分析完善社区公共服务体系

社区是国家治理的微观单元，社区自治是指社区里的居民对于社区相关工作的自治思维和自治手段，同时还包括社区生活中面向自身的教育和服务。将大数据融入社区自治，有力推动了社区居民平等、积极地参与社区自治，使社区变成人人参与自治、人人关心自治、人人推动自治的社会生活共同体，从而在整体上提升社会服务体系现代化程度和水平。

（1）利用大数据分析推动社区公共服务智能化。从时间维度分析大数据，主要体现两方面特点：一方面是针对已发生事件做出归纳性、描述性分析；另一方面是针对未发生事件做出精准性、系统性研判。基于此，大数据为社区公共服务提供了重要支撑。

推动公共服务智能化体现在两个方面。

一是动态性。以当前我们日常生活中常见的公交出行软件为例，一方面，公交出行软件为乘客提供了公交车实时位置和最新线路，为公交司机提供了候车人数和站点情况，为双方提供了便利；另一方面，政府交通部门也可以根据各时段、各站点、各线路的基本情况，科学合理地设置公交数量、公交时刻安排，重新规划站点密集度，最大限度优化公交结构布局，从而降低社会成本。

二是差异化。大数据在公共服务体系中的广泛应用，有助于根据公众的生活习惯提供差异化推送，从而实现"私人订制"，满足公众个性化需求。以当前我们生活中的订餐软件为例，大数据能够精准分析用户的用餐习惯，包括菜系、餐馆、用餐时间等，从而形成该用户的用餐方案，精准推送用餐信息，减少用户选择餐品的时间。同时，通过对某一区域居民的用餐习惯的分析，总结出具有参考性的分析报告，推送给周边商户，进而调整公共服务供给，最大限度提供最优服务，减少资源浪费。这是公共服务差异化、智能化的体现——以大数据为基础的公共服务体系，形成了一种类似于企业对客户提供私人化服务的管理效果。

（2）利用大数据资源实现社区管理人性化。社区治理体现出浓厚的行政色彩，本应协助社区服务机构开展服务、配合居民共治社区的社区工作者变成了负责人，掌握着社区建设的主导权，而社区治理的真正主体——社区居民则没有参与到社区的日常管理中。造成这一主体缺失的重要原因就是社区参与渠道不畅通，有些社区甚至缺乏社区居民参与渠道。这一问题恰恰可以通过大数据解决。大数据满足了权力运作精细化的诉求，为社区内部搭建起畅通的交流网络。一方面，社区居民可以通过信息系统与其他居民或社区管理部门及时沟通，交换意见；另一方面，社区管理部门或政府可以通过大数据技术所提供的"相关性分析"将孤立的数据联系起来，了解公民日常生活中的真正需求。此外，政府还可以通过先进的采集数据手段第一时间掌握第一手资料，克服了真实情况与政策制定之间、政策制定与政策实施之间的"时差"，从而实现决策的科学化、智能化。这一改变很好地满足了公众对政府治理能力要求不断提高的诉求。

同时，大数据所塑造的人性化的管理体系也将为社区提供极大的自治空间。因为这一体系的存在，每位参与者都可以关注到其自身对公共政策制定过程的作用。公民参与的形式、规模、渠道的转变，逐步消解了在网络时代极易形成的公信力危机。此外，在优化了的沟通机制中，点对点的信息传递使宏观抽象的理论在解决社区居民所反映的每一个问题时得到具体化和细化，使政策产品具体而有针对性。数据为每一个与居民生活息息相关的小问题的解决，提供了完善回应机制与回应速度的载体，更加提升了社区居民对政府的满意度。

（3）利用大数据增强社会的自治能力。社会中的每一个个体根据其自身在社会中的地位实施与自身地位相匹配的行为。如果每个人都认识到自身主人翁的身份，便会自觉地承担作为主人翁的责任与义务，主动参与社会活动。由此看来，社区自治便是促进公民自觉参与的最佳实现形式。

在开展社区自治之前，我国的权力行使方向是单向的，在公民的日常生活中还存在着一些行政性管理的特征。社会管理同社会自治的最大区别恰恰就在于两者的开展范式上。管理是从上到下的纵向范式，旨在解决问题；而自治则更多体现横向的沟通联络，目的和意义体现在对问题的预防上，这一点恰好符合大数据协同、传输方面的优势。社区自治作为社会治理的重要一环，在大数据的帮助下既促进了人们真正实现当家做主的目标，同时又进一步维护了和谐社会的建设成果。

归根到底，大数据对社区自治的推动作用在于，它将一种以解决问题为目的、自上而下的管理手段，变成了一种以预防问题为出发点、自下而上的手段。这一新的治理范式所需要的合作性、协同性、自主性、回应性等特点都同大数据的特点相契合。换言之，大数据恰好为社区自治应有的思路变革提供了技术支持。

3. 利用数据分析推动基层公共决策智慧化和科学化

大数据标志着人类认识世界取得了阶段性进展，拥有的海量数据和那些虽然不怎么精确的数据为我们认识世界、理解世界提供了重要参考。当前，我国智慧化城市建设成为信息化潮流下的新型城镇建设的战略选择，智慧社区、数据社区建设成为各地社会治理和公共服务提升治理能效和服务水平的重要抓手，数据的收集、挖掘、分析、应用成为社区公共决策的基本要素，社区公共决策因大数据的应用逐渐呈现出智慧化、科学化的趋势，具体表现在以下几个方面。

一是公共决策逐渐量化。传统的基层公共决策方式主要呈现个体化、经验化，以定性为主。通过对海量数据的集成、分析和运用，提高了对某一公共服务领域或事件的完整性、实时性、过程性把握，给出客观、量化的科学分析，从而对决策方向给出科学、精准的建议。因此，用数据说话的定量分析方法将成为基层公共政策制定的常态方式。特别是对于基层治理服务的绩效评估，逐渐摒弃定性分析带来的主观不确定因素，采取以定量分析为主的方式，拓展了绩效评估的范围、内容和对象要素，帮助基层治理服务主体制定更加科学的绩效评估标准，形成更加科学的基层治理服务绩效评估体系，从而不断推动基层治理服务向精细化、科学化、客观化、标准化转变。

二是多元参与成为常态。通过开放、共享数据，大数据的应用有效促进了多元参与的社会协同治理。这就意味着政府、社会组织、公民个人、企业等多元主体在社会事务治理和基层公共服务中要相互协调、合作联动。大数据作为各主体共同参与公共政策的技术操作平台，最大的优势就在于把政府、企业、公民个人等各主体作为重要的感知和计算单元参与数据计算的过程，为提高各主体参与公共政策和公共服务的协商评议增添了动力。另外，随着多元参与成为常态，大数据通过让数据"发声"也促进了社会治理和公共服务的民主化水平。公民的民主意识和参与热情在大数据时代进一步强化，大数据带来的"在线参与"在社会治理和公共服务过程中的民主促进作用日益显现。

三是科学决策成为主导。大数据从根本上说是一种高效且科学的方式，数据通过不断开放和共享，把来自各渠道、各主体的数据信息利用起来，通过进行全面收集、分析判断和归纳总结，获得较为客观的关于事物或现象的认知，从而为社区公共政策的制定、公共服务的实施提供量化、客观的重要依据。特别是随着相关领域大数据信息的开放，大大激发了社会各主体的创意和智慧，最大限度地释放了大数据信息的附加值，使基层公共服务内容的设计、供给、调整过程不断优化。

4. 利用数据分析推动基层服务个性化

要着力提供个性化公共服务，基层工作者应始终站稳群众立场，了解群众需求和期待，听取群众的意见和建议。随着政府数据平台的建设运用，海量政府数据资源逐渐被唤醒，随着应用到基层公共服务领域的深入，民生服务质量和效率显著提升，让民众切实感受到了"私人订制"般的服务，具体表现在以下几个方面。

第一，推送化的服务方式有利于提升供给效率。大数据在公共服务领域的应用转变了过去单纯的以索取型或供给型为主的被动服务方式，民众在公共服务供给过程中的地位发生了根本性改变。一方面，基层公共服务供给方可以根据数据采集分析，对民众需求进行按需定制，定向推送，主动性显著提升。另一方面，民众也可以通过数据平台主动选择公共服务内容，转变过往"提供什么接受什么"的方式，加速公共服务供给方由笼统的捆绑式服务向拉单列表可供选择的服务方式转变。特别是整个公共服务过程都处在开放的监督环境下，这种透明性进一步保护了公共服务双方的互动性和积极性，也促进了基层政府治理效能和服务水平的提高。

第二，服务内容个性化有利于提供精准服务。大数据技术以其准确、高效、全面等优势，将人类的普遍性还原为特殊性，不断满足民众的个性化需求，为政府提供精准的公共服务提供了技术支持。大数据的精细分析有利于服务供给方通过精准分析，为服务对象提供个性化服务，不断引导基层公共服务供给方向全民覆盖、内容泛化、类型复合的个性化发展。例如，在交通管理方面，大数据技术能够根据重点点位以及全线的实时路况，科学、准确地调整交通管制策略，同时在一定渠道为民众推送路况，从而提高道路使用效率，减少民众等待时间。除此之外，大数据在应用到公共安全、公共卫生、人口管理等领域后，也能够大大提升对民众的个性化服务，政府的公共管理能力和服务水平不断提高。

第三，扁平化的服务渠道有利于减少服务层级。大数据的不断发展应用促使信息的汇集、传播、应用更加便捷。政府通过云计算、物联网等技术手段，可以更加合理地配置资源和服务力量，多项服务管理职能逐渐下沉到基层，各类公共服务资源汇聚于基层社区，不断推动政府组织结构的优化，实现政务公共服务的扁平化。随着各项职能的下沉，政府与公众的距离越来越近，公共服务由于中间层级的减少而不断降低成本，服务效能也能够第一时间得到反馈，从而能够在提升服务角度上迅速进行调整转变，不断提高治理和服务绩效。同时，扁平化的服务渠道能够更加方便民众参与政策制定、服务考核等过程，从而在另一个角度上提升了基层公共服务水平。

案例 8-2

浙江省嘉兴市社会治理综合指挥服务中心的大数据分析应用

（三）利用新媒体数据分析防控风险，开发社会治理体系平台

社会治理涉及面广、问题复杂，不仅需要定性判断，还需要进行科学的定量分析。社会治理体系可利用 5G 网络超大连接的优势，收集社会治理策略执行后的各项微观数据，并且进行实时监测、量化分析、动态预测、效果评估，客观评估社会安全总体形势。根据监测到的大数据科学研判发展趋势，依据相关信息反馈，调整社会治理方略和社会政策。把大数据分析平台引入社会治理体系，对特定场景进行数学建模，并将模型映射到虚拟空间，实现决策过程的"人机结合"，有助于决策者对政策效果实施多方位和可能性推演，从而在社会治理中做到态势感知、风险预判、及时响应、预备处置。5G 网络结合 AI 场景应用，为基于大数据平台以及智能化社会治理体系提供了多主体协同行动能力，让防范重大社会风险真正成为可能。

物联网、互联网等设施、技术建设是大数据建设的前提和支撑，实现基层公共服务智能化、数据化需要庞大的数据资源做保障。通过大数据信息平台的建设可以高效分析、科学整合、精准研判数据，并对基层公共服务的所有数据实时更新，为进一步应用大数据提升服务水平打下基础。

（1）开发社会治理体系平台，利用大数据分析、整合信息。在社会治理体系平台上通过不断深度挖掘，跨地区、跨部门、跨层级整合各类数据资源，逐步完成城市统计、财政、人力社保、工商、国土资源等部门非涉密数据向基础数据库共享，构建身份互信、证照互用、业务协同、数据共享的各类基础数据库，推动实现公共信息资源的汇聚整合、共享和利用。加强与各类政务平台数据交互和信息互联共享，建立统一的数据标准，形成统一框架，互相融合，打破信息孤岛，形成民生、产业、政务三位一体的幸福城市服务体系。

从群众的实际需求出发，征集和梳理群众常用高频政务服务事项，力争实现大多数个人政务服务事项下沉社区，实现就近办、马上办、一次性办结。大力发展基于互联网的医疗卫生服务，开通预防接种在线预约、健康体检报告手机查询，拓展优质医疗机构预约挂号和线上结算功能。持续深化教育平台建设，配合教育局完成线上入学报名、教育云平台、电子学籍管理、校园安全等系统建设。加强与人社、司法、公积金、公交、水电气暖讯等单位对接合作，推动更多公共服务功能上线。充分发挥幸福城市公司市场化运营优势，利用便民服务站和手机客户端 App，引导本地商家入驻数据平台，进行线下示范、线上营销。为居民提供优质周到、线上与线下相结合的生活服务。

加快建立数字化指挥调度中心，实现市、区、乡、村四级联动。完善人、事、物、地等基础数据，为加强基层治理、社会治理提供数字依据和智慧手段。整合各终端平台信息通道，全方位汇聚社情民意，集中接收、分发、调度、督办、考核，提升事件处理效率和群众满意度。积极推进大数据运营管理平台与交通、警务、安监、环保、城管等系统融合，促进各系统平台的互联互通和信息资源的整合共享，打造社会治理新模式，提升社会治理水平。

（2）加强信息互通合作平台的建设与管理。我国部分城市在数据资源开放上已有一定基础，这是大数据平台进一步完善、信息互通合作的前提。大数据不是凭空产生的，是每个民众在日常生活中产生的数据痕迹，从不同维度进行挖掘都会产生不同的价值。但在社区建设过程中建立的基层数据库还不够完备，所以尽早建立社区层面的相关数据库非常必要。这个信息平台是到达民众的"最后一公里"，是居民之间、居民与社区管理者之间、居民和社会公共服务供给方的必经之路，也是社区之间信息共享的数据库。

从宏观意义上说，社区数据库可分为两个层面。

一是要加强各社区自身的数据库建设。这个数据库的信息除了要涵盖社区日常生活涉及的基本设施的"定数据"，如社区停车场车位、公共设施使用情况等，还要包含社区随时变动的"活数据"，如社区居民的活动偏好、饮食习惯等。既能够让社区居民可以根据实时情况随时调整生活、出行计划，也能够为政府的公共服务规划提供数据参考依据。

二是要通过社区之间的资源共享建立统筹数据库。这个数据库既要包括某一地域范围内社区的基本情况，如社区的地理环境、区域商铺、周边设施等，也要涵盖社区内部的具体信息，包括社区居民的年龄构成、政治面貌、性别比例等。这样有利于政府从宏观层面了解每个社区的基本情况，为健全区域内网格化管理，制定、出台社区相关政策等提供依据，同时也有利于公共服务供给方根据社区的具体情况制定、调整自己的服务。

在微观层面，社区信息化平台应该有基础设施平台、基础支撑平台、基础应用平台等。具体要涵盖电子政务专网、部门数据交换与共享平台、社区综合数据采集核查平台、数字网格信息系统、人口基础信息系统、社区网格管理信息系统、社区综合服务信息系统等。在区级层面，要把幸福社区信息化平台建设作为社区建设的基础性工作，加强系统谋划，加快推进，分级建设。不断以大数据技术为依托，促进公共服务要素在平台集聚整合，推动基层公共服务从条块领域分治向整体协调联动转变，从而不断提升服务主动性和效能。

（3）加强数据标准化建设，推进大数据资源开放共享。数据的价值远不在其本身，而在于对其深度挖掘和高效应用。基层公共服务要想实现科学化、精准化，摒弃平均化和无差异化，就需设定量化标准，通过运用大数据技术，在人口、地理、区域要素、基础设施等基础数据库的基础上，将教育、人社、民政、审批等部门的数据库进行整合，进一步进行分析、处理，制定一定区域内特定人群、个人的公共服务项目、供给数量等，从而达到"私人订制"。

而要进一步提升大数据在社会公共服务领域的实际效果，关键是推进数据资源的开放共享。

① 打破部门分割和行业壁垒。这要求区级及其上级政府要加强数据融合的顶层设计，制定促进数据融合的发展规划，建立大数据智慧化应用体系。作为基层数据信息平台的建设者，同时也是海量数据的占有者，各级政府必须立足长远，建立、健全数据和信息的采

集、交互、存储、处理、分析和应用的制度，找准本地区数据运用全过程中存在的问题，特别是部门问题、制度问题，以问题为导向，打破部门壁垒，盘活海量数据资源，消除信息孤岛。

一方面，要在体制机制上加强探索。探索建立统筹机构，建立会商研判制度，把各部门资源有效整合起来，促进数据开放、互联互通、信息共享和业务协作，以数据要素为主线，强化统筹衔接，再通过建设大数据运行保障机制，实现数据的交换共享，实现信息管理与服务体系全流程、全覆盖，不断提升公共服务能力。全面整合大数据管理与统计、工信、发改、商务等部门，不断加强与行政审批、社保、医疗、教育等部门的沟通协作，持续推进职能部门的数据融合。

另一方面，要在基础设施建设上再发力。既要加强纵向的信息系统整合，政府各相关部门要多同上级对口部门沟通联系，利用多级网络和中心数据库，构建标准统一、结构统一、端口统一的信息平台，也要加强横向的政务信息系统整合，实现跨部门的政府信息资源共享。

② 激发数据应用效能。要积极制定并完善大数据治理发展规划，不断完善大数据基础设施，从长远提升大数据应用水平。树立大数据与政务服务相融合的理念，将大数据分析广泛应用于公共交通、政务服务、公共安全、生态环保、教育服务等公共领域，不断提升治理效能。

一是运用大数据实现社区治理服务可视化。探索构建区域可视化"一张图"模式。目前，我国部分城市已经建成了三维数字社区地图，对各类建筑物进行虚拟，还需进一步进行细化打磨，实现社区要素动态直观、周边配套立体可视、综治事件图上监控。与公安、交通、综治等单位打通网络视频互联互通，实现随时互联、随时可看，建立即时可控无死角的智能化防控体系。通过大数据综治分析，对人口、特殊人群、舆情等即时动态进行数据收集和分析，实现社区综治风险的动态监测。

二是推动社区治理服务智能化。继续完善幸福社区服务平台，不断丰富幸福社区各类功能，加强信息收集的准确性和时效性，即时动态更新社区人员、事务、基础设施、配套要素等相关信息数据。要强化包片走访联系、问题办理反馈机制，充分运用民情通 App，加大各类问题和民情民意收集力度，同时加强问题查核整改力度，做好信息反馈。

三是运用大数据二维码，推动基础设施管理精准化。运用大数据技术构建社区公共设施"二维码"管理系统，为辖区内公共设施配备"身份证"。运用物联网、大数据等技术手段，为公共设施"二维码"赋能，让社区能够实时掌握更全面、准确、即时的设备信息，便于加强公共设施的作用。

四是运用大数据打造互帮互助的人文环境。以社区微信群、QQ 群、抖音群等平台为载体，充分梳理、广泛关注居民关注的热点领域，通过开展交流会、研讨会、邻居节等形式，针对大家感兴趣的领域和热点问题，鼓励引导居民走出家门，沟通交流，互助有爱。同时，运用大数据提供社区的人员及生活要素情况，及时向社区及志愿者推送。在社区广泛收集居民兴趣爱好等偏好信息，有针对性地向相近或相同爱好的居民推送相关服务，定期组织文化体育活动，拉近邻里距离，打造良好的邻里人文环境。

五是明确伦理边界，加强隐私保障。大数据在开发、运用过程中，数据隐私保护是不容忽视的重要方面，应在不同层面进一步明确伦理和法律边界，充分保障公民利益和数据隐私。在国家层面，应进一步完善法律制度约束，明确伦理边界，杜绝各种形式的侵犯公民数据隐私行为。在省、市、区级层面，应出台具体实施细则，在保护公民数据隐私的各个环节、各个过程中，明确政府各部门、各社会组织的职责任务；在数据采集、分析、应用等各环节，确保公民的数据安全。进一步加强领导干部，特别是基层公共服务工作人员的数据保护意识，加强数据操作培训，杜绝在思想上、行动上出现数据安全保护不到位问题。

习　题

1. 分析传统新闻生产流程和大数据时代新闻生产流程的异同。
2. 什么是"数据闭环"？思考如何在新闻生产中合理运用数据闭环。
3. 总结 RTB 广告模式在精细营销中的运用，思考 RTB 模式与传统网络广告模式的差异性。
4. 思考在社会治理中运用大数据分析时，如何处理好大数据与公民隐私之间的关系。

实　践　任　务

1. 2021 年两会的新闻报道特别重视对数据的分析与运用，找一些两会相关的数据新闻案例，并针对此类新闻探究数据分析是如何运用到新闻报道中的。
2. 根据新媒体数据分析运用于社会治理的内容，结合你所在城市的实际情况，思考可以从城市生活的哪些方面进行数据的分析应用，并寻找实际案例进行分析。

案　例　讨　论

广西壮族自治区在开展扶贫工作中以习近平关于扶贫开发的重要论述为指导，围绕"扶持谁、谁来扶、怎么扶、如何退"四个主题，以"扶贫对象精准、项目安排精准、资金使用精准、措施到户精准、因村派人精准、脱贫成效精准"为目标，按照"核心是精准，关键在落实，确保可持续"的要求，设计开发了大数据分析平台，以实现"用数据说话，用数据决策，用数据管理，用数据创新"的脱贫攻坚业务管理机制。

广西壮族自治区在扶贫工作的开展过程中，遇到了诸多困难和问题，举例来说：在帮扶队伍管理方面，基层干部工作繁杂、工作量极大；在帮扶工作开展方面，项目资金管理困难、项目推进慢、监管不到位；在扶贫信息化方面，信息化程度低、数据共享程度低、基础数据维护困难，存在过程数据缺失、脱贫指标认定主观因素重等问题。

聚焦上述扶贫工作中遭遇的困难和问题，围绕党中央、国务院的脱贫攻坚战略部署，针对广西壮族自治区脱贫攻坚特定的需求，要建成实现全省统一、数据集中、服务下延、互联互通、信息共享、动态管理的脱贫攻坚大数据平台，以实现"业务数字化、数据集成化、监管实时化、决策智能化"于一体的脱贫攻坚信息化生态体系。把大数据技术运用到精准扶贫领域，以期抓住脱贫攻坚的要害和关键，解决"如何精准"的核心问题，做好数据分析、运用和共享，把"精准"贯穿于识贫、扶贫、脱贫全过程，确保工作务实、过程扎实、脱贫真实，实行差异化、精细化、"滴灌式"帮扶，确保项目、资金、力量精准帮扶到位，打赢脱贫攻坚战。

思考：

综合运用数据分析相关理论知识，设计一套符合该省脱贫攻坚需求的大数据分析平台，思考该平台需要包含哪些系统，每个系统需要具备什么功能，从而能够整体上满足需求。

参 考 资 料

[1] 何晓斌，李政毅，卢春天. 大数据技术下的基层社会治理：路径、问题和思考[J]. 西安交通大学学报（社会科学版），2020，40（1）：97-105.

[2] 舍恩伯格. 大数据时代生活、工作与思维的大变革[M]. 杭州：浙江人民出版社，2013.

[3] 国家工业信息安全发展研究中心. 大数据优秀产品和应用解决方案案例集（2019）产品及政务卷[M]. 北京：人民出版社，2019.

[4] 喻国明，李彪，杨雅，等. 大数据新闻：功能与价值的初步探讨[J]. 南方电视学刊，2015（2）：39-41.

[5] 中共中央网络安全和信息化委员会办公室官网，http://www.cac.gov.cn.

[6] 工业和信息化部. 大数据产业发展规划（2016—2020）[EB/OL]. （2017-06-22）. https://www.ndrc.gov.cn/fggz/fzzlgh/gjjzxgh/201706/t20170622_1196822.html.

后记

　　《新媒体数据分析及应用》一书完稿了，疫情期间的一件大事终于告一段落，农历的庚子年历来是多事之秋，新冠肺炎疫情的紧张气氛稍稍有所缓解，长江诸省的大雨又开始使人担忧，不过幸好有三峡工程在，可江河安澜，但2021年和2022年又出现了零星病例。就如同这本书的编写，最初着实令人担忧，崭新的领域、年轻的团队，不过幸好有业界同好的鼎力支持，疫情期间虽远隔千山万水，但线上合作十分流畅，大家议定大纲、统筹协调、分头并进、齐心合力完成了书稿。写作期间我们发现，即使是微信群里几个人你来我往的言语图文交流与文件互传，所产生的新媒体数据也是相当可观的，由此可以想象，疫情期间国际国内有关新冠肺炎疫情的热点话题及各式舆情所产生的数据更是壮观。

　　人是信息人，似乎也是由无尽的数据构建起来的，无论我们能否感受到，我们都在通过互联网数据了解一个人、认识一群人、认知一个时代。任何一个个体都可以被解构为有意义的数据，他人借助数据了解进而认识这个个体。若从千禧年之前阅读尼古拉·尼葛洛庞帝的《数字化生存》和吴伯凡的《孤独的狂欢——数字时代的交往》等互联网文化的启蒙书算起，笔者也可谓互联网的半个"原住民"了。2005年入职以来，笔者一直从事新媒体方面的课程教学与科研工作。2013年开始负责"全国首批、河南首个"网络与新媒体专业的教学组织与建设工作，十余年来亲身感受到新媒体的风起云涌，经历了门户网站的辉煌、博客的兴起衰落，占座网与开心网的黄金时代，优酷网与土豆网的大放异彩和最终被阿里收购，微博的蓬勃发展，微信的倍速超越，今日头条、抖音直播的豁然崛起，A站、B站、知乎和豆瓣的各分秋色。新媒体的生态远非传统媒体那么单一，纷繁复杂柳暗花明之处颇多。无论是昨日的BAT还是今日的TMD（今日头条、美团、滴滴），新媒体的王冠一直悬于头顶，新媒体王者也经常出现在"沃野之外"，新媒体永远历久弥新，谁也不知道眼下又有哪个新媒体"物种"正在悄然成长、恣意壮大。

　　在新媒体课程教学实践中，笔者一直在思考如何把新媒体鲜活的变化融入相对稳定的教学中，因此便孜孜不倦地从内容体系到案例导入一点一点地进行更新，每年都有变化，如CNNIC最新一次的报告、Internet World Stats的最新数据、玛丽·米克尔的互联网趋势报告、Alexa 的网站排名、艾瑞市场咨询的相关简版报告等，诸如此类的内容必然要进入学生的课堂，时刻保持以新的姿态把新的变化融入新媒体教学。负责网络与新媒体专业建设后，有锐意进取的勇气，也有焦躁不安的困顿，更有如履薄冰的惶恐。在长沙、青岛、恩施三次全国网络与新媒体专业建设会议交流中，和全国同人一起为新媒体专业鼓劲儿，一起进行专业课程与教材体系商讨，大家都认为专业教学中既要考虑新媒体专业课程规划的科学性、合理性和新颖性，又要思量如何把新媒体的时时变化融入教学并保持框架体系相对稳定，所以更多地诉诸可以不断更新的精品资源课程网站、博客、微博、微信以及疫情期间使用的在线课堂、慕课等。现在看来，编写教科书也是让更多新闻传播专业的学子受益的方式之一，由此笔者把长期在新媒体情境中积累的所思所感以文字的形式进行整理、分享，以期惠及更多人，让众多学习者在彼此的交流中相互砥砺、共同成长。

数据无言，但自有价值的光辉，如何开启新媒体数据的价值？《新媒体数据分析及应用》一书便是一种积极的尝试，以新媒体数据理念与技能锻造一把打开数据价值的钥匙，让数据发光，使价值迸发。本书组织新媒体学界的青年才俊进行了深度的研讨，在以往新媒体数据编著成果的基础上进行了较多的创新，在分析层面立足全球视野考量新媒体头部机构数据的巨量增长，对国外国内著名新媒体数据统计分析机构进行遍历解读，把当前国内外移动终端的媒介形态纳入新媒体数据分析体系，在应用层面把新媒体数据的价值从单纯的互联网商业营销价值扩张到互联网与政治经济及社会生活有机结合的公共传播价值中，强调新媒体对政务传播及社会舆情传播数据价值挖掘，向着更广更深层次拓展新媒体数据分析与应用的领地。

疫情期间，大数据与疫情防控和社会治理结合越来越紧密，也卓有成效，在重大突发公共事件应急处置中，结合社会需求进行的各类新媒体数据分析与应用也愈发成为常态。

本书的出版要感谢清华大学出版社推出的"21 世纪网络与新媒体专业系列教材"出版计划，感谢本书的编辑们，他们的勤勉和敬业是教材出版成功的重要保证，尤其要感谢负责此项工作的邓婷编辑，她的热情与真诚给学界、业界的编写成员留下了深刻印象。

这本教材既是对编写者多年来新媒体教学及研究成果的一个总结，也是新媒体学界、业界通力合作的成果展示。同时，这本教材被列为 2021 年度河南工业大学校级规划教材，也是作者所在的河南工业大学媒介生态与社会治理研究中心的一项研究成果。

新媒体及其数据领域之变化未有尽头，因此本教材未尽之处敬请全国同人批评指正。

张合斌

2022 年 12 月

附录 A　数据透视表的应用（餐饮数据）

附录 B　某网店 2020 年第 1 季度销售数据